权威·前沿·原创

皮书系列为
"十二五""十三五"国家重点图书出版规划项目

BLUE BOOK

智库成果出版与传播平台

政府互联网服务能力蓝皮书
BLUE BOOK OF INTERNET
SERVICE CAPABILITY OF GOVERNMENT

中国地方政府互联网服务能力发展报告（2021）

REPORT ON THE DEVELOPMENT OF INTERNET SERVICE CAPABILITY OF LOCAL
GOVERNMENT IN CHINA (2021)

汤志伟　李金兆 等 / 著

社会科学文献出版社
SOCIAL SCIENCES ACADEMIC PRESS (CHINA)

图书在版编目（CIP）数据

中国地方政府互联网服务能力发展报告. 2021 / 汤
志伟等著. -- 北京：社会科学文献出版社，2021.11
（政府互联网服务能力蓝皮书）
ISBN 978 - 7 - 5201 - 9278 - 1

Ⅰ. ①中… Ⅱ. ①汤… Ⅲ. ①地方政府 - 互联网络 -
公共服务 - 研究报告 - 中国 - 2021 Ⅳ. ①D63 - 39

中国版本图书馆 CIP 数据核字（2021）第 220020 号

政府互联网服务能力蓝皮书
中国地方政府互联网服务能力发展报告（2021）

著　　者／汤志伟　李金兆 等

出 版 人／王利民
组稿编辑／邓泳红
责任编辑／吴　敏
文稿编辑／吴云苓
责任印制／王京美

出　　版／社会科学文献出版社·皮书出版分社（010）59367127
　　　　　地址：北京市北三环中路甲 29 号院华龙大厦　邮编：100029
　　　　　网址：www. ssap. com. cn
发　　行／市场营销中心（010）59367081　59367083
印　　装／天津千鹤文化传播有限公司

规　　格／开 本：787mm × 1092mm　1/16
　　　　　印 张：20.75　字 数：311 千字
版　　次／2021 年 11 月第 1 版　2021 年 11 月第 1 次印刷
书　　号／ISBN 978 - 7 - 5201 - 9278 - 1
定　　价／158.00 元

数据采集人员　陈　晨　陈　冉　陈　瑶　代晨航　邓　颖
范培屺　方　錄　付　壮　龚庆宇　郭双双
贺梦凡　李　沛　李晓艳　李　星　罗伊晗
罗　意　马太平　彭洪城　彭　森　苏　慧
王超睿　王　娟　王绍凯　王　瑶　吴珂旭
徐润鹏　闫卫欣　叶昶秀　叶晴琳　喻　波
张瑶瑶　张益培　张照星　郑莹莹　朱书材

发布机构

电子科技大学智慧治理研究院
成都市经济发展研究院
四川新型智库—社会事业和社会保障研究智库
电子科技大学（深圳）高等研究院
清华大学互联网治理研究中心
上海交通大学公共信息与社会计算研究中心
西安交通大学公共管理与复杂性科学研究中心
华中科技大学电子决策研究中心
复旦大学数字与移动治理实验室
中山大学数字治理研究中心

技术与数据支持

上海星鸟网络科技有限公司

主要编撰者简介

汤志伟　电子科技大学（深圳）高等研究院执行院长，教授，博士生导师。四川天府领军人才，四川省学术与技术带头人，四川省决策咨询委员会委员，四川省新型智库—社会事业和社会保障研究智库负责人，四川省哲学社会科学重点研究基地"区域公共管理信息化研究中心"学术委员会主任，四川省人民政府"智囊团"专家组成员；教育部公共管理类教学指导委员会委员、教育部科技创新平台培育项目"电子科技大学雄安智慧社会研究院"主要负责人，教育部教育信息化专家组成员；中国行政管理学会理事、世界电子政府组织（WeGO）评判专家成员等。主要研究领域为数字治理与智慧城市、网络空间治理与社会治理。在《中国行政管理》《情报杂志》等核心期刊发表高水平研究论文100余篇，出版《电子政务原理与方法》《电子政务》等论著多部，主持国家社科基金重大专项"建设智慧社会的顶层设计与实现路径研究"等多项国家级、省部级课题。

李金兆　成都市经济发展研究院（成都市经济信息中心）副院长（副主任）、总编辑，编审，国家行政学院电子政务专家委员会特聘专家，电子科技大学客座教授，成都理工大学客座教授。主要研究领域为政府治理与电子政务、网络行为与媒介传播、大数据与竞争情报。在《宏观经济》《电子政务》等核心期刊发表高水平研究论文20余篇。著有《中国电子政府：模式与选择》《政府门户网站理论与实务》《视觉与体验——中外政府网站策划设计比较研究》等8部专著，获国家省部委各类专业奖励近20项。主持全国政府互联网服务能力监测研究和国际化营商环境研究，常年参与政府改革系列项目的研究与设计，其中"行政权力网上公开透明运行""全生命周期政务服务""基层公开服务与监管"等成果被全国推广。

前　言

从政府上网工程到数字政府建设，经过20多年的历程，我国电子政府体系已初步建成。"十三五"期间，数字政府建设成为推进国家治理体系和治理能力现代化的有效手段，网络强国和数字中国建设成效显著，2020年我国电子政务发展指数国际排名已上升至全球第45位，政府网站、政务服务一体化平台、政务新媒体等发展迅速、各具特色，政府基于互联网开展社会治理、提供政务服务、实现网络履职已成为常态和现实。

党的十八届三中全会提出将推进国家治理体系和治理能力现代化作为全面深化改革的总目标；党的十九届四中全会审议通过《中共中央关于坚持和完善中国特色社会主义制度、推进国家治理体系和治理能力现代化若干重大问题的决定》，对推进国家治理体系和治理能力现代化作出顶层设计和全面部署；《中华人民共和国国民经济和社会发展第十四个五年规划和2035年远景目标纲要》明确提出，国家治理效能得到新提升是"十四五"时期经济社会发展的主要目标，要提高数字政府建设水平，将数字技术广泛应用于政府管理服务，推动政府治理流程再造和模式优化，不断提高决策科学性和服务效率。在新的时代背景下，系统开展政府互联网履职能力研究，实施中国地方政府互联网服务能力的常态监测和动态评价，可为全面推进政府治理体系和治理能力现代化提供研究和决策支持。

政府互联网服务能力是指政府运用互联网、大数据、云计算、人工智能等新一代信息技术和手段，实现科学决策、精准治理、高效服务，增强人民群众的获得感、幸福感的综合能力，是推进国家治理体系和治理能力现代化的具体体现。

《中国地方政府互联网服务能力发展报告（2021）》继续沿用了政府互联网服务能力的评价体系，但根据国家政策推进、经济社会形势和各地发展情况进行了微调，主要涉及部分指标权重调整、三级指标优化、评价点位优化等。评价范围较2020年报告增加了北京、上海、天津和重庆4个直辖市，总评价范围为4个直辖市和333个地级行政区。该评价体系的特点主要体现在以下四个方面。

一是价值引导，研究评价体系与指标全面覆盖数字政府的"多网、多微、多端"服务与应用。既考量政府互联网服务的外在效果，也关联政府全互联网的整体服务效能，以期正确反映数字政府时代政府与时俱进的履职能力建设情况。本报告进一步加强了对各地政务服务一体化平台建设和服务情况的评价，针对"主题式"、"集成式"服务和"一网通办"等设置专门采集点位进行考量，从渠道建设、便利程度和结果评价等全流程、多维度出发，评价各地方政府的互联网服务水平。

二是数据全量，研究评价数据基于专业研发的泛互联网定向数据采集平台，创新性地以互联网大数据监测、采集、分析为手段，对全国4个直辖市和333个地级行政区的政府"多网、多微、多端"进行全量数据采集与人工智能校验和数据回溯。支撑研究评价的"政府互联网服务能力大数据监测平台"，实现了多频度采集、全样本抓取、智能化分析、精准化清洗，综合采集率达90%以上，平均每次采集数据达1300余万条。同时依托40余人的公共管理专业人工团队实施人工定向采集与精准校验，确保了采集结果的准确性。

三是创新引领，研究提出的"主动感知回应能力""个性化服务能力"等具有前瞻性的评价指标，注重政府互联网服务的未来发展趋势，包括需求的主动感知、自动适配和智能交互等。本报告增加了部分创新评价点位，如依据政务服务的新要求，增加针对"主题式、集成式"服务效果、网上服务"一事一评"等的评价点位；围绕地方政府重点专项工作，设立"重大决策前期征集"评价点位，对各地运用互联网开展"十四五"规划意见建议前期征集的情况进行评价。

　　四是覆盖全面,研究成果全面覆盖全国4个直辖市和333个地级行政区政府,包括总体研究评价、分项能力研究评价、专题领域研究评价、区域案例研究评价,以期客观反映中国地方政府互联网服务能力发展现状和存在的问题。研究成果对全国4个直辖市和333个地级行政区的政府互联网服务能力按领先发展、积极发展、稳步发展和亟待发展4个发展阶段10个具体等级进行了分级评价,并从等级分布、发展程度、区域比较等维度开展研究分析。

　　本报告加强了对政府互联网服务能力发展专题领域的研究,共发布《重大行政决策中"互联网＋公众参与"环节的发展现状与思考》《营商环境视域下地方政府互联网服务能力发展现状及分析》《社会信用视域下地方政府互联网服务能力发展现状及启示》《地方政府政务新媒体发展现状分析与建议》《政务服务"掌上通办"平台建设及功能整合现状与思考》《地方政府数据开放平台建设现状分析与启示》6篇专题报告,聚焦公众参与行政决策、营商环境建设、社会信用体系建设、政务新媒体发展、"掌上通办"平台建设和数据开放平台建设等热点领域,综合指标表现与案例分析,研究相关领域政府互联网服务能力发展的现状与启示。本报告的区域分析以福建省、山东省、北京市和成都市为例,通过分析、整理4个省、市政府互联网服务能力建设的具体数据与典型案例,为我国其他地区提供可供参考借鉴的经验。

　　《中国地方政府互联网服务能力发展报告(2021)》是一项探索性集体研究成果,虽然汲取了众多研究者和实践者的建设性意见,团队也做了创造性设计、付出艰辛的努力,但难免存在不足和缺憾。政府互联网服务能力建设本身是一项任重道远的伟大工程,我们将长期跟踪研究这一课题,并在今后的监测评价研究中广泛听取社会各界的意见和建议,努力为政府互联网履职提供更加科学的评价报告。

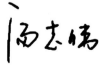

2021年10月

摘　要

政府互联网服务能力是指政府运用互联网、大数据、云计算、人工智能等新一代信息技术和手段，实现科学决策、精准治理、高效服务，增强人民群众的获得感、幸福感的综合能力。本书从供给能力、响应能力、智慧能力三个方面建立了政府互联网服务能力评价体系，以期为建设网上政府、提高数字政府建设水平、提升政府互联网履职能力探索出一套认知、评价和导向体系，并通过总体评价、分项能力表现、专题研究和区域分析等，反映全国地方政府互联网服务能力发展现状与趋势。

2020年至2021年，在国家进一步推动"互联网＋政务服务"建设，大力推进营商环境优化，加强基层智慧治理能力建设的背景下，各地方政府大力推进互联网服务发展与创新。总体上看，"掌上办""指尖办"已成政务服务标配，"一网通办""异地可办"等已成趋势，市场主体和人民群众获得感、满意度不断提升，中国地方政府互联网服务能力发展取得了良好进展。

本书总报告依据政府互联网服务能力三级指标体系，运用大数据监测分析和人工采集校验相结合的方式对全国4个直辖市和333个地级行政区的互联网服务能力进行评价，并根据评价得分从高到低将其划分为领先发展、积极发展、稳步发展、亟待发展四种类型。评价结果显示：一年来，稳步提升成为地方政府互联网服务能力持续发展态势；地方政府互联网服务能力地区间差距在进一步缩小；数字化转型助推地方政府互联网服务能力提升；地方政府互联网服务能力的多渠道服务供给逐步完善；地方政府互联网服务能力

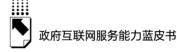

的智慧化服务仍在探索之中。

本书分项能力篇分别对中国地方政府互联网服务供给能力、响应能力和智慧能力的整体表现、区域差异和细项指标进行了分析，阐述了各分项能力发展状况与特征。专题篇通过研究公众参与行政决策、营商环境建设、社会信用体系建设、政务新媒体发展、"掌上通办"平台建设和数据开放平台建设六个热点领域，综合指标表现与案例分析，研究其政府互联网服务能力发展的现状与启示。区域篇聚焦福建省、山东省、北京市和成都市四个省、市的政府互联网服务能力发展现状，通过分析、整理四个省、市的具体数据与典型案例，为我国其他地区提供可供参考借鉴的经验。

关键词： 治理能力现代化　政府治理　数字政府　政府互联网服务能力

目 录 ⬈▨▨▨▨

Ⅰ 总报告

B.1 中国地方政府互联网服务能力评价（2021）

………… 徐 霄 王萌森 张会平 陈良雨 汤志伟 李金兆 / 001

一 政府互联网服务能力内涵与评价 ……………………… / 002

二 中国地方政府互联网服务能力评价结果（2021） ……… / 009

三 中国地方政府互联网服务能力发展现状与趋势 ………… / 019

四 中国地方政府互联网服务能力发展瓶颈与建议 ………… / 024

Ⅱ 分项能力篇

B.2 中国地方政府互联网服务供给能力分析报告（2021）

…………………………… 张龙鹏 吴珂旭 蒋国银 / 026

B.3 中国地方政府互联网服务响应能力分析报告（2021）

…………………………… 冯小东 王超睿 高天鹏 / 037

B.4 中国地方政府互联网服务智慧能力分析报告（2021）

…………………………… 郭雨晖 罗伊晗 吴杰浩 / 047

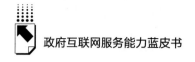
Ⅲ　专题篇

B.5 重大行政决策中"互联网＋公众参与"环节的发展
现状与思考……………………… 冯　翼　王新莹　郦　沄 / 059

B.6 营商环境视域下地方政府互联网服务能力发展
现状及分析……………………… 王　沙　党正阳　董　亮 / 079

B.7 社会信用视域下地方政府互联网服务能力发展现状及启示
………………………………………………… 张海霞　唐　静 / 096

B.8 地方政府政务新媒体发展现状分析与建议
………………………………………… 雷鸿竹　程　惠　罗　意 / 119

B.9 政务服务"掌上通办"平台建设及功能整合现状与思考
……………………………………………… 殷丽娜　简　青 / 138

B.10 地方政府数据开放平台建设现状分析与启示
………………………………… 龚泽鹏　叶昶秀　刘　春 / 154

Ⅳ　区域篇

B.11 福建省政府互联网服务能力研究报告
………………………………… 赵　迪　郭双双　王　莉 / 171

B.12 山东省政府互联网服务能力研究报告
………………………………… 韩　啸　谈　津　贾　开 / 197

B.13 北京市政府互联网服务能力研究报告
………………………………… 杨　柳　任　洋　蔡运娟 / 220

B.14 成都市政府互联网服务能力研究报告
……………………………………………… 罗　燕　张　芮 / 241

Ⅴ　附　录

B.15 中国地方政府互联网服务能力评价（2021）指标与权重 …… / 265

B.16 中国地方政府互联网服务能力评价（2021）指标

　　含义与解释 ·············· / 267

B.17 中国地方政府互联网服务能力评价（2021）监测数据

　　采集点位 ·············· / 275

B.18 中国地方政府互联网服务能力评价（2021）直辖市

　　与地级行政区总排名 ·············· / 277

B.19 中国地方政府互联网服务能力评价（2021）监测数据

　　采集与应用技术说明 ·············· / 288

Abstract ·············· / 294

Contents ·············· / 296

皮书数据库阅读**使用指南**

总 报 告

General Report

B.1

中国地方政府互联网服务能力
评价（2021）

徐　霁　王萌森　张会平　陈良雨　汤志伟　李金兆*

摘　要：　本报告阐述了地方政府互联网服务能力的内涵和构成，及政府
　　　　　互联网服务能力评价指标体系设计、数据来源与采集、数据计
　　　　　算方法等，给出评价结果，并对未来发展进行分析。报告显
　　　　　示，我国地方政府互联网服务能力发展整体水平持续提升、地
　　　　　区间差距进一步缩小，数字化转型助推地方政府互联网服务能

---

* 徐霁，成都市经济发展研究院（成都市经济信息中心）智慧治理研究所所长，研究方向为政
府治理、电子政务、大数据分析和竞争情报；王萌森，成都市经济发展研究院（成都市经济
信息中心）科研管理部主任，研究方向为政府治理、智库建设、大数据分析和新媒体发展；
张会平，电子科技大学公共管理学院教授，研究方向为现代公共管理与电子政务；陈良雨，
电子科技大学公共管理学院副教授，研究方向为高等教育管理、行政管理；汤志伟，电子科
技大学（深圳）高等研究院执行院长，教授，博士生导师，研究方向为数字治理和智慧城
市、网络空间治理与社会治理；李金兆，成都市经济发展研究院（成都市经济信息中心）副
院长（副主任）、总编辑，编审，研究方向为政府治理与电子政务、网络行为与媒介传播、
大数据与竞争情报。

力提升。在未来发展中地方政府互联网服务能力呈现三个显著趋势：一是集约化建设促进地方政府互联网服务能力均衡化发展，二是数据赋能促进地方政府互联网服务能力向纵深发展，三是认知提升促进地方政府互联网服务能力系统性发展。

关键词： 治理能力现代化 政府治理 数字政府 政府互联网服务能力

一 政府互联网服务能力内涵与评价

从政府上网工程到数字政府建设，经过 20 多年的历程，我国电子政府体系已初步建成，政府基于互联网开展社会治理、提供政务服务、实现网络履职已成为常态和现实。在推进国家治理能力和治理体系现代化的新时代背景下，评价政府执政能力、治理能力和服务能力，需要将政府互联网服务能力作为抓手。2020 年和 2021 年是"十三五"收官之年和"十四五"开局之年，"十三五"期间，国家治理体系和治理能力现代化加快推进，数字政府建设成为推进国家治理体系和治理能力现代化的有效手段，网络强国和数字中国建设成效显著，我国电子政务发展指数国际排名从 2016 年的第 63 位上升到 2020 年的第 45 位。[①]《中华人民共和国国民经济和社会发展第十四个五年规划和 2035 年远景目标纲要》明确提出"'国家治理效能得到新提升'是'十四五'时期经济社会发展的主要目标"，要"提高数字政府建设水平，将数字技术广泛应用于政府管理服务，推动政府治理流程再造和模式优化，不断提高决策科学性和服务效率"。

2020 年至 2021 年，在国家进一步推动数字政府建设，大力推进营商环

① 中共中央党校（国家行政学院）、联合国经济和社会事务部：《联合国电子政务调查报告（中文版）》，2021 年 7 月 26 日。

002

境优化，加强基层智慧治理能力建设的背景下，各地方政府大力推进互联网服务发展与创新。总体上看，"掌上办""指尖办"已成政务服务标配，"一网通办""异地可办"等已成趋势，市场主体和人民群众获得感、满意度不断提升，中国地方政府互联网服务能力发展取得了良好进展。

（一）政府互联网服务能力的内涵

互联网发展到一定阶段，政府基于互联网提供政务服务，实现网络履职已经成为常态和现实，公众对政府服务的需求也逐渐转化为线上诉求。政府治理能力已经上升到新的阶段，从而政府互联网服务能力成为一个新的命题。

政府互联网服务能力是指政府运用互联网、大数据、云计算、人工智能等新一代信息技术和手段，实现科学决策、精准治理、高效服务，增强人民群众的获得感、幸福感的综合能力，是推进国家治理体系和治理能力现代化的具体体现。

（二）政府互联网服务能力的构成

基于政府互联网服务能力的内涵，其核心内容是政府通过信息化、智能化手段，实现服务的主动供给和基于公众服务需求的精准响应。因此，政府互联网服务能力可以分为服务供给能力、服务响应能力和服务智慧能力（见图1）。

1. 服务供给能力

服务供给能力是指政府运用互联网主动提供服务的能力，是政府服务供给规范程度、协同水平和贯通效果的综合体现。主要包括目录覆盖能力、应用整合能力和服务贯通能力。

2. 服务响应能力

服务响应能力是指政府运用互联网渠道回应公众和企业服务需求的能力，是线上渠道建设效果和线下服务整体水平的综合体现。主要包括服务诉求受理能力、办事诉求响应能力和互动诉求反馈能力。

3. 服务智慧能力

服务智慧能力是指政府通过互联网满足公众和企业多元化需求的能力，

是政府服务应用效果和智能服务水平的综合体现。主要包括应用适配能力、智能交互能力和个性化服务能力。

服务供给能力	服务响应能力	服务智慧能力
目录覆盖能力	服务诉求受理能力	应用适配能力
应用整合能力	办事诉求响应能力	智能交互能力
服务贯通能力	互动诉求反馈能力	个性化服务能力

图1 政府互联网服务能力构成模型

（三）中国地方政府互联网服务能力评价

本报告继续沿用了2020年报告评价体系，但根据国家政策推进、经济社会形势和各地发展情况进行了微调，主要涉及部分指标权重调整、三级指标优化、评价点位优化等。评价范围较2020年报告增加了北京、上海、天津和重庆4个直辖市，总评价范围为4个直辖市和333个地级行政区。该评价体系的特点主要体现在以下四个方面。

一是价值引导，研究评价体系与指标全面覆盖数字政府的"多网、多微、多端"服务与应用。既考量政府互联网服务的外在效果，也关联政府全互联网的整体服务效能，以期正确反映数字政府时代政府与时俱进的履职能力建设情况。本报告进一步加强了对各地政务服务一体化平台建设和服务情况的评价，针对"主题式"、"集成式"服务和"一网通办"等设置专门采集点位进行考量，从渠道建设、便利程度和结果评价等全流程、多维度出发，评价各地方政府的互联网服务水平。

二是数据全量，研究评价数据基于专业研发的泛互联网定向数据采集平台，创新性地以互联网大数据监测、采集、分析为手段，对全国4个直辖市和333个地级行政区的政府"多网、多微、多端"进行全量数据采集与人工智能校验和数据回溯。支撑研究评价的"政府互联网服务能力大数据监测平台"，实现了多频度采集、全样本抓取、智能化分析、精准化清洗，综合采集率达90%以上，平均每次采集数据达1300余万条。同时依托40余人的公共管理专业人工团队实施人工定向采集与精准校验，确保了采集结果的准确性。

三是创新引领，研究提出的"主动感知回应能力""个性化服务能力"等具有前瞻性的评价指标，注重政府互联网服务的未来发展趋势，包括需求的主动感知、自动适配和智能交互等。本报告增加了部分创新评价点位，如依据政务服务的新要求，增加针对"主题式、集成式"服务效果、网上服务"一事一评"等的评价点位；围绕地方政府重点专项工作，设立"重大决策前期征集"评价点位，对各地运用互联网开展"十四五"规划意见建议前期征集的情况进行评价。

四是覆盖全面，研究成果全面覆盖全国4个直辖市和333个地级行政区政府，包括总体研究评价、分项能力研究评价、专题领域研究评价、区域案例研究评价，以期客观反映中国地方政府互联网服务能力发展现状和存在的问题。研究成果对全国4个直辖市和333个地级行政区的政府互联网服务能力按领先发展、积极发展、稳步发展和亟待发展4个发展阶段10个具体等级进行了分级评价，并从等级分布、发展程度、区域比较等维度开展研究分析。

1. 指标体系设计

本报告评价指标体系设计为三级，包括3个一级指标、9个二级指标和31个三级指标，具体设计如表1所示。

表1 政府互联网服务能力评价指标体系

一级指标	二级指标	三级指标
服务供给能力（40%）	目录覆盖能力（30%）	权责清单（35%）
		政府信息公开目录（35%）
		公共服务清单（30%）

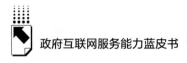
续表

一级指标	二级指标	三级指标
服务供给能力 （40%）	应用整合能力 （30%）	平台整合能力（25%）
		平台应用能力（60%）
		数据开放（15%）
	服务贯通能力 （40%）	社保领域（10%）
		教育领域（8%）
		医疗领域（8%）
		就业领域（8%）
		住房领域（8%）
		交通领域（8%）
		企业开办变更领域（10%）
		企业经营纳税领域（10%）
		创新创业领域（10%）
		企业注销领域（10%）
		社会信用领域（10%）
服务响应能力 （40%）	服务诉求受理 能力（30%）	互动诉求受理能力（50%）
		办事诉求受理能力（50%）
	办事诉求响应 能力（35%）	办事服务渠道建设（30%）
		办事服务便利程度（40%）
		办事服务效果评价（30%）
	互动诉求反馈 能力（35%）	诉求回复响应能力（35%）
		诉求结果应用能力（25%）
		主动感知回应能力（40%）
服务智慧能力 （20%）	应用适配能力 （40%）	功能适配度（65%）
		应用拓展度（35%）
	智能交互能力 （40%）	智能搜索能力（50%）
		智能问答能力（50%）
	个性化服务能力 （20%）	定制服务能力（65%）
		智能推送能力（35%）

2. 数据来源与采集

本报告数据采集①包括技术采集和人工采集两部分，其中技术和人工采

———————

① 本报告数据采集时段为 2021 年 5 月至 2021 年 8 月。

集点位各占 50%。充分运用机器自动化、智能化、快速化、系统化的大数据技术采集手段，以及结合人工的精准采集和回归校验是本报告的重要创新之一。

（1）技术采集

技术采集占本报告评价采集点位的 50%，其主要特点体现在以下四个方面。

第一，多频度采集。本报告共开展了 4 次机器数据采集，政府互联网服务能力评估系统的数据采集模块实现了与原始数据的回溯和对比，做到可查询、可验证。采集范围涵盖各类泛互联网渠道，平均每次采集网页数据1300 余万条、微博微信数据 100 余万条、搜索引擎数据 500 余万条等。

第二，多渠道支撑。本报告依托政府互联网服务能力评估系统，实现对全部技术采集指标、链接地址的部署，对各地方政府互联网服务渠道网页数据实施全样本采集，对采集结果进行计算和导出，实现在系统内的一体化部署、抓取、计算和生成；依托上海星鸟网络科技有限公司数据采集系统，实现对部分政务新媒体的专项精准采集，满足部分政务新媒体评价点位数据采集的需要。

第三，智能化采集。本报告数据采集采用了分布式采集、智能学习、浏览器模拟、图片智能读取识别等智能手段，实现了 10 + 级网页数据深度采集、95% 抓取无拒绝、功能代码不丢失的效果，互联网数据采集率达 90% 以上。

第四，精准化清洗。本报告数据清洗主要使用 NLP 技术，依据关键词智能发现无关内容并进行自动清洗，共清洗非政务服务、非采集点位和重复等无效数据 300 余万条，保障了评价数据结果的权威度和准确性。

（2）人工采集

人工采集占本报告评价采集点位的 50%，主要是需人工判断分析、需人机交互联动，以及部分技术无法抓取的指标和点位。本报告对人工采集和验证进行了强化，较 2020 年报告增加了 44 个人工采集点位，优化调整了采集分工和方法，加强了采集人员的团队建设和业务培训，以提升人工采集结果的精准度。

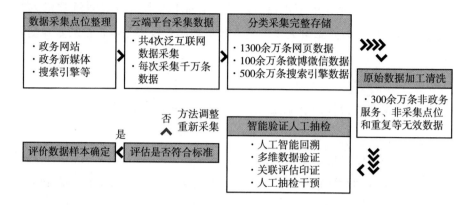

图2 政府互联网服务能力评价数据采集流程

本报告人工采集工作由电子科技大学 35 名公共管理专业硕士研究生和社会科学试验班本科生集中完成。人工数据校验工作由成都市经济发展研究院 10 名研究人员组成的验证团队集中完成。

3. 数据计算方法

本报告监测与评价在数据采集、数据校验、结果导出、数据分析等方面采用了专业技术工具与科学计算方法，保障评价结果的客观、准确。

（1）数据采集。本报告依托政务大数据监测采集系统，对 121 个技术采集点和 121 个人工采集点进行采集，针对"数据有无""数据量""数据集合度""数据层级"等不同指标评价需求，采用递推计算、递归计算、分治法等进行数据计算、导出和存储。

（2）数据校验。本报告通过人工智能回溯、多维数据验证、关联评估印证和人工抽检干预等"技术＋人工"方式对计算结果进行验证和调整。

（3）结果导出。本报告按照三级指标权重和评价原则，共研究设计 20 余个计算公式，对按指标采集的 110872 个样本数据进行分值转化计算，形成 4 个直辖市和 333 个地级行政区的评价结果（分值）和按能力类别的分类排名。

（4）数据分析。本报告基于评价结果数据和分类排名情况，运用差分趋势分析、聚类分析和描述统计分析等计算分析方法进行多维数据计算；形成各地发展阶段等级划分，各区域发展状况差异化对比，一、二级指标服务能力发展态势等分析成果，支撑能力现状、区域特征、发展趋势等分析结论产生。

二 中国地方政府互联网服务能力评价结果（2021）

（一）中国地方政府互联网服务能力评价结果

本报告评价涉及337个地方政府，包含4个直辖市和333个地级行政区，满分是100分。以中国地方政府互联网服务能力的评价得分为基础，通过差分趋势可见，阳江市、兰州市、山南市的差分结果相对显著（见图3），可以作为中国地方政府互联网服务能力得分的分界点。相较于2020年的四种划分类型，由于2021年整体分数呈上升趋势，且各个阶段的城市都处于发展态势，因此类型划分都是建立在"发展"基础之上。结合以上三个点位，可将中国地方政府互联网服务能力的评价得分从高到低划分为领先发展、积极发展、稳步发展、亟待发展四种类型。

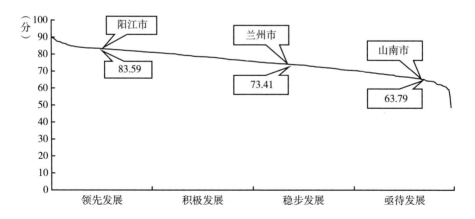

图3 中国地方政府互联网服务能力总体分布

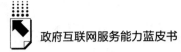

中国地方政府互联网服务能力的四种类型：领先发展、积极发展、稳步发展、亟待发展，分别对应 A、B、C、D 四个等级（见图4）。

A 领先发展类 32个地级行政区和2个直辖市，约占总样本的10%，整体得分均在83.59分之上，其政府互联网服务能力位于A类等级	**B 积极发展类** 179个地级行政区和2个直辖市，约占总样本的54%，整体得分位于73.41分至83.59分之间，其政府互联网服务能力位于B类等级
C 稳步发展类 107个地级行政区，约占总样本的32%，整体得分位于63.79分至73.41分之间，其政府互联网服务能力位于C类等级	**D 亟待发展类** 15个地级行政区，约占总样本的4%，整体得分均在63.79分之下，其政府互联网服务能力位于D类等级

图4 中国地方政府互联网服务能力等级分布

本报告对 A、B、C 三个等级内的地方政府互联网服务能力得分进行平均划分，在每个等级内部再分成三个级别，并根据相应得分对样本进行分类（见表2）。

表2 中国地方政府互联网服务能力评价等级分类

类型	等级	直辖市	副省级城市/ 省会城市	其他地级行政区
领先发展 [83.59,100]	A+ (87.67)	北京市 上海市	深圳市 广州市 青岛市	
	A (85.63)	—	成都市 贵阳市 济南市 厦门市	泉州市、烟台市、湛江市、永州市
	A− (83.59)	—	杭州市 福州市 南京市	滁州市、临沂市、宜宾市、宜昌市、中山市、雅安市、苏州市、台州市、佛山市、惠州市、黄山市、淮北市、宿州市、淮南市、娄底市、常州市、淮安市、阳江市

续表

类型	等级	直辖市	副省级城市/省会城市	其他地级行政区
积极发展 [73.41,83.59)	B+ (80.20)	重庆市	宁波市 合肥市 长沙市 海口市 武汉市 郑州市 太原市 西安市 长春市	湘潭市、广元市、黔南布依族苗族自治州、亳州市、泰州市、威海市、宿迁市、长治市、阜阳市、大同市、泰安市、安庆市、丽水市、潍坊市、温州市、珠海市、北海市、柳州市、湖州市、广安市、桂林市、三亚市、淄博市、蚌埠市、巴中市、德阳市、六安市、嘉兴市、汕头市、东莞市、攀枝花市、绍兴市、泸州市、龙岩市、南充市、郴州市、达州市、河源市、遵义市、无锡市、常德市、岳阳市、肇庆市、潮州市、眉山市、钦州市、汕尾市、莆田市、防城港市、马鞍山市、池州市、忻州市、六盘水市、安顺市、金华市、许昌市、十堰市、黔西南布依族苗族自治州、徐州市
	B (76.81)	天津市	呼和浩特市 南宁市 昆明市 沈阳市 银川市 大连市 乌鲁木齐市	崇左市、济宁市、梅州市、鄂州市、南平市、襄阳市、楚雄彝族自治州、乐山市、南阳市、运城市、芜湖市、宣城市、贵港市、包头市、益阳市、黔东南苗族侗族自治州、宁德市、晋城市、茂名市、衡阳市、开封市、河池市、咸宁市、新余市、阳泉市、来宾市、怀化市、韶关市、随州市、江门市、九江市、内江市、吐鲁番市、黄石市、铜仁市、扬州市、鹤壁市、儋州市、焦作市、玉林市、三明市
	B- (73.41)	—	哈尔滨市 拉萨市 南昌市 西宁市 石家庄市 兰州市	双鸭山市、连云港市、贺州市、保山市、清远市、阿克苏地区、黄冈市、抚州市、舟山市、梧州市、日照市、衢州市、揭阳市、枣庄市、商丘市、昌吉回族自治州、绵阳市、孝感市、汉中市、本溪市、上饶市、盐城市、东营市、德州市、南通市、荆门市、云浮市、巴彦淖尔市、红河哈尼族彝族自治州、资阳市、阿坝藏族羌族自治州、昭通市、德宏傣族景颇族自治州、呼伦贝尔市、漳州市、濮阳市、甘孜藏族自治州、毕节市、中卫市、滨州市、乌海市、延安市、铁岭市、大兴安岭地区、鹰潭市、邯郸市、百色市、固原市、张家口市、哈密市、抚顺市、保定市、湘西土家族苗族自治州、临夏回族自治州、自贡市、周口市、朔州市

类型	等级	直辖市	副省级城市/省会城市	其他地级行政区
稳步发展 [63.79,73.41)	C + (70.20)	—	—	株洲市、鄂尔多斯市、承德市、兴安盟、铜川市、平顶山市、丹东市、通辽市、齐齐哈尔市、怒江傈僳族自治州、吉林市、邵阳市、衡水市、镇江市、吴忠市、锡林郭勒盟、晋中市、凉山彝族自治州、安康市、遂宁市、普洱市、和田地区、阿里地区、葫芦岛市、临沧市、安阳市、菏泽市、张家界市、吕梁市、聊城市、海东市、大理白族自治州、辽源市、佳木斯市、秦皇岛市、驻马店市、铜陵市、邢台市、信阳市、昌都市、白银市、唐山市
	C (66.99)	—	—	天水市、白山市、廊坊市、临汾市、漯河市、博尔塔拉蒙古自治州、恩施土家族苗族自治州、白城市、丽江市、乌兰察布市、沧州市、牡丹江市、宜春市、洛阳市、宝鸡市、文山壮族苗族自治州、西双版纳傣族自治州、定西市、海北藏族自治州、塔城地区、玉溪市、新乡市、鞍山市、榆林市、庆阳市、武威市、石嘴山市、松原市、嘉峪关市、阜新市、陇南市、阿勒泰地区、喀什地区、林芝市
	C − (63.79)	—	—	赤峰市、盘锦市、鹤岗市、通化市、荆州市、酒泉市、赣州市、锦州市、巴音郭楞蒙古自治州、咸阳市、吉安市、黑河市、伊犁哈萨克自治州、绥化市、克孜勒苏柯尔克孜自治州、四平市、商洛市、阿拉善盟、金昌市、三门峡市、那曲市、萍乡市、伊春市、渭南市、大庆市、景德镇市、曲靖市、鸡西市、玉树藏族自治州、日喀则市、山南市
亟待发展 [0,63.79)	D	—	—	营口市、黄南藏族自治州、朝阳市、辽阳市、延边朝鲜族自治州、七台河市、张掖市、海西蒙古族藏族自治州、甘南藏族自治州、果洛藏族自治州、克拉玛依市、海南藏族自治州、迪庆藏族自治州、平凉市、三沙市

（二）中国地方政府互联网服务能力评价结果分析

1. 中国地方政府互联网服务能力等级分布情况总体分析

本报告将直辖市纳入评价后，中国地方政府互联网服务能力得分整体上仍然稳步提升，其中地方政府互联网服务能力最高得分为 89.71 分，而

2020 年报告的最高得分为 87.81 分，表现出"创新高"的态势。

从排名分类来看，领先发展类城市的分数线由 2020 年报告的 80.26 分提升为 83.59 分，且平均分由 82.87 分提升至 85.53 分，2021 年报告中有 32 个地级行政区和 2 个直辖市进入领先发展类，而 2020 年报告只有 23 个地级行政区进入领先发展类，地级行政区数量增幅约为 39%。这说明具有引领性、高质量互联网服务能力的地级行政区数量仍在不断增加。

179 个地级行政区和 2 个直辖市进入积极发展类，相比 2020 年报告中的 196 个地级行政区数量有所下降，但平均分由 2020 年报告的 70.93 分提升至 78.57 分，说明已经有一部分原本处于积极发展类的地级行政区进入领先发展类，仍可说明 2021 年报告中该等级地方政府互联网服务能力的持续提升趋势。

与 2020 年报告的数据相比，稳步发展类地级行政区由 102 个上升为 107 个，平均得分由 58.35 分提升至为 68.92 分。这说明 2021 年报告稳步发展类地级行政区互联网服务的质量和水平仍然处于追赶趋势，并朝向积极发展类地级行政区迈进。

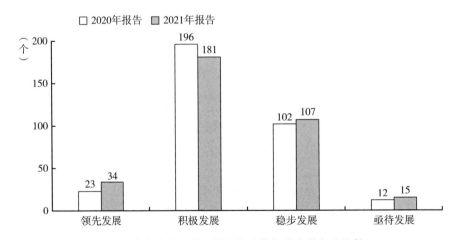

图 5　地方政府互联网服务能力等级分布的年度比较

亟待发展类地级行政区由 12 个上升为 15 个，平均分由 2020 年报告的 46.71 分提升至 60.23 分，增幅约为 29%，该等级地级行政区的整体得分得到大幅提升，说明一些原本互联网服务能力较低的地区也在不断改进与发展，我国地方政府互联网服务的底线水平显著提升。

2. 中国地方政府互联网服务能力一级指标发展程度总体分析

2021 年报告的数据显示，地方政府的服务供给能力与服务响应能力在一级指标中权重为 40%，服务智慧能力在总指标中权重为 20%。相比较而言，地方政府的服务供给能力发展程度最高，均值为 30.78 分，得分率为 76.95%；服务响应能力发展程度次之，均值为 30.62 分，得分率为 76.55%；服务智慧能力的均值为 13.98 分，得分率为 69.90%（见图 6）。由此可见，地方政府互联网服务供给能力与响应能力相对较强，说明我国地方政府基本能够借助互联网为公众提供良好的政务服务，并及时满足公众需求。地方政府服务智慧能力相比 2020 年报告明显提升。总体来看，我国地方政府互联网服务能力呈稳定发展态势，但仍存在进一步提升的空间。

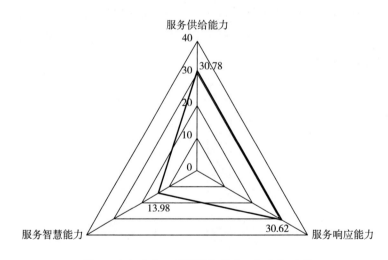

图 6　地方政府互联网服务能力一级指标均值

进一步从三个分项能力的变化情况上看，服务供给能力 2020 年报告均值为 28.46 分，2021 年报告均值为 30.78 分，出现一定的提升，说明地方政府在互联网服务供给的数量以及质量方面取得了明显成效，在有效满足公众服务需求方面的能力进一步提升。服务响应能力 2020 年报告均值为

25.34 分，2021 年报告均值为 30.62 分，说明地方政府在回应公众诉求方面不断改进，并取得了一定成效；服务智慧能力 2020 年报告均值为 13.23 分，2021 年报告均值为 13.98 分，出现了小幅提升，其原因主要是在省级平台集约化建设与智能服务统一提供的影响下，各地方政府互联网平台的政务服务智能化水平也在逐步提升。

3. 中国地方政府互联网服务能力的区域比较分析

其一，区域对比方面[①]，2021 年报告显示我国地方政府互联网服务能力的区域差异整体进一步缩小，尤其是西部地区和东部地区之间的差距缩小十分明显。如图 7 所示，东北地区地方政府互联网服务能力得分均值占东部地区地方政府互联网服务能力得分均值的比重从 2020 年报告的 86.10% 上升到 2021 年报告的 87.36%，上升了 1.26 个百分点；中部地区地方政府互联网服务能力得分均值占东部的比重从 94.47% 上涨到 96.80%，上升了 2.33 个百分点；西部地区地方政府互联网服务能力得分均值占东部的比重从 85.83% 上升到 92.85%，上升了 7.02 个百分点。由此可见，东北地区地方政府互联网服务能力略有提高，与东部地区的差距缩小；中部地区与东部地区的差距持续缩小；西部地区地方政府互联网服务能力大幅提升，涨幅十分亮眼。

其二，省级政府横向对比方面，省级政府互联网服务能力整体持续上升，且省级差异明显缩小。从整体上看，如图 8 所示，与 2020 年报告相比，在 2021 年报告中各省内地级行政区政府互联网服务能力得分[②]均出现了不同程度的提高。新疆、青海、云南、山西、广西、甘肃、湖南、贵州、陕西的政府互联网服务能力得分提升速度较快，提升均在 10 分以上。其中，新疆的提升幅度最大，从 56.75 分上升到 70.33 分，提升 13.58 分，涨幅 23.93%。安徽、广东、浙江是政府互联网服务能力得分最高的 3 个省份，分别为 81.77 分、81.57 分、81.54 分。

---

① 2020 年按照国家统计局所制定的标准将被统计的 333 个地级行政区和 4 个直辖市划分为东北、东部、中部及西部。2020 年报告中统计的为 333 个地级行政区。

② 省级政府互联网服务能力得分为省内各地级行政区政府互联网服务能力得分的均值。

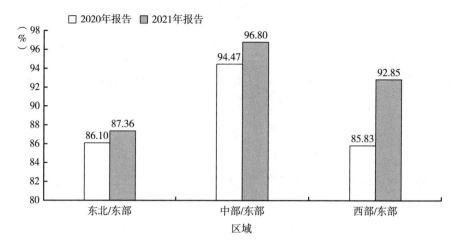

图7 地方政府互联网服务能力的区域比较

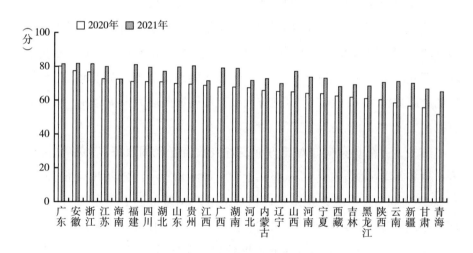

图8 省级政府互联网服务能力得分的年度比较

从省级差异上看，在2020年报告中，各省级政府互联网服务能力得分的标准差为6.58分；2021年报告中，标准差下降为5.05分，可以说明政府互联网服务能力的省级差异呈明显缩小的趋势。

其三，省内地级行政区横向对比方面，各省级行政区内地级行政区政府互联网服务能力差距整体上呈现明显缩小的趋势，关注与应对省内各地区均衡发展问题成为下一阶段的工作要点。一方面，如图9所示，在2021年报告中，宁夏、广西、浙江、河北是省内各地级行政区政府互联网服务能力标准差最小的4个省份，表明其省内各地级行政区政府互联网服务能力的发展相对均衡。相比之下，海南、湖北、云南是标准差最大的3个省份，说明其省内各地级行政区政府互联网服务能力的发展存在较大的差距。另一方面，通过对比2020年报告与2021年报告的数据可以发现，并非所有省份的标准差都呈现缩小趋势。根据统计，有26个省份的标准差有所下降，海南、广西、河北、贵州的标准差下降较快；吉林省的标准差略微上升，这说明吉林省仍需持续加强对省内各地方政府互联网服务能力均衡性的重视，推进全省政府互联网服务能力的整体建设。

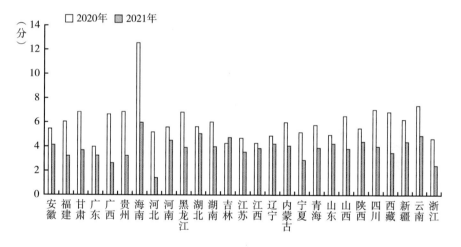

图9　省内地级行政区之间政府互联网服务能力标准差的年度比较

4. 直辖市政府互联网服务能力比较分析

2021年报告对北京市、上海市、天津市和重庆市4个直辖市政府互联网服务能力整体表现进行了比较分析（见图10）。第一，从各直辖市与全国各个地级行政区政府互联网服务能力总体得分对比上来看，四大直辖市整体表现优良，均位于政府互联网服务能力评价等级分类中的领先发展和积极发展两类。其中，北京市和上海市总分得分超过83.59分的领先发展类水平线，处于全国领先发展水平，并分别以 89.71 分和 89.58 分位居领先发展类梯队中的 A + 等级。天津市和重庆市则分别以 79.67 分和 83.39 分的总分得分超过 73.41 分的积极发展类水平线，处于全国积极发展的水平。其中，重庆市在积极发展类梯队中位于 B + 等级，得分逼近领先发展类水平线，天津市相对落后，在积极发展类梯队中位于 B 等级。

第二，从各直辖市之间的互联网服务能力总分对比上来看，北京市以整体得分 89.71 分的成绩位于四大直辖市之首，上海市以 0.13 分的微弱差距位居第二，重庆市以 83.39 分的总分位于第三名，天津市以 79.67 分的总分位于第四名。北京市、上海市和重庆市的整体得分差距不算明显，三个城市总体得分均在 80 分以上，极差为 6.32 分，天津市的得分与其他直辖市差距较为明显，有待努力追赶。

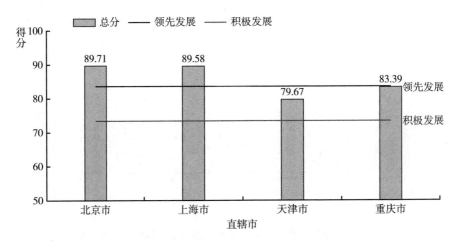

图 10 直辖市互联网服务能力整体表现

2021 年报告对北京市、上海市、天津市和重庆市 4 个直辖市政府互联网服务能力详细表现进行了比较分析（见图 11）。第一，从各直辖市分项能力得分上看，北京市和上海市的服务供给能力相对较好，分别获得 36.13 分和 35.32 分；此外，北京市和上海市在服务响应能力上也领先于另外两个直辖市，分别获得 36.81 分和 37.35 分。在服务智慧能力上，重庆市以 17.66

分领先于其他 3 个直辖市，在服务供给能力和服务响应能力上与天津相差无几的情况下，重庆市用相对较好的服务智慧能力表现拉高了整体得分并超过了天津的整体得分。第二，从三大分项能力得分上看，4 个直辖市的服务供给能力和服务响应能力明显优于服务智慧能力，得分均高于 30 分，各个城市服务智慧能力得分均在 15 分左右，有待追赶服务供给能力和服务响应能力，为整体互联网服务能力的提升创造空间。

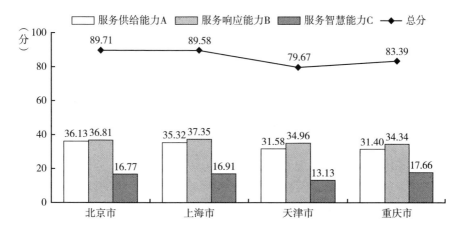

图 11　直辖市互联网服务能力详细表现

三　中国地方政府互联网服务能力发展现状与趋势

（一）中国地方政府互联网服务能力发展现状

1. 稳步提升成为地方政府互联网服务能力持续发展态势

2021 年报告数据显示，中国地方政府互联网服务能力整体呈现稳步提升的持续发展态势。一是稳步提升成为总趋势。各地方政府总平均得分持续提升，四个发展类型的平均得分均有不同程度的增长，进入领先发展类的地区数量增幅明显，亟待发展类地区平均得分率首次超过 60%。各地方政府在持续推进深化"放管服"改革、转变政府职能、优化营商环境、数字化政府转型的进程中，政府互联网服务能力得到显著提升，总体表现出服务供给更加规范、服务响应逐步深化、服务智慧广泛探索的特点。二是互联网思维加速转变。2020～2021年，新冠肺炎疫情迫使各地方政府互联网思维转变与服务能力提升，各地方政府统筹疫情常态化防控和经济社会发展，在"疫情精准防控""不见面服务""指尖上的政府"等方面积极探索创新，依托政府门户网站、政务服务一体化平台、政务新媒体多端应用等涌现不少创新做法与应用，其中，广东、安徽、浙江等先进地区不断向纵深发展，新疆、青海、云南等相对落后地区不断向均衡发展，总体形成了全国地方政府互联网服务能力稳步提升的良好发展态势。

2. 地方政府互联网服务能力地区间差距进一步缩小

2021年报告数据显示，中国地方政府互联网服务能力地区间差距进一步缩小。一是省内地区间差距持续缩小，26个省级行政区政府互联网服务能力标准差均有下降，各省集约化建设及"规范性动作"作用显现。如各省规范统一的企业开办及工程建设项目审批服务、安徽省的政府回应关切、福建省的惠企政策发布、黑龙江省的智能问答等，通过省级统一规范，省内各地级行政区间服务能力发展越来越趋于均衡。二是省域间差距也呈现缩小趋势。2021年报告显示各省级政府互联网服务能力得分的标准差由6.58分下降为5.05分，省级差异呈明显缩小的趋势，新疆、青海、云南、山西、甘肃等政府互联网服务能力提升速度较快，总分提升均在10分以上，西部地区和东部地区之间的差距缩小十分明显，先进地区呈现稳步发展态势，为原有落后地区提供了规范化借鉴经验，相对落后地区进步显著，使发展差距呈现进一步缩小趋势，拉高了全国地方政府互联网服务的底线发展水平。

3. 数字化转型助推地方政府互联网服务能力提升

2021年报告数据显示，中国地方政府数字化转型进程加快，基于数字赋能的互联网服务能力得到不断提升。一是政府数字化转型推进数字赋能。2021年报告中地级行政区的互联网服务智慧能力均值得分率提高了3.65个百分点，各地方政府"一件事、集成式"服务占比实现大幅提升，政府服务更为优化。2020～2021年，多地出台了政府数字化转型行动计划，强化数据"聚、通、用"，着力构建一体化数字政府，推进跨层级、跨地域、跨系统、跨部门、跨业务的协同管理服务，助推政府决策科学化、社会治理精细化、公共服务高效化。二是"健康码"成为数字化社会治理典型案例。在疫情防控常态化的现实情况下，全国31个省（自治区、直辖市）实现"健康码"互通互认"一码通行"，基于"通信大数据行程卡"的数据共享，及时将核酸和血清抗体检测结果、重点人员等信息共享到"健康码"数据库，个人持手机即可随时亮码，提供个人健康通行凭证；部分地方政府还探索集成健康码、乘车码、医保码等二维码，方便公众出行、使用。"健康码"在新冠肺炎疫情防控中取得的显著成效，是地方政府充分利用大数据的典型应用，是我国数字化社会治理的一次成功实践。

4. 地方政府互联网服务能力的多渠道服务供给逐步完善

2021年报告数据显示，中国地方政府互联网服务能力多渠道服务供给进一步提升，服务体系逐步完善。一是移动端开通率进一步提升。2021年全国4个直辖市和333个地级行政区开通政务微博或政务微信的占97.63%，开发建设政务客户端的占95.55%，微信和支付宝小程序覆盖度亦有小幅增长，除直辖市及部分先进城市在政务客户端服务方面不断提档升级外，其他更多地级行政区依托省级统一移动政务客户端快速填补了移动端空白，政务新媒体快速发展并加速向实现全面覆盖推进，"指尖上的政府"基础框架已初步形成。二是多微多端服务进一步融合。政府网站与政务新媒体联动性进一步增强，近50%的地方政府在政务微信上整合了政府门户网站的办事服务和咨询通道，在重要政策发布、重点政策解读、重大决策征集等方面实现政府网站与政务新媒体数据同源、同步发布；333个地级行政区中开通电子证照管理功能、政务服务事项掌上通办功能、便民利企服务查询功能的达95.50%以上，实现政务服务一体化平台深度整合，多渠道服务供给体系逐步完善，用户体验更加便捷化。

5. 地方政府互联网服务能力的智慧化服务仍在探索路上

2021年报告数据显示，中国地方政府互联网服务智慧能力底线水平大幅提升，但整体能力仍待持续优化。一是底线水平提升明显。中国地方政府互联网服务智慧能力经过长足发展已取得明显进步，全国4个直辖市和333个地级行政区互联网服务智慧能力的均值得分率超过60%的占比上升至85.76%，大部分地方政府均已达到"及格线"标准，尤其是由于省级一体化平台的统筹统建，智能检索、智能问答等指标得分上升地级行政区数量增加，各省域内地区差距呈普遍缩小趋势，同时省域间的服务智慧能力差距正在缓慢缩小。二是服务智慧能力整体水平仍待提升。各地级行政区智能交互能力整体水平偏低，其主要瓶颈多在于智能问答水平较低与发展缓慢，无法回答、答非所问等现象仍然普遍存在，这反映了在智慧服务推进进程中，地方政府需持续性提升政务信息抽取与公众搜索信息描述之间的适配度，特别是在基于省级统一智能服务功能探索地方政府特色化服务方面需要加大力度，而常见问题答案的数据库整理、集合和多样问答结果的可靠度与准确度仍需持续提升，解决数据深度整合应用难的问题。

（二）中国地方政府互联网服务能力发展趋势

1. 持续加强平台集约，促进地方政府互联网服务能力均衡化发展

近年来，各地政府依据国办系列指导文件精神，依托省级政务服务平台、政府网站集约化平台、政务新媒体平台等，从顶层设计、技术标准、业务规范、配套机制等方面积极推进互联网服务能力建设，地方政府互联网服务能力整体水平提升显著，均衡化发展趋势愈加显现。一是由单平台集约向跨平台融合发展。在省级政务服务一体化平台、政府网站集约化平台及政务客户端等单一平台集约化建设基础上，融入政务公开、政务服务热线、数据开放等服务，不断推动跨平台之间数据连通、服务同步，实现融合联动发展。二是由地区横向整合向横纵联动发展。随着国办和部委系列自上而下的业务规范出台，各级政府积极在纵向规范指引下开展横向业务联动，政务信息资源碎片化、业务应用条块化、政务服务分割化等问题将进一步改善，地区政府间互联网服务能力差距不断缩小，逐步向全国政务服务一体化及全国地方政府互联网能力均衡化发展。

2. 充分体现数据赋能，促进地方政府互联网服务能力向纵深发展

近年来，我国政务信息化正朝着智慧政务的方向推进，"十四五"规划提出要提高数字政府建设水平，不断提高决策科学性和服务效率。各地政府在推进数字政府建设进程中，不断利用新技术加强对政务数据的深度应用，探索推动政府治理流程再造和模式优化，地方政府互联网服务能力呈现纵深发展趋势。一是公共数据开放共享不断深入。在确保公共数据安全的基础上，不断推进政府内部数据跨部门、跨层级、跨地区汇聚融合和深度利用，推进基础公共信息数据安全有序向社会开放，使政务服务和公共服务更加个性化、精准化、智能化。二是数据精准分析研判不断强化。构建数字技术辅助政府决策机制已成为地方政府创新试点的重要方面，而基于高频大数据精准动态监测预测预警将成为创新探索方向，政府主动感知能力不断提升，政府运行方式、业务流程和服务模式向数字化智能化转变，地方政府智慧服务能力在一个相当长时期内将处于持续上升过程。

3. 不断强化认知，促进地方政府互联网服务能力系统性发展

数字化转型不只是单纯的技术转型，更是思维方式的转变。近年来，各地政府正处于数字化转型进程中，在开展数字政府基础设施、综合型平台建设工作基础上，组织协调数据资源采集、整合、归集、应用、共享及开放等，实现对各部门系统建设工作的统筹，也促进政府互联网服务能力向系统性发展趋势迈进。一是不断加强数字政府顶层设计。各地政府纷纷出台数字政府顶层规划或行动方案，运用整体政府理论，结合系统、全面的思想，促进各级政府部门政务的功能整合、技术整合、业务整合和数据整合，探索纵向与横向、政府与市场、业务与技术协调关系，为探索更智能化、更精准化、更个性化的政府互联网服务明确实践路径。二是从平台建设向平台运营转变。各地政府在完成政务服务、政府网站等各类集约化平台的基础建设并上线运行之后，越来越意识到政府互联网服务不能仅仅依靠电子政务建设项目方式推进，而必须建立与之匹配的系统的、长效的运行机制。部分地方政府已经开始探索设立专门数据运营中心，加强政企合作、鼓励多方参与等，不断创新行政管理和服务方式，确保更好地改善民生、更好地服务群众，不

断提升地方政府互联网服务能力整体水平，推进治理体系和治理能力现代化。

四　中国地方政府互联网服务能力发展瓶颈与建议

（一）中国地方政府互联网服务能力发展瓶颈

1. 部门数据壁垒依然困扰地方政府互联网服务能力稳步提升

数据治理驱动已经成为地方政府互联网服务创新的基础支撑，数据治理能力和水平在较大程度上决定着地方政府互联网服务的能力和水平。尽管国家和地方政府针对政务数据共享做了大量推进工作，但是部门之间的数据壁垒依然存在。数据不能在部门之间充分流动，造成部门之间的业务协同难以在高层次上推进。地方政府在推进部门之间数据共享上，尽管取得了重要进展，但是依然存在较大的提升空间。迫切需要破除部门之间的数据壁垒。

2. 智能处理技术难以满足地方政府互联网服务能力创新需要

以人工智能为代表的智能处理技术为地方政府互联网服务能力创新提供了重要的想象空间，但是就实际应用而言，现有智能处理技术难以满足地方政府互联网服务能力创新的需要，表现为以下几点：一是智能处理技术在地方政府互联网服务上的应用偏少，不少先进技术没有找到合适的应用场景；二是智能处理技术在地方政府互联网服务上的应用不深，新技术仍是较为简单的应用；三是智能处理技术在地方政府互联网服务上的应用效果不佳，没有带来非常好的用户体验。

3. 纵向统筹能力差异影响区域地方政府互联网服务能力均衡

在国家总体部署下，政务服务平台向省级集中并形成全国一体化平台，省级政府推进政务服务的能力和水平会在整体上影响该省全部地级行政区的政务服务水平。由于各省级政府面临的经济发展水平、信息产业基础支持、财政收入水平等方面的差异，在统筹推进方面也存在能力差异。另外，地级行政区在提供与公众更为接近的互联网服务时，尽管主要依靠本级政府推进，但是如果有省级政府强有力的统筹协调，就容易产生更为理想的效果。

（二）关于中国地方政府互联网服务能力发展的建议

1. 破解部门数据壁垒难题

部门数据壁垒存在的主要原因包括各部门将数据看作重要资产，不愿意共享；担心数据共享之后，被不当使用而承担责任；担心数据质量差，共享后被发现而承担责任；不同部门数据不一致，无法共享。为了破解部门数据壁垒难题，首先应从国家层面对政务数据的提供、使用和共享进一步明确；其次是行业主管部门应自上而下制定行业数据共享的规范或标准，为政务数据共享提供指导；最后，需要对不能共享的例外行为进行监督、协调。

2. 推进智能处理技术研发

对于智能处理技术在地方政府互联网服务能力上的应用，应进一步推进相关的研发工作。一是推进智能处理技术与政府管理服务决策的融合，在政府管理服务决策的应用场景和话语体系下推进智能处理技术研发；二是加强智能处理技术专家与公共管理专家的合作，对于政府管理服务决策的政策和流程，公共管理专家更有发言权，需要不同专家形成合力；三是成立专门的交叉应用实验室，由相关软件厂商、技术公司、高等院校、研究机构共同成立面向应用的多学科交叉实验室，联合攻关，确保智能处理技术的可行性、可用性和创新性。

3. 加强纵向统筹能力建设

在纵向统筹能力越来越重要的背景下，应从国家层面加强省级政府统筹能力建设，首先应通过扎实调研和研究明确数字政府建设背景下纵向统筹能力的逻辑构成，尤其是要突出对数字技术的跟踪和研究；其次，应在数字政府建设政策文件中突出纵向统筹能力建设的要求，让地方政府找到可能的发力点；最后，针对纵向统筹能力的表现以及取得的成效，应该通过多种渠道加以评价和监督，让纵向统筹能力建设落到实处。

分项能力篇

Sub-capbility Reports

B.2

中国地方政府互联网服务供给能力
分析报告（2021）

张龙鹏　吴珂旭　蒋国银[*]

摘　要：　本报告从整体表现、区域差异、分项能力三个维度分析了中国地方政府互联网服务供给能力的发展态势。在整体表现上，各地方政府互联网服务供给能力基本达到"及格线"标准，经过一年发展已取得明显进步，在评估难度上升的情况下，地方政府整体得分率依然保持上升趋势，并朝更高的目标迈进。在区域差异上，东北地区与东部地区服务供给能力的差距较大，西部地区服务供给能力建设取得明显成效，江苏、贵州、福建、广西等省级行政区的进步较快。在分项能力上，目录覆盖能力、服务贯通能力、应用整合能力逐渐下降，信息公

* 张龙鹏，电子科技大学公共管理学院副教授，研究方向为技术经济与公共政策；吴珂旭，电子科技大学经济与管理学院博士研究生，研究方向为智慧城市与数字治理；蒋国银，电子科技大学公共管理学院教授、博士生导师，研究方向为平台经济。

开目录建设已经相当成熟，数据开放建设较为缓慢，教育、医疗、企业开办变更、企业经营纳税、创新创业、企业注销、社会变更等领域的服务贯通能力持续增强。

关键词：　服务供给能力　目录覆盖能力　应用整合能力　服务贯通能力

一　整体表现

在 2021 年报告中，337 个地方政府互联网服务供给能力得分的均值为 30.78 分（满分 40.00 分），得分率[①]为 76.95%。其中，4 个直辖市均值为 33.61 分，得分率为 84.03%，333 个地级行政区均值为 30.75 分，得分率为 76.88%。就地级行政区而言，2021 年报告中服务供给能力均值得分率（76.88%）比 2020 年报告中的得分率（71.15%）上升了 5.73 个百分点。从地方政府得分率的分布情况来看，如图 1 所示，服务供给能力得分率超过 80% 的地方政府达到 121 个，占比为 35.91%；得分率超过 60% 的地方政府共有 333 个，占比高达 98.81%。在 2020 年报告中，得分率超过 60% 的地方政府数量占比为 70.27%，可见这一比重在 2021 年报告中有了显著的提升。数据表明，中国地方政府互联网服务供给能力基本达到"及格线"标准，经过一年发展已取得明显进步，在评估难度上升的情况下，得分率依然保持上升趋势，并朝更高的目标迈进。

中国地方政府互联网服务供给能力可进一步细分为目录覆盖能力、应用整合能力与服务贯通能力。如表 1 所示，在服务供给能力中，337 个地方政府的目录覆盖能力得分率最高，为 79.06%；服务贯通能力的得分率排在第二，为 76.93%；应用整合能力的得分率最低，为 74.90%。整体来看，服务供给能力的三项细分能力差异不显著，呈均衡发展态势。2021 年报告新增了

---

① 得分率为实际得分占满分的比重。

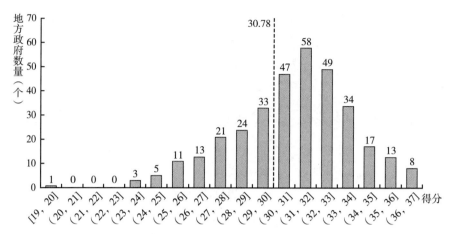

图1　服务供给能力得分分布

直辖市政府互联网服务能力的评价，其服务供给能力的细分能力得分率均高于地级行政区，其中直辖市目录覆盖能力得分率高达93.46%。与2020年报告结果相比，333个地级行政区服务贯通能力得分率上升尤为显著，上升了10.76个百分点，但也要看到，应用整合能力得分率出现了略微的下降。

表1　政府互联网服务供给能力评价指标得分率

单位：%

细分维度	2021年报告整体	2021年报告直辖市	2021年报告地级行政区	2020年报告地级行政区
目录覆盖能力	79.06	93.46	78.89	73.58
应用整合能力	74.90	80.18	74.84	75.43
服务贯通能力	76.93	79.81	76.89	66.13

二　区域差异

从区域层面看①，东部、中部、西部、东北服务供给能力的均值分别为

---

① 2020年按照国家统计局所制定的标准将被统计的333个地级行政区和4个直辖市划分为东北、东部、中部及西部。2020年报告中统计的为333个地级行政区。

32.57 分、30.84 分、29.96 分、29.30 分，得分率也依次为 81.43%、77.10%、74.90%、73.25%。就区域差异而言，如图 2 所示，在 2021 年报告中，东北均值占东部的比重为 89.96%，中部均值占东部的比重为 94.69%，西部均值占东部的比重为 91.99%，由此可见，东北服务供给能力与东部的差异较大。从变化趋势来看，与 2020 年报告相比，在 2021 年报告中，东北、中部与东部的差距没有出现明显的变化，但西部均值占东部比重从 85.00% 上升到 91.99%，甚至超过了 2019 年报告中的水平，这表明一年以来西部服务供给能力建设取得了明显成效。

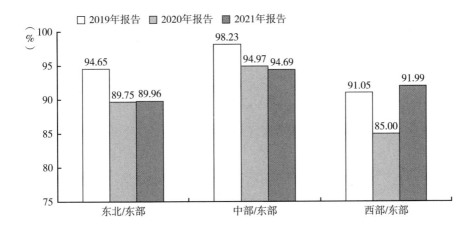

图 2　服务供给能力的区域差异

从服务供给能力的省域表现看，如图 3 所示，在 2021 年报告中，北京、上海、江苏是表现最好的三个省级行政区，得分分别为 36.13 分、35.32 分、34.45 分，相应的得分率为 90.33%、88.30%、86.13%。但也要看到甘肃、宁夏、西藏等省级行政区的得分较低，分别为 26.85 分、27.31 分、27.86 分，得分率分别为 67.13%、68.28%、69.65%。对比 2020 年报告和 2021 年报告，从相对排名来看，可以发现，江苏、贵州、福建、广西等省级行政区的进步较快，内蒙古、安徽、山西等省级行政区相对排名出现了下滑。特别地，贵州排名一直保持在全国前列，贵州实践可为西部服务供给能力建设提供参考。

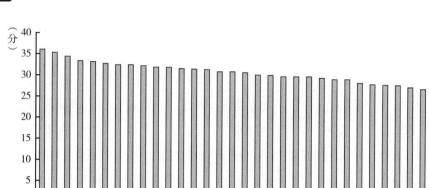

图3　服务供给能力的省域分布

从地级行政区层面看，2021年报告中各地级行政区互联网服务供给能力得分的标准差为2.77分，仅海南标准差高于全国平均水平（见表2），说明海南是实现全国服务供给能力区域均衡发展的关键。从表中可以看出，海南、陕西、山东等省内地级行政区之间的服务供给能力差异较大，标准差分别为7.32分、2.70分、2.70分；福建、新疆、江西等省（自治区）内地级行政区之间的服务供给能力差异较小，标准差分别为0.87分、0.97分、1.16分。也要看到，新疆、宁夏、云南等省（自治区）内地级行政区之间的差异虽然较小，但整体得分并不算高，存在低水平均衡的现象。

表2　省（自治区）域内地级行政区间服务供给能力的差异

单位：分

省份	标准差	最小值	最大值	省份	标准差	最小值	最大值
安徽	1.23	18.92	36.75	江西	1.16	28.86	32.31
福建	0.87	30.71	33.27	辽宁	2.50	24.17	33.26
甘肃	2.46	22.98	32.56	内蒙古	2.12	23.70	31.60
广东	1.35	31.02	36.52	宁夏	1.17	26.13	30.30
广西	1.56	29.26	35.47	青海	1.90	25.61	31.14
贵州	1.84	30.48	35.75	山东	2.70	26.56	36.02
海南	7.32	18.92	34.91	山西	1.78	28.88	34.51

续表

省份	标准差	最小值	最大值	省份	标准差	最小值	最大值
河北	1.67	27.03	32.57	陕西	2.70	24.83	33.13
河南	2.19	25.23	32.96	四川	1.90	28.50	35.85
黑龙江	1.83	27.28	33.62	西藏	2.63	24.93	33.15
湖北	2.63	26.11	35.48	新疆	0.97	28.34	31.42
湖南	2.45	24.53	35.06	云南	1.38	28.22	33.71
吉林	2.51	24.08	31.36	浙江	1.33	30.92	35.95
江苏	1.76	30.95	36.75	—	—	—	—

三 分项能力分析

（一）目录覆盖能力

如图 4 所示，337 个地方政府目录覆盖能力的平均分为 9.49 分，比 2020 年报告中的 8.83 分高了 7.47%。目录覆盖能力的最高分为 11.92 分，比 2020 年报告中的最高分（11.90 分）高了 0.02 分；目录覆盖能力的最低分为 3.24 分，比 2020 年报告中的最低分（1.29 分）高了 1.95 分，说明中国地方政府目录覆盖能力的"底线"在不断提高，地区间的差距在缩小。全国有 205 个地方政府目录覆盖能力得分超过全国平均水平，占全部地方政府数量的 60.83%，比 2020 年报告中的数值（50.45%）上升了 10.38 个百分点。目录覆盖能力得分率超过 90% 的地方政府有 29 个，占全部地方政府数量的 8.61%，这表明仅有少部分地方政府目录覆盖能力达到了较为出色的水平。其中 4 个直辖市目录覆盖能力得分的均值为 11.22 分，得分率 93.50%。

如表 3 所示，就 337 个地方政府的整体情况而言，在目录覆盖能力的三个细分维度中，政府信息公开目录的得分率最高，为 93.75%，表明中国地方政府的政府信息公开目录建设已经相当成熟；公共服务清单的得分率排在第二，为 78.47%；责任清单的得分率最低，为 64.91%。从地级行政区的

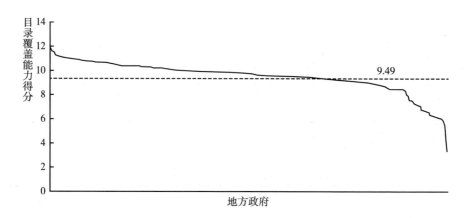

图4　目录覆盖能力得分分布

时间变化趋势来看，政府信息公开目录和公共服务清单的得分率一直保持上升趋势，但责任清单的得分率波动较大，这表明地级行政区要尤为注重责任清单建设的稳定性。从 2021 年报告对直辖市的评价结果来看，4 个直辖市在责任清单、政府信息公开目录、公共服务清单上的得分率均超过了 90%，由此可见直辖市目录覆盖能力的细分能力发展均衡。地级行政区可充分借鉴直辖市的实践经验，加强责任清单和公共服务清单的建设。

表3　目录覆盖能力细分维度均值得分率年度比较

单位：%

细分维度	2021 年报告 整体	2021 年报告 直辖市	2021 年报告 地级行政区	2020 年报告 地级行政区	2019 年报告 地级行政区
责任清单	64.91	92.50	64.56	72.53	58.67
政府信息公开目录	93.75	92.50	93.75	82.62	82.67
公共服务清单	78.47	95.70	78.26	70.54	44.67

（二）应用整合能力

如图 5 所示，337 个地方政府应用整合能力的平均分为 8.99 分，比 2020 年报告中的 9.05 分低了 0.66%。应用整合能力的最高分为 12.00 分，达到了满分水平；应用整合能力的最低分为4.28分，比2020年报告中的最低分（3.96分）高了8.08%，说明中国地方政府应用整合能力的"底线"在不断提高，地区间的差距在缩小。全国有179个地方政府应用整合能力得分超过全国平均水平，占全部地方政府数量的53.12%，比2020年报告中的数值（50.75%）上升了2.37个百分点。应用整合能力得分率超过90%的地方政府有42个，占全部地方政府数量的12.46%。数据表明，应用整合能力整体表现虽然没有目录覆盖能力好，但表现突出的地方政府数量更多。特别地，4个直辖市应用整合能力得分均值为9.62分，得分率达80.17%。

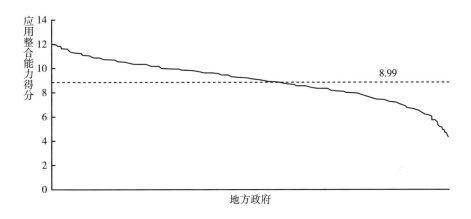

图5 应用整合能力得分分布

如表4所示，就337个地方政府的整体情况而言，在应用整合能力的三个细分维度中，平台应用能力的得分率最高为84.18%；平台整合能力的得分率排在第二，为73.26%；数据开放的得分率最低，为40.52%。在2021年报告中，直辖市在平台整合能力、数据开放上的表现好于地级行政区，尤其直辖市在数据开放上的得分率高达93.00%，而地级行政区仅为39.89%，直辖市在数据开放上的经验值得地级行政区借鉴。但在平台应用能力上，直辖市的得分率低于地级行政区，低了5.11个百分点，因此直辖市需要加强在平台应用能力上的建设。从地级行政区的时间趋势变化来看，相对于

2020 年报告的评价结果，在 2021 年报告中，平台整合能力的得分率出现了明显下滑，下降了 22.81 个百分点，但平台应用能力和数据开放得分率呈现了不同程度的上升。从 2019 年报告到 2021 年报告的评价结果变化来看，中国地方政府在数据开放上的建设一直都尤为缓慢，部门之间的利益纠葛以及相关法律方面的不完善，使地方政府不愿且不敢开放数据，难以产生良好的经济社会效益。

表 4　应用整合能力细分维度均值得分率年度比较

单位：%

细分维度	2021 年报告整体	2021 年报告直辖市	2021 年报告地级行政区	2020 年报告地级行政区	2019 年报告地级行政区
平台整合能力	73.26	75.00	73.23	96.04	77.08
平台应用能力	84.18	79.13	84.24	72.05	49.26
数据开放	40.52	93.00	39.89	38.62	38.89

（三）服务贯通能力

如图 6 所示，337 个地方政府服务贯通能力的平均分为 12.31 分，比 2020 年报告中的 10.58 分高了 16.35%。服务贯通能力的最高分为 15.10 分，比 2020 年报告中的最高分（15.46 分）低了 0.36 分；服务贯通能力的最低分为 8.90 分，比 2020 年报告中的最低分（0.96 分）高了 7.94 分，说明中国地方政府服务贯通能力的"底线"在不断提高，地区间的差距在缩小。全国有 183 个地方政府服务贯通能力得分超过全国平均水平，占全部地方政府数量的 54.30%，比 2020 年报告中的数值（52.25%）上升了 2.05 个百分点。服务贯通能力得分率超过 90% 的地方政府有 7 个，占全部地方政府数量的 2.08%，这表明仅有少部分地方政府服务贯通能力达到了较为出色的水平。其中，4 个直辖市服务贯通能力得分的均值为 12.77 分，得分率为 79.81%。

如表 5 所示，就 337 个地方政府的整体情况而言，在服务贯通能力的细

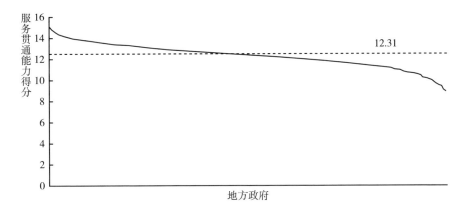

图6 服务贯通能力得分分布

分维度中，中国地方政府在教育、住房、企业开办变更、创新创业、社会信用等领域的服务贯通能力得分率较高，均超过了80%，但就业领域的得分率较低，在70%以下。分直辖市和地级行政区的情况来看，在服务贯通能力上，直辖市并没有在所有细分维度上都优于地级行政区。在社保、医疗、就业、交通、企业开办变更、企业注销、社会信用等领域，直辖市的表现优于地级行政区，但在其他领域地级行政区表现优于直辖市。就地级行政区的时间变化来看，从2019年报告到2021年报告，教育、医疗、企业开办变更、企业经营纳税、创新创业、企业注销、社会变更等领域的得分率在不断上升。

表5 服务贯通能力细分维度均值得分率年度比较

单位：%

细分维度	2021年报告整体	2021年报告直辖市	2021年报告地级行政区	2020年报告地级行政区	2019年报告地级行政区
社保领域	70.16	70.50	70.16	66.83	80.21
教育领域	81.89	74.00	81.98	80.04	70.31
医疗领域	71.92	75.50	71.88	69.70	63.02
就业领域	67.54	85.00	67.33	87.00	64.06
住房领域	87.51	87.50	87.51	65.61	82.81
交通领域	65.22	77.50	65.08	58.47	63.28

续表

细分维度	2021 年报告 整体	2021 年报告 直辖市	2021 年报告 地级行政区	2020 年报告 地级行政区	2019 年报告 地级行政区
企业开办变更	86.09	89.00	86.06	68.29	59.77
企业经营纳税	78.60	76.00	78.63	74.29	69.20
创新创业领域	81.31	77.00	81.36	77.15	67.41
企业注销	71.41	77.50	71.33	42.86	—
社会信用	82.43	88.50	82.36	43.29	—

B.3
中国地方政府互联网服务响应能力分析报告（2021）

冯小东　王超睿　高天鹏*

摘　要：　本报告从整体表现、区域差异、分项能力三个维度分析了中国地方政府互联网服务响应能力的发展态势。数据表明，由于指标体系的调整，互联网服务响应能力评价标准更加严格，但整体呈上升趋势。从区域差异看，互联网服务响应能力的区域差距大于服务供给能力，服务响应能力的省域差距依然存在，但整体上差距在减小，省域内地级行政区之间仍存在发展不平衡现象。从分项能力上看，办事诉求响应能力表现出色，服务诉求受理能力整体水平比上年有所提升，互动诉求反馈能力也呈现上升状态，诉求回复响应、诉求结果应用能力和主动感知回应能力都有小幅提升。

关键词：　互联网＋政务服务　服务响应　政府回应　主动感知

一　整体表现

中国地方政府互联网服务响应能力整体变化显著，尤其是办事诉求响应

---

* 冯小东，电子科技大学公共管理学院副教授，研究方向为智慧城市与数字治理；王超睿，电子科技大学公共管理学院硕士研究生，研究方向为智慧城市与数字治理；高天鹏，电子科技大学公共管理学院教授，研究方向为电子政务与信息系统管理。

能力得到显著提升。地方政府互联网服务响应能力得分的均值为 30.62 分，得分率为 76.55%，与 2020 年报告相比，服务响应能力得分率的涨幅为 13%。在地级行政区中，全国有 183 个服务响应能力得分超过全国平均水平（见图 1），占比 54.95%，得分率超过 60% 的共有 313 个，占比 94%，这一比重在上年为 61.56%。直辖市的得分均值为 35.87 分，得分率为 89.68%。数据表明，2021 年报告中我国地方政府的互联网服务响应能力相对于 2020 年报告而言有了一定的提升，直辖市相比地级行政区具有较大的发展优势。经分析，2021 年报告的评价标准较往年有重大变化，对服务响应能力的要求更严，在具体点位上增加了对办事服务评价更细化功能、公布咨询回复情况、政府回应专栏更新情况、重大决策前期征集等内容的评价，因此整体数据上和 2019 年、2020 年两年报告的结果相比有较大变化。

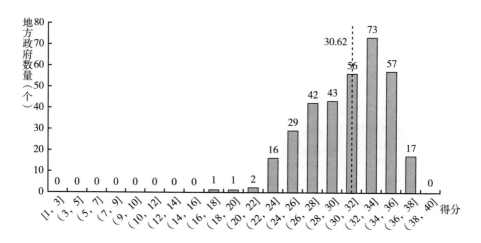

图 1　服务响应能力得分分布

中国地方政府互联网服务响应能力可进一步细分为服务诉求受理能力、办事诉求响应能力和互动诉求反馈能力。从各个细分维度的情况来看（见表 1），全国 337 个地方政府中，办事诉求响应能力的水平最高，均值为 11.21 分，得分率为 80.06%；服务诉求受理能力次之，均值为 9.50 分，得分率为 79.17%；互动诉求反馈能力最低，均值为 9.91 分，得分率为

70.79%，在服务响应三项细分能力中得分率最低。本次报告新增了对直辖市政府互联网服务能力的评价，直辖市中，服务诉求受理能力均值 11.46 分，得分率为 95.50%；办事诉求响应能力均值 11.65 分，得分率为 83.21%，互动诉求反馈能力均值 12.76 分，得分率为 91.14%。总体而言，直辖市服务响应能力的细分能力得分率均高于地级行政区，尤其是互动诉求反馈理能力的得分率超过地级行政区该项能力近 20 个百分点，显示出直辖市在互动诉求反馈方面的深度应用情况。相对于 2020 年报告，地方政府办事诉求响应能力略有下降，而服务诉求受理能力与互动诉求反馈能力却有较大的提升。可见，服务响应能力的提升主要来自服务诉求受理能力与互动诉求反馈能力的贡献。数据表明，我国地方政府利用互联网提供响应公众诉求的平台和渠道的能力有待提高，但地方政府能够通过互联网提供办事服务的受理和诉求互动的反馈。

表 1　服务响应能力细分维度均值得分率的年度比较

单位：%

细分维度	2021 年报告整体	2021 年报告直辖市	2021 年报告地级行政区	2020 年报告地级行政区
服务诉求受理能力	79.17	95.50	79.00	43.01
办事诉求响应能力	80.06	83.21	80.02	85.42
互动诉求反馈能力	70.79	91.14	70.54	58.71

二　区域差异

互联网服务响应能力的区域差距整体上也在缩小，中部与东部服务响应能力的差距在缩小，东北与东部服务响应能力的差距在缩小，同时西部与东部服务响应能力的差距也在缩小；服务响应能力的省域差距逐渐减小。省域内地级行政区之间服务响应能力的不平衡现象依旧存在，但不平衡程度在逐步缩小。

从区域层面看[①]，中部互联网服务响应能力均值占东部的比重由上年的 91.90% 上升到 98.71%，表明中部与东部之间服务响应能力的区域差距在减小。东北互联网服务响应能力均值占东部的比重由上年的 83.05% 上升到 85.39%，西部占东部的比重则相应地由 84.55% 上升到 95.16%，说明东北与西部服务响应能力与东部的区域差距在缩小。

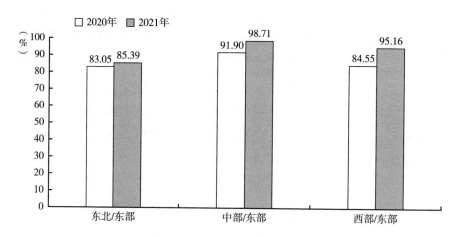

图 2　服务响应能力的区域差异

从省域层面看，各省/自治区的互联网服务响应能力均值标准差为 2.58 分，比上年的 2.68 分降低了 0.10 分。安徽服务响应能力平均得分最高，为 34.66 分，吉林服务响应能力最低，仅为 26.34 分，前者是后者的 1.32 倍。整体而言，互联网服务响应能力在省域之间仍存在显著差距，但这一差距呈缩减趋势，主要因为各省域地方政府的服务响应能力取得了一定进展，从而缩小了省域之间的差距。总体上，如图 3 所示，相比 2020 年报告，2021 年报告中各省/自治区的服务响应能力有稳步提升。

从 337 个地方政府数据来看，服务响应能力的标准差为 2.77 分，比省域间的标准差高 7.36%，这主要由直辖市的得分比地级行政区较高所导

---

① 2020 年按照国家统计局所制定的标准将被统计的 333 个地级行政区和 4 个直辖市划分为东北、东部、中部及西部。2020 年报告中统计的为 333 个地级行政区。

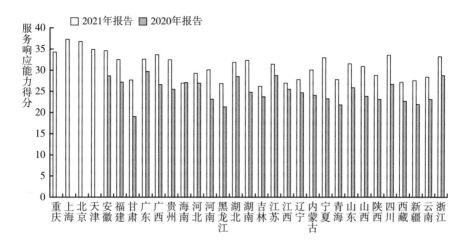

图3　服务响应能力得分的省域分布对比

致。此外，如表2所示，省/自治区内地级行政区之间也存在显著的服务响应能力差距，海南、西藏、安徽、辽宁等省内地级行政区之间服务响应能力的差距较大，标准差分别为4.12分、4.10分、4.07分、4.06分；四川、贵州、山东、河南、浙江等省内地级行政区之间服务响应能力差距较小，标准差分别为3.96分、3.97分、3.98分、3.99分、3.99分。比较2019年、2020年的报告数据，整体来看各省域内地级行政区间服务响应能力差距在变小。

表2　省域内地级行政区间服务响应能力得分的差异

单位：分

省份	标椎差	最小值	最大值	省份	标椎差	最小值	最大值
河北	4.03	25.91	31.17	湖北	4.04	26.9	34.56
江苏	4.03	26.58	32.85	湖南	4.00	26.99	35.15
浙江	3.99	30.01	35.13	四川	3.96	29.23	37.22
福建	4.03	27.2	36.72	贵州	3.97	27.73	35.06
山东	3.98	25.61	35.93	云南	4.03	22.83	33.08
广东	4.00	27.5	37.93	陕西	4.05	25.28	32.08
海南	4.12	16.41	32.36	甘肃	4.02	24.16	32.64

省份	标椎差	最小值	最大值	省份	标椎差	最小值	最大值
辽宁	4.06	22.53	32.86	青海	4.02	24.06	34.43
吉林	4.01	21.25	33.09	内蒙古	4.00	25.28	35.43
黑龙江	4.04	23.09	34.12	广西	4.04	31.11	35.00
山西	4.02	26.15	33.54	西藏	4.10	26.23	30.36
安徽	4.07	29.25	37.22	新疆	4.04	18.14	35.11
江西	4.05	22.12	32.87	宁夏	4.00	28.36	34.64
河南	3.99	24.11	34.75	—	—	—	—

三 分项能力分析

（一）服务诉求受理能力

服务诉求受理能力主要评价地方政府是否提供覆盖互联网不同平台的、便捷流畅的针对一般诉求及办事诉求的受理渠道。从数据来看，地方政府服务诉求受理能力整体尚可，平均分为9.50分，平均得分率接近80%，标准差为1.40分，最高12分，最低2.4分（见图4）。北京市、本溪市、福州市、泉州市、三明市、上海市、威海市的服务诉求受理能力最高，三沙市的服务诉求受理能力相对较低。直辖市方面，服务诉求受理能力的平均分为11.46分，333个地级行政区该项均值为9.48分，两者差值为1.98分。对比直辖市与地级行政区可以发现，在全国整体服务诉求受理能力发展水平一般的前提下，直辖市显示出明显的发展优势。综观337个地方政府，有184个地方政府的服务诉求受理能力超过全国平均水平，占比54.60%。此外，得分率超过60%的地方政府有322个，占比95.55%。从整体来看，在增加评价要求和标准之后，地方政府互联网服务诉求受理能力仍较上年有所提升。

如表3所示，在诉求受理能力的细分维度中，地级行政区互动诉求受理能力平均得分率为81.33%，高于办事诉求受理能力76.77%的得分率。直

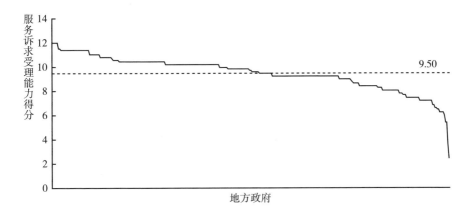

图4 服务诉求受理能力得分分布

辖市上述得分率分别为95.00%和96.00%。总体而言，我国地方政府在受理互动诉求和办事诉求方面能力的差距在缩小。与上年的数据相比，互动诉求受理能力出现了大幅上升，上升了36.35个百分点；办事诉求受理能力也出现了明显上升，上升了35.73个百分点。

表3 服务诉求受理能力细分维度均值得分率的年度比较

单位：%

细分维度	2019 年报告地级行政区	2020 年报告地级行政区	2021 年报告地级行政区	2021 年报告直辖市
互动诉求受理能力	85.50	44.98	81.33	95.00
办事诉求受理能力	94.17	41.04	76.77	96.00

（二）办事诉求响应能力

办事诉求响应能力主要从办事服务渠道建设、办事服务便捷程度及办事服务效果评价角度进行评价。从数据来看，办事诉求响应能力得分均值为11.21分，标准差为1.63分，最高分13.72分，最低分6.16分（见图5）。其中有13个地级行政区得分为13.72分，景德镇市的办事诉求响应能力相对较低。全国 201 个地方政府的办事诉求响应能力超过全国平均水平，占比 59.64%。并且，全国有 309 个地方政府的办事诉求响应能力得分率超过 60%，占比 91.69%。在办事诉求响应能力的细分维度中，办事服务渠道建设均值得分率为 87.62%，办事服务便捷程度的得分率为 71.43%，办事服务效果评价得分率为 83.81%。4 个直辖市办事诉求响应能力平均分为 11.65 分，得分率为 83.21%，平均分超过地级行政区（11.20 分）0.45 分。其中，办事服务渠道建设得分率为 93.8%，办事服务便捷程度的得分率为 73.92%，办事服务效果评价得分率为 85%，均超过地级行政区。数据表明，我国地方政府通过互联网对公众办事诉求的响应能力已具备较高水平，大多数地方政府基于"互联网＋"政务服务平台的办事诉求响应能力的建设已经逐步完善。

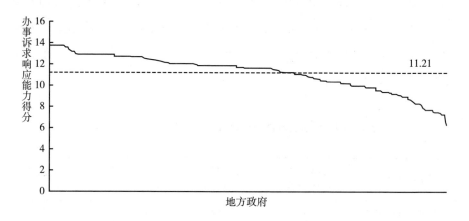

图 5　办事诉求响应能力得分分布

（三）互动诉求反馈能力

互动诉求反馈能力主要针对一般性诉求的回复与应用及重大决策事件的意见征集渠道建设与应用。从数据来看，337 个地方政府的互动诉求反馈能力的平均分为 9.89 分，标准差为 2.87 分，最高 13.3 分，最低 3.92 分（见图 6）。巴中市、滁州市、德阳市、贵阳市、呼和浩特市、淮北市、六安市、眉山市、南充市、上饶市、铜仁市的互动诉求反馈能力得分相对较高，鞍山市、延边朝鲜族自治州的互动诉求反馈能力得分相对较低。直辖市方面，互动诉求反馈能力的平均分为 12.75 分，最低分为 12.24 分，均值比 333 个地级行政区（9.88 分）高 2.87 分。对比直辖市与地级行政区可以发现，直辖市在全国地方政府中互动诉求反馈能力整体水平较高，表现出较为明显的优势。综观 337 个地方政府，全国 196 个的互动诉求反馈能力超过全国平均水平，占比 58.86%，有 212 个的互动诉求反馈能力得分率超过 60%，占比 62.91%。

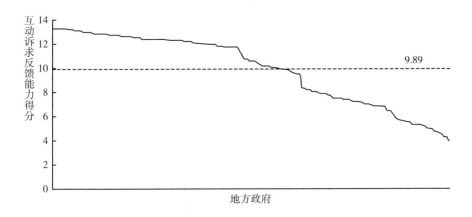

图 6　互动诉求反馈能力得分分布

从互动诉求反馈能力的细分维度来看（见表 4），诉求结果应用平均水平最高，均值为 2.79 分，得分率为 79.71%（满分 3.5 分）；主动感知能力次之，为 4.04 分，得分率为 72.14%（满分 5.6 分）；诉求回复响应最低，均值为 3.08 分，得分率为 62.86%（满分 4.9）。对于直辖市，诉求回复响应均分为 4.9 分，得分率 100%；诉求结果应用均分 2.8 分，得分率为 80%，主动感知能力均分为 5.01 分，得分率为 89.46%。地级行政区与直辖市在诉求回复响应和主动感知能力方面有较大差距，直辖市整体上明显表现更好。但是，相对于 2020 年报告，地级行政区主动感知能力、诉求回复响应和诉求结果应用得分率都有大幅提升。

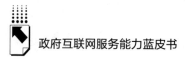
表4 互动诉求反馈能力细分维度均值得分率的年度比较

单位：%

细分维度	2020 年报告地级行政区	2021 年报告地级行政区	2021 年报告直辖市
诉求回复响应	50.15	62.86	100.00
诉求结果应用	62.76	79.71	80.00
主动感知能力	63.76	72.14	89.46

B.4
中国地方政府互联网服务智慧能力分析报告（2021）

郭雨晖　罗伊晗　吴杰浩*

摘　要： 本报告从整体表现、区域差异、分项能力三个维度分析了中国地方政府互联网服务智慧能力的发展态势。数据显示，地方政府互联网服务智慧能力稳步提升，分项智能交互能力进步明显。在区域上，直辖市的整体服务智慧能力与细分能力得分率均高于地级行政区，具有明显的发展优势。西部与东部地区互联网服务智慧能力差距正在缩小，但东北、中部与东部地区的差距维持稳定。除此以外，在地级行政区之间，服务智慧能力差距也正在缩小，地方政府之间服务智慧能力朝向更加均等的发展方向。就分项能力而言，应用适配能力整体发展维持稳定，依然保持较高水平；智能交互能力虽呈现一定的区域差异，但中后段地级行政区进步显著；个性化服务能力发展相对滞后，仍存在较大建设空间。

关键词： 服务智慧能力　智能技术　政府互联网服务

---

* 郭雨晖，电子科技大学经济与管理学院博士研究生，研究方向为智慧城市与数字治理；罗伊晗，电子科技大学公共管理学院硕士研究生，研究方向为智慧城市与数字治理；吴杰浩，北京外国语大学，研究方向为数字政府治理。

一 整体表现

中国地方政府互联网服务智慧能力显示了地方政府通过互联网这一媒介下的智能技术来满足公众和企业多元化需求的能力。在"互联网＋"、数字政府建设等多项政务服务建设规范推动下，中国地方政府互联网服务智慧能力整体实力稳步提高，尤其是智能交互能力提升显著。在 2021 年报告中，全国 337 个地方政府互联网服务智慧能力的得分均值为 13.98 分（满分 20.00 分），得分率①为 69.90%。其中，直辖市均值为 16.12 分，得分率为 80.60%，其余地级行政区均值为 13.96 分，得分率为 69.80%。直辖市得益于自身政治与经济优势，在对国家战略方针、引领区域发展等特殊需要方面响应积极，从而在服务智慧能力方面展现出较为明显的发展优势。相较于 2020 年报告中 333 个地级行政区该指标 66.15% 的得分率而言，2021 年报告中地级行政区的服务智慧能力均值得分率上升了 3.65 个百分点。值得注意的是，在 2021 年报告中，服务智慧能力得分率超过 80% 的地方政府已增至 46 个，占比为 13.65%，而得分率超过 60% 的地方政府共有 289 个，占比高达 85.76%，大部分地方政府均已达到"及格线"标准（见图 1），且高于 2020 年报告中的 71.47%。数据分析比较表明，中国地方政府互联网服务智慧能力经过长足发展已取得明显进步，在评估难度上升的同时，地方政府整体得分率依然呈现上升趋势，尤其是大量地级行政区在达标性建设指标方面已趋于完善，正逐步朝更高的目标迈进，整体波峰右移趋势愈发明显。然而，仍有部分地方政府在服务智慧能力方面得分情况不容乐观，与整体实力有较大差距。

中国地方政府互联网服务智慧能力可进一步细分为应用适配能力、智能交互能力与个性化服务能力，如表 1 所示。从整体上看，应用适配能力在服务智慧能力三项细分能力中一如既往保持最高得分率，其均值达到 6.72 分

---

① 得分率为实际得分占满分的比重。

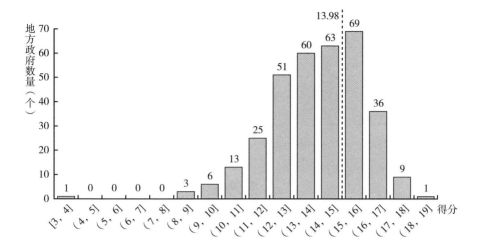

图1 服务智慧能力得分分布

（满分为 8 分），得分率为 84.00%。此外，智能交互能力的均值为 5.82 分，得分率为 72.75%（满分为 8 分）。个性化服务能力水平的均值为 1.45 分，得分率为 36.25%（满分为 4 分），在服务智慧能力三项细分能力中得分率最低。本次报告新增了对直辖市政府互联网服务能力的评价，其服务智慧能力的细分能力得分率均高于地级行政区，尤其是个性化服务能力的得分率超过地级行政区该项能力 13.25 个百分点，显示出直辖市通过人工智能技术准确提供服务的深度应用情况。与 2020 年报告结果相比，333 个地级行政区政府互联网服务智慧能力中的智能交互能力得到大幅提升，得分率提高了 15.75 个百分点。然而，应用适配能力与个性化服务能力出现了小幅下降，其客观原因在于本次评估调整了数据采集算法，并强化了人工对原始数据的复核，提高了数据采集的精准性，其下降幅度在合理范围内。数据结果表明，地方政府需维持对应用适配能力的建设，通过政务服务一体化平台等强化智能交互能力在省级平台的统筹建设，同时更加重视个性化服务能力的提升。

表1　服务智慧能力细分维度均值得分率的年度比较

单位：%

细分维度	2021 年报告 整体	2021 年报告 直辖市	2021 年报告 地级行政区	2020 年报告 地级行政区
应用适配能力	84.00	93.63	83.88	88.63
智能交互能力	72.75	83.25	72.63	56.88
个性化服务能力	36.25	49.25	36.00	40.00

二　区域差异

从区域层面看①，东部地区服务智慧能力均分为 15.10 分，中部地区均分为 14.70 分，西部地区均分为 13.06 分，东北地区均分为 12.97 分。将 2021 年报告和 2020 年报告的服务智慧能力区域得分进行对比可以发现（见图 2），西部地区和中部地区的服务智慧能力均值占东部地区的比重均出现了一定程度的提高，其中西部占东部的比重从 85.18% 增加到 86.78%，中部占东部的比重从 95.43% 增加到 97.67%，数据表明西部和中部地区与东部地区的差距在减小，两个区域的地级行政区政府互联网服务智慧能力在积极追赶下均有所提升。然而，在 2021 年报告中东北地区占东部地区比重略有降低，其服务智慧能力均值占东部的比重从 86.28% 回落到 86.18%，但降低幅度仅为 0.10 个百分点，属于正常幅度内变动。此外，通过将 2019～2021 年数据进行纵向比较，2021 年各地方政府互联网服务智慧能力的区域整体发展更趋于稳定，其中西部地区稳步提升，中部地区则仍处于发展波动期，可能的原因在于中部地区接受来自不同区域的辐射作用更为丰富，自身服务智慧能力的探索性措施调整与能力提升也存在多变性。

从省域层面看，各省、自治区的互联网服务智慧能力相比上年有一定变化。其中，福建与吉林排名分别上升 11 位与 12 位，福建一跃成为均值排名

---

① 2020 年按照国家统计局所制定的标准将被统计的 333 个地级行政区和 4 个直辖市划分为东北、东部、中部及西部。2020 年报告中统计的为 333 个地级行政区。

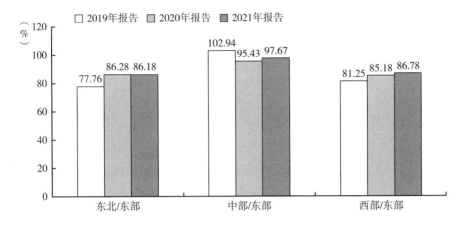

图2　服务智慧能力的区域差异

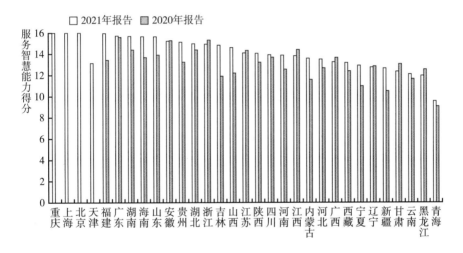

图3　服务智慧能力的省域分布年度对比

第一的省份；青海的服务智慧能力依旧为最低，但得分较上年有一定程度提升。省域政府互联网服务智慧能力均值的标准差为1.45分，比2020年报告降低了2.68%，极差相比2020年报告略微下降。整体来看，省域间的服务智慧能力差距正在缓慢缩小，再次印证了地区均衡化发展的现状。值得注意的是，排名中段的省份顺序相比上年变化较大，其横向竞争较为激烈，仍具有很大的发展空间与创新空间。本次报告中，4个直辖市政府互联网服务智慧能力的标准差为 1.75 分，均值为 16.12 分。其中重庆市为最高值 17.66 分，天津市为最低值 13.13 分，且天津市得分与其他三市差距较大，有明显断层分离趋势（见图 3）。

聚焦到 333 个地级行政区层面，2021 年报告中各地级行政区互联网服务智慧能力得分的标准差为 1.92 分，比 2020 年报告的数值降低了 58.80%，可见地级行政区之间的互联网服务智慧能力差距在缩小。省域内部的数据显示，青海省、甘肃省、辽宁省、海南省等省内地级行政区之间服务智慧能力的差异较大，标准差依次分别为 2.29 分、2.18 分、2.17 分、2.16 分。另有 9 个省（自治区）服务智慧能力得分标准差降到 1 分以下，其中吉林省、贵州省与宁夏回族自治区标准差数值较低，依次分别为 0.72 分、0.70 分、0.44 分。与上年相比，各省域内标准差呈普遍降低趋势，西藏自治区、新疆维吾尔自治区、贵州省、湖南省、吉林省标准差降幅达到 50% 以上，向均等化发展更进一步。整体而言，省内地级行政区之间服务智慧能力的相比往年发展更为均衡，省内差异明显降低，但部分省份仍需要警惕低水平均衡陷阱。

表 2　省（自治区）域内地级行政区间服务智慧能力的差异

单位：分

省份	标准差	最小值	最大值	极差	省份	标准差	最小值	最大值	极差
安徽	1.32	11.96	17.14	5.18	江西	1.70	11.32	16.02	·4.70
福建	1.33	13.69	17.58	3.89	辽宁	2.17	9.27	16.24	6.97
甘肃	2.18	8.29	15.63	7.34	内蒙古	1.25	12.13	15.94	3.81
广东	0.96	14.28	17.84	3.56	宁夏	0.44	12.19	13.24	1.06
广西	0.90	11.68	14.98	3.29	青海	2.29	4.84	12.90	8.06
贵州	0.70	13.91	16.46	2.55	山东	1.24	13.49	17.70	4.21
海南	2.16	13.06	18.15	5.10	山西	0.82	12.95	15.31	2.35
河北	1.50	10.08	15.48	5.40	陕西	1.84	9.69	15.47	5.77
河南	1.45	11.01	16.87	5.86	四川	1.30	10.41	15.78	5.37
黑龙江	1.30	10.39	14.80	4.41	西藏	1.62	11.20	16.20	5.00
湖北	0.77	13.81	16.24	2.43	新疆	0.79	11.53	13.95	2.42
湖南	0.86	14.23	16.70	2.47	云南	1.25	10.39	13.77	3.58
吉林	0.72	14.02	15.92	1.90	浙江	1.18	12.83	16.21	3.38
江苏	1.75	11.49	17.25	5.77	—	—	—	—	—

三　分项能力分析

（一）应用适配能力

应用适配能力主要考察服务内容对不同终端、浏览器、搜索引擎、特殊人群、社交媒体等的适配程度。在服务智慧能力中，应用适配能力整体发展水平较高、发展较为均衡。如图4所示，337个地方政府该指标的平均分为6.72分，标准差为0.86分，最高分为7.94分，未与2020年报告结果形成明显差异，最低分为3.47分，比2020年报告结果高出0.90分，可见低分段地方政府应用适配能力进步明显。其中，延安市、天津市、福州市应用适配能力得分位列前三，得分均高于7.90分，而营口市该项指标得分较低，得分率仅为43.38%，具有较大提升空间。直辖市应用适配能力的平均分为7.49分，333个地级行政区均值为6.71分，两者差值为0.78分。对比直辖市与地级行政区可以发现，在全国整体应用适配能力发展水平较高的前提下，直辖市未显示出明显的发展优势。综观337个地方政府，有174个地方政府的应用适配能力超过全国平均水平，占比51.63%。此外，得分率超过60%的地方政府有333个，占比98.81%。从整体来看，地方政府互联网服务应用适配能力在增加评价难度后，整体表现虽有小幅降低，但中后段地级行政区进步明显，大多数已达到及格标准。

应用适配能力具体分为功能适配度和应用拓展度（见表3）。其中，功能适配度的均值为4.72分，得分率为90.77%（满分为5.20分），标准差为0.67分；应用拓展度的均值为2.00分，得分率为71.43%（满分为2.80分），标准差为0.52分。与2020年报告数据相比，功能适配度得分情况变化不大，但应用拓展度的得分率下降，下降了12.49个百分点。报告数据表明，在过去的一年中，地方政府稳步推进互联网服务的应用适配能力建设，使其能更好地满足公众在电脑、手机、平板等终端使用政务服务的需求。在

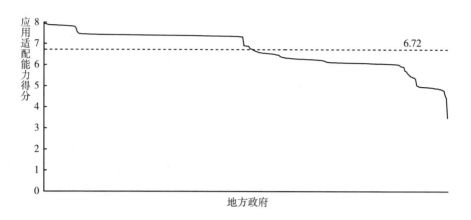

图 4 应用适配能力得分分布

兼容各类主流浏览器的同时，也逐步完善搜索引擎中的收录量与可见度，也为视觉障碍、听觉障碍、老年群体等提供了较为完善的无障碍版本。然而，现阶段地方政府在应用拓展度上还存在一定的发展空间，亟须增强网页内容以二维码形式在不同媒介中的查看与分享功能。

表 3 应用适配能力细分维度均值得分率年度比较

单位：%

细分维度	2021 年报告整体	2020 年报告地级行政区	2019 年报告地级行政区
功能适配度	90.77	90.96	85.96
应用拓展度	71.43	83.92	66.07

（二）智能交互能力

智能交互能力建立在政府对互联网平台所有服务的清理上，通过业务体系与功能模块的分类整合，为公众提供多样化、可选择性的智能搜索与智能问答服务。在服务智慧能力中，智能交互能力整体发展水平差异较大。如图 5 所示，337 个地方政府该指标的平均分为 5.82 分，标准差为 1.08 分，最高分为 8 分，最低分为 0 分，相比上年结果均值上升了 1.27 分，标准差降低 45.18%，极值则与 2020 年报告结果保持一致。其中，儋州市、广州市、葫芦岛市等9个地级行政区智能交互能力得分为满分8分，而海南藏族自治州在该项指标上未得分，具有极大提升空间。直辖市智能交互能力中，天津市与其他三市差距明显，得分仅为3.64分。对比直辖市与地级行政区可以发现，直辖市政府智能交互能力的均值超过地级行政区0.85分，在全国整体智能交互能力发展水平差异明显的情况下，直辖市仍有一定的发展优势。综观337个地方政府，有166个地方政府的智能交互能力超过全国平均水平，占比49.26%，此外，仅有1个地级行政区得分率为0。从整体来看，地方政府互联网服务智能交互能力在增加评价难度后，虽地级行政区间差异明显，但整体表现仍呈良好发展态势，中后段地级行政区进步显著。

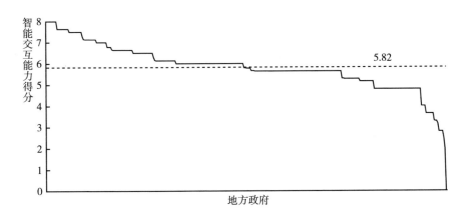

图5　智能交互能力得分分布

智能交互能力具体分为智能搜索和智能问答（见表4），考察包括多平台、多网多微多端，以及政府网站首页、各个频道有无智能搜索功能及智能搜索功能的实现程度，有无智能问答功能及智能问答功能的实现程度等。其中，337个地方政府智能搜索的均值为3.54分，得分率为88.50%（满分为4.00分），标准差为0.53分；智能问答的均值为2.28分，得分率为57.00%（满分为4.00分），标准差为0.84分。与2020年报告数据相比，智能搜索与智能问答均值均有所提升，得分率上升幅度分别为

4.50 个百分点、27.25 个百分点，且两项测评指标标准差也明显降低。报告数据表明，在过去的一年中地方政府稳步推进互联网服务的智能交互能力建设，使其能更好地满足公众在不同政务服务信息类型获取导向下的互动与解疑需求，特别是智能问答能力相比往年有了显著提升。但需注意的是，地方政府需持续性提升政务信息抽取与公众搜索信息描述之间的适配度，以及常见问题答案的数据库整理、集合与多样问答结果的可靠度与准确度。

表 4   智能交互能力细分维度均值得分率年度比较

单位：%

细分维度	2021 年报告整体	2020 年报告地级行政区	2019 年报告地级行政区
智能搜索	88.50	84.00	72.75
智能问答	57.00	29.75	35.25

（三）个性化服务能力

个性化服务能力是基于用户身份的人群画像与访问行为数据，主动推送相关联的服务与信息，满足公众的潜在需求，并在人工智能技术的应用上，提升服务结果的准确性。在服务智慧能力中，个性化服务能力对智能技术的应用具有较高要求，因而在 337 个地方政府中发展水平并不突出，同时也呈现较大的得分差异。如图 6 所示，地方政府该指标的平均分为 1.45 分，标准差为 0.72 分，最高分为 3.18 分，与 2020 年报告结果相比降低了 0.56 分，最低分为 0 分，与 2020 年报告结果一致。其中，淄博市和济南市个性化服务能力得分超过 3.00 分，均为 3.18 分，得分率为 79.50%，而铜陵市和海南藏族自治州在该项指标中未得分。直辖市个性化服务能力的平均分为 1.97 分，最低分为 1.56 分，高于 333 个地级行政区该项 1.44 分的均值 0.53 分。对比直辖市与地级行政区可以发现，在全国地方政府个性化服务能力整体水平偏低的情况下，直辖市表现出较为明显的优势。综观 337 个地方政府，有 192 个的个性化服务能力超过全国平均水平，占比 56.97%。然而，得分率超过 60% 的地方政府仅有 30 个，占比 8.90% 。可见，大量地方政府仍需在个性化服务能力上开展相关建设，通过省级统筹的形式降低地方政府建设成本，提升整体建设规范性与服务效能。值得注意的是，经过三年的不断建设，2019 年报告中的 95 个未得分地方政府已减至 2 个，占比仅为 0.59% 。

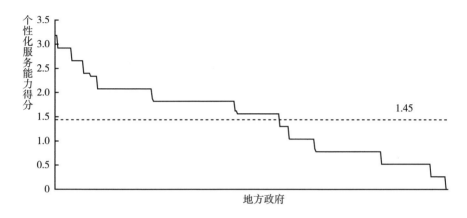

图 6　个性化服务能力得分分布

个性化服务能力具体分为定制服务和智能推送（见表 5）。其中，定制服务的均值为 1.36 分，得分率为 52.31% （满分为 2.60 分），标准差为 0.62 分；智能推送的均值为 0.08 分，得分率为 5.71% （满分为 1.40 分），标准差为 0.25 分。较 2020 年报告数据，个性化服务能力的细分指标定制服务和智能推送均存在不同程度的变化，定制服务得分率降低了 8.07 个百分点，而智能推送增加 3.57 个百分点。在智能推送方面，地方政府通过公众的身份认证、浏览历史、地理定位等行为数据，在多平台、多网络、多终端主动推送相关资讯与服务的能力在这一年中有明显的进步，但得分地级行政区仍占少数，仅有 34 个地方政府在该指标下获得分数。在定制服务方面，大量地方政府网站缺乏个性化网站定制功能，对用户身份的智能鉴别等方面仍存在建设空间，抑制了个性化服务能力整体情况的发展。

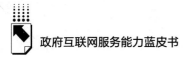
表5 个性化服务能力细分维度均值得分率年度比较

单位：%

细分维度	2021 年报告整体	2020 年报告地级行政区	2019 年报告地级行政区
定制服务	52.31	60.38	23.00
智能推送	5.71	2.14	17.00

专 题 篇

Special Reports

B.5

重大行政决策中"互联网＋公众参与"
环节的发展现状与思考

冯翼 王新莹 郦沄*

摘　要：《重大行政决策程序暂行条例》明确要求，作出重大行政决
　　　　策应遵循民主决策原则，通过便于公众知晓的途径，如政府
　　　　网站、政务新媒体等，公开决策信息、听取各方面意见。随
　　　　着互联网时代的快速发展，通过互联网实施重大行政决策程
　　　　序中的公众参与环节已成为我国地方政府互联网服务能力建
　　　　设的题中应有之义，也是数字政府发展水平的重要体现。为
　　　　充分发挥互联网在问计于民方面的作用，2020年我国"十四
　　　　五"规划编制首次在网上公开征集公众意见建议，并取得显

* 冯翼，成都市经济发展研究院政府治理首席研究员、智慧治理研究所高级研究员，研究方向
为政府治理、数字政府、营商环境；王新莹，成都市经济发展研究院智慧治理研究所研究
员，研究方向为政府治理、数字政府、政府网站；郦沄，四川传媒学院电影电视学院讲师，
研究方向为新闻与传播、艺术与批评。

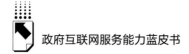
著成效。本报告通过对全国337个地方政府在网上征集关于地方"十四五"规划编制意见建议的情况进行研究，发现地方政府在决策信息公开方面整体表现较好，但公众意见建议网上征集的便利性、规范性和地方政府的回应性仍待提升。对此，建议地方政府进一步强化决策和征集信息公开的整合性，提升信息的传播力和知晓度，提高公众意见建议网上提交的便利化水平，并注重对征集结果的反馈，从而更加有效地依托互联网提高重大行政决策的质量和效率。

关键词：　重大行政决策　互联网　"十四五"意见征集

　　行政决策是具有法定行政权的国家行政机关为了实现公共行政目标，依照相关法律法规和公共政策，遵从特定程序，对公共事务拟定解决方案并最终作出决策的过程。[①] 其中，重大行政决策相较于一般行政决策，具有基础性、战略性、全局性、长期性等特点，涉及众多的利益群体、受到更高的社会关注，将对公共利益和公民权利义务产生更为深远的影响。[②] 因此，提高重大行政决策的质量和效率，既是建设法治政府的必然要求，也是推进国家治理体系和治理能力现代化的重要举措。[③]

　　党的十八大以来，党中央、国务院高度重视科学民主依法决策。为规范重大行政决策程序，我国《重大行政决策程序暂行条例》（以下简称《条例》）于2019年正式出台并施行，对重大行政决策事项范围、重大行政决

---

① 湛中乐、高俊杰：《作为"过程"的行政决策及其正当性逻辑》，《苏州大学学报》（哲学社会科学版）2013年第5期，第82页。

② 黎瑞、朱兵强：《重大行政决策公众参与的实效性及其提升路径》，《湘潭大学学报》（哲学社会科学版）2017年第5期，第38页。

③ 《〈重大行政决策程序暂行条例〉的出台实施具有重要意义》，http://www.gov.cn/xinwen/2019－05/16/content_5392204.htm，2019年5月16日。

策的作出和调整程序、重大行政决策责任追究等方面作出了具体规定。2021年，党中央、国务院印发《法治政府建设实施纲要（2021—2025年）》，对健全行政决策制度体系，不断提升行政决策公信力和执行力提出了系列要求。随着相关制度的不断完善，我国重大行政决策的科学化、民主化、法治化水平正持续提升。

根据《条例》规定，作出重大行政决策应当遵循民主决策原则，通过便于公众知晓的途径公开决策信息，保障听取各方面意见。当前，随着互联网的发展和数字政府建设的推进，重大行政决策程序中公众参与这一必要环节已逐步由线下延伸至政府门户网站、政务新媒体等线上平台开展。例如，2020年8月，我国五年规划编制史上第一次通过互联网对"十四五"规划编制面向社会公开征求意见建议，征集期间共收到意见建议超101.8万条，为"十四五"规划编制工作提供了有益参考。① 对此，习近平总书记作出重要指示，"要总结这次活动的经验和做法，在今后的工作中更好发挥互联网在倾听人民呼声、汇聚人民智慧方面的作用，更好集思广益、凝心聚力"。② 由此可见，在作出重大行政决策的过程中，应用互联网拓宽公众参与渠道、增强公众参与实效，已经成为地方政府增强互联网服务能力、提高数字政府建设水平的重要任务。

2021年是"十四五"开局之年，各地均积极开展国民经济和社会发展第十四个五年规划（以下简称"十四五"规划）编制这一重大行政决策事项的相关工作。③ 鉴于此，本报告以地方政府基于政府门户网站和政务新媒体对本地"十四五"规划编制进行意见建议征集，在信息公开、渠道开通、征集期限、意见提交和结果反馈方面的表现作为评价点位，分析总结地方政

---

① 《汇聚亿万人民力量的宏伟蓝图——"十四五"规划和2035年远景目标纲要编制记》，http://www.gov.cn/xinwen/2021-03/19/content_5594009.htm，2021年3月19日。
② 《习近平对"十四五"规划编制工作网上意见征求活动作出重要指示 强调更好发挥互联网在倾听人民呼声 汇聚人民智慧方面的作用》，http://politics.people.com.cn/n1/2020/0925/c1024-31875031.html，2020年9月25日。
③ 根据《重大行政决策程序暂行条例》第三条规定，经济和社会发展等方面的重要规划属于重大行政决策事项。

府基于互联网进行重大行政决策公众意见建议征集的整体情况，以期为地方政府更好地发挥互联网在问计于民方面的重要作用带来有益启示。

一　整体情况

为评价地方政府基于互联网实施重大行政决策过程中公众参与环节的表现，本报告指标体系中的主动感知回应能力（B－3－3）对地方政府通过互联网就本地"十四五"规划编制面向公众进行意见建议征集的情况开展评价。评价点位包括地方政府是否通过政府门户网站、政务微信和政务微博公开征集意见建议，征集期限是否不少于 30 日，是否开通网上直接提交意见建议功能，以及是否对公众意见建议采纳结果进行反馈。该评价指标预设的总分为 1.12 分。

通过评价发现，337 个地方政府基于互联网实施重大行政决策过程中公众参与环节的整体水平偏低，平均分为 0.45 分，且地方政府间的表现差异较为明显，最高分为 1.12 分，最低分为 0 分（见图 1）。其中，有 16 个地级行政区出现此项指标的预设最高分（即 1.12 分），有 153 个地级行政区得分超过全国平均水平，占比 45.40%，有 116 个地级行政区的得分率超过60%，占比 34.42%。

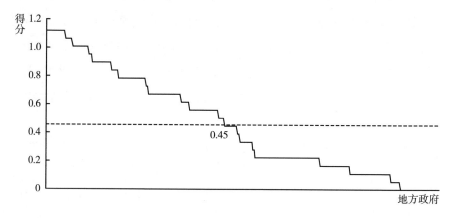

图 1　地方政府重大行政决策公众意见建议网上征集的得分分布情况

从各省（自治区）的情况来看，贵州省、四川省、宁夏回族自治区、广东省、安徽省等省份地级行政区重大行政决策公众意见建议网上征集的得分相对更高。其中，贵州省的地级行政区平均得分最高，达到 0.88 分。而西藏自治区的地级行政区平均得分最低，为 0.14 分。从省内差异情况来看，省内差异最小的为海南省，标准差为 0.05，省内差异最大的为安徽省，标准差为 0.42（见表 1）。

表 1 各省（自治区）地级行政区重大行政决策公众意见
建议网上征集的得分情况

单位：分

省份	平均分	标准差	最大值	最小值
贵州	0.88	0.21	1.12	0.56
四川	0.87	0.25	1.12	0.17
宁夏	0.72	0.33	1.06	0.11
广东	0.63	0.27	1.01	0.06
安徽	0.62	0.42	1.12	0.17
福建	0.61	0.39	1.12	0
山东	0.52	0.27	0.95	0.17
湖北	0.50	0.36	1.01	0
江西	0.50	0.35	1.12	0
内蒙古	0.49	0.36	1.12	0
河北	0.47	0.32	0.95	0
江苏	0.46	0.29	0.90	0
河南	0.41	0.28	0.90	0
甘肃	0.40	0.28	1.01	0
陕西	0.40	0.24	0.90	0.11
黑龙江	0.39	0.29	0.90	0
广西	0.36	0.30	1.01	0
吉林	0.35	0.26	0.84	0
湖南	0.34	0.29	1.01	0.11
浙江	0.32	0.34	1.12	0
山西	0.29	0.29	0.90	0
云南	0.25	0.22	0.78	0
辽宁	0.21	0.18	0.78	0

省份	平均分	标准差	最大值	最小值
海南	0.18	0.05	0.22	0.11
新疆	0.17	0.15	0.56	0
青海	0.15	0.20	0.62	0
西藏	0.14	0.23	0.67	0

从不同城市类型的得分情况来看，直辖市重大行政决策公众意见建议网上征集的平均得分为 0.77 分，整体表现优于省会城市、副省级城市和其他地级行政区（见表2）。

表2 不同类型城市重大行政决策公众意见建议网上征集的得分情况

单位：分

城市类别	平均分
直辖市	0.77
省会城市	0.58
副省级城市	0.49
其他地级行政区	0.44
总计	0.45

注："其他地级行政区"指除省会城市、副省级城市以外的其他地级行政区。

二 主要表现

（一）决策信息公开整体表现较好，公开渠道呈多元化态势

根据《中华人民共和国政府信息公开条例》、《重大行政决策程序暂行条例》、《国务院办公厅关于推进政务新媒体健康有序发展的意见》（国办发〔2018〕123号）等相关政策法规，政府门户网站和政务新媒体是地方政府深入推进决策公开的重要渠道。因此，本报告以地方政府是否通过政府门户网站、政务微信和政务微博就本地"十四五"规划编制面向公众公开征集

意见建议作为考察地方政府重大行政决策公开情况的评价点位。从评价结果来看，87%的地方政府至少通过政府门户网站、政务微信、政务微博中的1个渠道对"十四五"规划编制面向公众公开征集意见建议，决策公开的整体表现较好（见图2）。

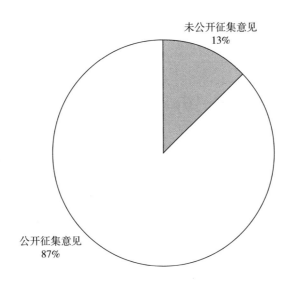

未公开征集意见
13%

公开征集意见
87%

图2　地方政府就"十四五"规划编制网上征集公众意见建议的情况

从地方政府公开"十四五"规划编制意见建议征集信息的渠道来看，通过政务微信进行公开的地方政府数量最多，达234个，通过政府门户网站和政务微博进行公开的地方政府分别有176个、135个（见图3）。其中，有119个地方政府通过政府门户网站、政务微信、政务微博3个渠道对相关信息进行了公开，公开渠道相对多元。

从在政府门户网站上公开"十四五"规划编制意见建议征集信息的形式来看，地方政府一般会对规划编制的背景情况进行简要说明，并明确征集时间、征集渠道和方式等要素，如图4所示天津市。部分地方政府在公开的征集信息中会对公众意见建议的内容、字数等方面提出更加具体的要求，如图5所示珠海市。从部分地方政府利用政务微信和政务微博发布征集信息的情况来看，政务新媒体发布征集信息的内容与政府

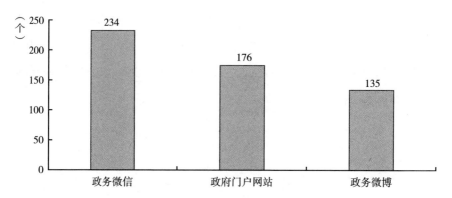

图3 地方政府就"十四五"规划编制网上征集公众意见建议的信息公开渠道

图4 天津市"我市向社会各界征集'十四五'规划意见建议"页面

资料来源：http://www.tj.gov.cn/zmhd/dczj/ptwz/202008/t20200821_3492996.html。

门户网站基本保持一致，以确保征集信息的统一性，并通过微信"阅读原文"、微博添加网页链接功能为公众提供直接跳转至网站征集页面的服务，如图6所示上海市。总体而言，地方政府公开的"十四五"规划编制信息一般为概括性内容，在征集时间、渠道和方式方面为公众提供了清晰的指引，对于征集内容一般仅提出方向性要求，为公众营造了较为开放的建言献策环境。

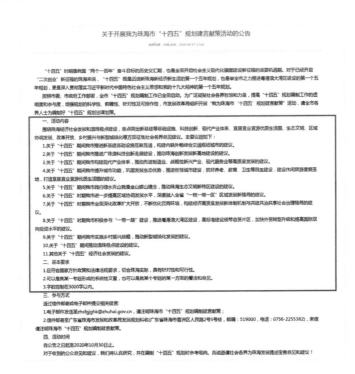

图5　珠海市发展改革局"关于开展我为珠海市'十四五'
规划建言献策活动的公告"页面

资料来源：http：//fgj. zhuhai. gov. cn/zwgk/tzgg/content/post_ 2640772. html。

（二）公众意见网上提交功能待完善，征集期限设置未统一

在"互联网＋"时代，数字技术带来的变革性意义之一正是在于突破了公众参与行政决策过程的空间、时间限制，使公众能够更加便利地行使参

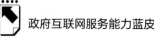

图6　"对上海的'十四五'规划《纲要》有何意见建议，
欢迎提出来哦"页面

资料来源："上海发布"微信公众号。

与权。① 随着数字技术和数字政府的不断发展，网上征求意见建议预计也将
成为行政决策过程中使用频率高、受众面广、吸纳意见多的公众参与形式之
一。② 根据《条例》规定，除依法不予公开的决策事项外，决策承办单位应
当采取便于社会公众参与的方式充分听取意见；除情况紧急等原因外，公开
征求意见的期限一般不少于30日。因此，本报告以地方政府是否开通网上
直接提交"十四五"规划编制意见建议功能、征集期限是否不少于30日作
为考察地方政府重大行政决策面向公众征集意见建议规范化水平的评价点

---

① 陈保中、韩前广：《互联网时代公众参与公共政策过程的逻辑进路》，《上海行政学院学报》
　2018年第3期，第45页。
② 江国华、梅扬：《重大行政决策公众参与制度的构建和完善——基于文本考察与个案分析
　的视角》，《学习与实践》2017年第1期，第75页。

位。从评价结果来看，仅有 36% 的地方政府（121 个）开通网上直接提交意见建议功能，43% 的地方政府（145 个）征集期限不少于 30 日，网上征集公众意见建议方面尚有较大的提升空间（见图 7、图 8）。

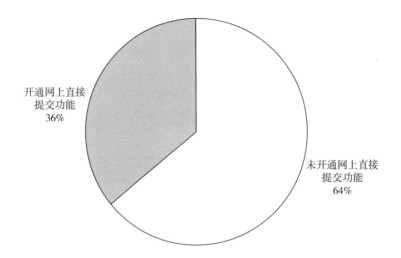

图7　地方政府就"十四五"规划编制开通网上直接提交征集意见建议功能的情况

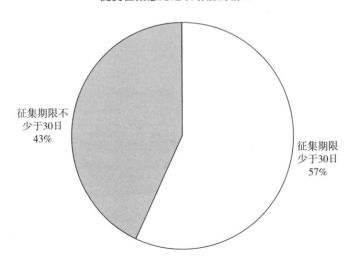

图8　地方政府就"十四五"规划编制网上征集公众意见建议的期限设置情况

从开通网上直接提交征集意见建议功能的地方政府来看，除提供网上征集页面直接提交留言的方式外，一般仍会配套开通纸质信件邮寄等方式，给予公众线上、线下多种参与选择，如图9所示成都市。但是，有地方政府仅提供单一的线上提交渠道，如西安市只开通了电子邮箱提交渠道（见图10）。

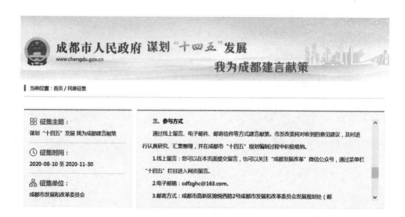

图9　成都市"谋划'十四五'发展 我为成都建言献策"页面

资料来源：http：//www. chengdu. gov. cn/chengdu/home/yjzj/yjzt. shtml？ method = appDataDetail&groupId = 139&appId = 5220&dataId = 3527567。

图10　"西安市'十四五'规划邀您建言献策"页面

资料来源：http：//xadrc. xa. gov. cn/xwzx/tzgg/5f48b769fd850845e6e7ff76. html。

地方政府征集期限设置存在两类情况：一是征集期限不少于 30 日，如内江市设置了超过 3 个月的征集期限，给予公众相对充足的时间提出意见建议（见图 11）；二是征集期限不足 30 日，如陇南市，且未在征集页面向公众提供关于征集期限的解释说明，在设置征集期限的规范性方面有待强化（见图 12）。

建设成渝地区双城经济圈新内江 请您为家乡“十四五”规划建言献策

发布机构：市发展改革委 征集时间：2020-09-27 至 2020-12-30

坚持规划为民，规划惠民，集民智，聚民心，把加强顶层设计和坚持问计于民统一起来，热忱欢迎社会各界参与到全市“十四五规划”编制过程中，让我们一起齐心协力，把社会期盼、群众智慧、专家意见、基层经验充分吸收到“十四五”规划成果中来，绘制好全面推进社会主义现代化建设新征程的内江蓝图。

一、征集时间

即日起至2020年12月30日

二、征集内容

重点围绕内江“十四五”时期推动高质量发展，深化供给侧结构性改革，加快推动内江融入成渝地区双城经济圈建设，主动融入以国内大循环为主体、国内国际双循环相互促进的新发展格局，落实“一干多支、五区协同”“四向拓展、全域开放”战略部署，建设成渝发展主轴重要节点城市和成渝特大城市功能配套服务中心，构建现代产业体系，推进治理体系和治理能力现代化，建设幸福美丽内江、平安内江，增进民生福祉等领域，提出相关意见建议。

三、征集方式

1. 门户网站：在内江市发展和改革委员会门户网站（http://fgw.neijiang.gov.cn）中“我为‘十四五’建言献策”专栏中提交意见建议。

2. 电子邮箱：发送电子邮件至398016518@163.com，请注明“‘十四五’规划意见建议”。

3. 邮寄信件：来信邮寄至内江市发展和改革委员会规划科，请注明“‘十四五’规划意见建议”，地址：内江市汉安大道东段4号市发展改革委，邮编：641000。

衷心感谢您的关心、支持与参与！为了方便和您联系，请注明联系人姓名和联系方式，我们会对参与者的个人信息和建议内容严格保密。

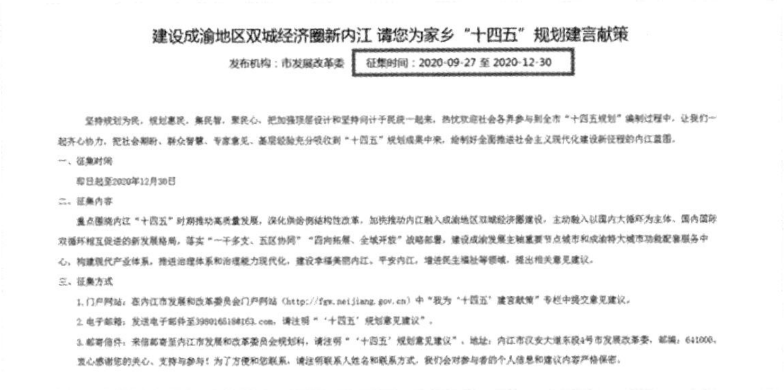

图 11 “建设成渝地区双城经济圈新内江 请您为家乡‘十四五’规划建言献策”页面

资料来源：https：//www. neijiang. gov. cn/zwhd/ocollect/detail/125208。

关于公开征集陇南市“十四五”规划编制意见建议的公告

调查时间：[2020-11-18] 至 [2020-12-03] 状态： 已结束

关于公开征集陇南市“十四五”规划编制意见建议的公告

辉煌“十三五”收官在即，壮阔“十四五”又将启航。党的十九届五中全会审议通过的《中共中央关于制定国民经济和社会发展第十四个五年规划和二〇三五年远景目标的建议》，为夺取全面建设社会主义现代化国家新胜利注入强大思想和行动力量。“十四五”时期是我国全面建成小康社会、实现第一个百年奋斗目标之后，乘势而上开启全面建设社会主义现代化国家新征程、向第二个百年奋斗目标进军的第一个五年，做好“十四五”规划编制工作意义重大。规划编制涉及经济和社会发展方方面面，与广大人民群众生产生活息息相关。为进一步开门问策、集思广益，现面向社会公开征集陇南市“十四五”规划编制意见建议。热忱欢迎全市广大人民群众和长期以来关心陇南发展的社会各界人士提出宝贵意见建议，供市委、市政府决策参考。

一、建言重点内容

建言献策可重点围绕全市“十四五”时期的经济建设、农业农村、乡村振兴、生态文明、产业发展、城乡融合、供给侧结构性改革、区域协调发展、数字经济、科技创新、深化改革、对外开放、民主政治、依法治国、民族团结、思想文化、教育事业、就业创业、收入分配、社会保障、卫生健康、社会治理、防灾救灾、国家安全、军民融合、党的建设等主题，提出意见和建议，发表评论，各抒己见、集思广益，促进陇南市“十四五”规划编制工作更加切合实际、着眼长远，遵循规律、统筹把握，切实把发展机遇研判准，把困难挑战分析透，把人民对美好生活的向往实现好。

二、建言要求

建言献策应当聚焦主题，观点鲜明，突出宏观性、战略性、创新性和可操作性。可以是三言两语的真知灼见，也可以是材料详实、说理透彻、论证充分的文稿（字数一般不超过2000字）。

三、征集时间

即日起至2020年12月3日。

四、参与方式

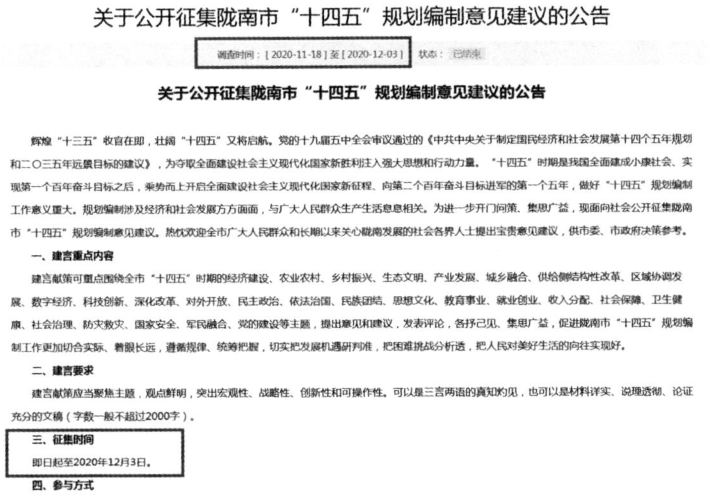

图 12 “关于公开征集陇南市‘十四五’规划编制意见建议的公告”页面

资料来源：https：//www. longnan. gov. cn/content/article/36283514？type =0。

（三）公众意见公开比例偏低，征集结果反馈整体情况不佳

在重大行政决策过程中公众提出意见建议的目的在于其诉求能够在决策过程中得到考虑和采纳，使其意见建议对决策产生实质性的影响，与决策者形成良性的互动格局。[①] 在网络已成为公众参与和政民互动重要媒介的当下，有效利用互联网渠道和数字技术，增强政府回应公众诉求的能力，对于增强重大行政决策的程序规范性、社会可接受性等方面具有重要意义。[②]《条例》对决策过程中是否采纳公众提出的意见也进行了相应规定，即重大行政决策的承办单位应当对社会各方面提出的意见建议进行归纳整理、研究论证，对于合理意见应当予以采纳。因此，本报告以地方政府是否公开收集到的意见建议、是否公开反馈意见建议采纳情况作为考察地方政府重大行政决策公众参与处理反馈情况的评价点位。从评价结果来看，仅有17%的地方政府（58个）在网上对收集到的公众意见建议进行了公开，23%的地方政府（77个）在网上对公众意见建议采纳情况进行了反馈（见图13、图14）。数据显示，地方政府在重大行政决策过程中的公众意见建议处理结果反馈方面仍有较大的提升空间。

从公开公众意见建议的具体情况来看，地方政府多采用逐条列出公众意见建议的形式。而成都市在公众意见建议公开方面则进行了一定的梳理和整合，除对公众意见建议进行公开外，还围绕征集的重点领域对专业性较强的意见建议进行了汇总，并从"建设践行新发展理念的公园城市示范区""深化产业经济地理重塑"等城市发展的重要方面对意见建议进行了呈现，便于公众查阅。

从公众意见建议是否被采纳的反馈情况来看，地方政府的反馈形式有简有繁。简单反馈的形式一般会对征集期间收到的意见建议数量以及决策的后

[①] 章楚加：《重大环境行政决策中的公众参与权利实现路径——基于权能分析视角》，《理论月刊》2021年第5期，第86页。

[②] 李金兆、董亮、王沙：《以提升政府回应能力为核心 构建新型政民关系》，《成都行政学院学报》2017年第1期，第10页。

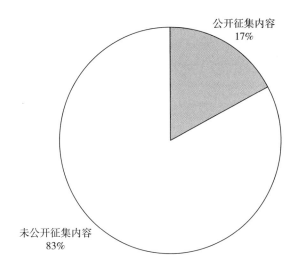

图 13　地方政府公开"十四五"规划编制公众意见建议的情况

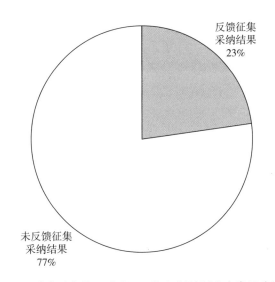

**图 14　地方政府公开"十四五"规划编制公众意见建议
采纳结果的反馈情况**

续工作安排进行说明，如图 15 所示安康市。内容相对充实的反馈形式则会对征集期间收到意见建议进行更为深入的分析，对意见建议汇总、整理和研究的结果进行更为细致的呈现，如图 16 所示深圳市。

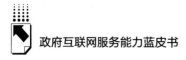

政府互联网服务能力蓝皮书

关于"我为'十四五'发展建言献策活动"公开征集社会意见情况的说明

作者：佚名 时间：2020-12-04 15:53 来源：市发改委 【字体：小 大】

为深入贯彻落实习近平总书记对"十四五"规划编制工作的重要指示精神，以及国家和陕西省对"十四五"规划编制工作的总体部署，坚持开门问策、凝聚众智，切实提高规划编制的科学性、民主性和透明度，市发展改革委于2020年9月24日在市政府网站刊发《关于开展我为"十四五"发展建言献策活动的公告》，面向社会公开征集全市"十四五"发展建议建议。

截止2020年11月30日，共收到各方面意见与建议500余条，其中市政府网站留言6条。在研究编制全市"十四五"《规划纲要》过程中，市发改委认真梳理归类、深入调研分析、充分沟通衔接，除部分意见因不符合中省政策要求，或不符合深圳实际，尚不具备实施可能性而未被采纳外，共吸收意见与建议330条，主要集中在发挥生态优势、推进高质量发展、重大项目建设、实施开放创新、优化营商环境、推进乡村振兴、城乡融合发展以及推进共同富裕等方面。

目前，《规划纲要（草案）》已经市委常委会会议、市政府常务会议等审议研究。市发改委正结合国家和陕西省"十四五"规划和2035年远景目标纲要，以及省发展改革委衔接反馈意见及相关要求进一步修改完善，拟于3月底按程序提请市四届人大七次会议审议批准。

安康市发展和改革委员会
2020年12月4日

图15 安康市"关于'我为"十四五"发展建言献策活动'公开征集社会意见情况的说明"页面

资料来源：http：//www. ankang. gov. cn/Content - 2234784. html。

┃ 结果反馈

深圳市发展和改革委员会关于公开征集"十四五"规划意见建议的结果反馈

2020年5月6日至8月31日、9月1日至10月31日，我委两次在深圳市发展和改革委员会门户网站和"深圳"微信公众号等平台公开征集"十四五"规划意见建议。经认真研究讨论，现将公众民意调查分析报告和公众意见部分采纳情况表予以对外公布。

感谢广大市民群众对规划编制工作的关注和支持！

深圳市发展和改革委员会
2020年11月3日

深圳市发展和改革委员会关于"十四五"规划公众民意调查分析和反馈报告

为充分了解市民对深圳"十四五"时期的发展诉求，努力把"十四五"规划编制成一个集中民智、凝聚共识、体现温度的科学规划，我委采取网上问卷调查形式，深入开展公众意见建议征集活动，切实把社会期盼、群众智慧吸收到规划编制中。

一、深圳愿景市民怎么看

（一）市民期望加快打造民生幸福标杆城市，教育、医疗、住房备受关注。对于深圳先行示范区《意见》提出的五大战略定位，70%市民关注民生幸福标杆，关注度远超高质量发展高地（36%）、可持续发展先锋（29%）、法治城市示范（25%）、城市文明典范（25%）。民生七有方面，市民尤其关心学有优教（46%）、病有良医（44%）、住有宜居（42%），但不同年龄段市民关注点有所差异，18-29岁青年人过半关注住房，"能否买得起房"成为关键点；30-49岁中青年普遍关注教育，希望孩子能上好的幼儿园和高中；50岁以上群体更关注养老保障，随迁老人养老问题成为关注焦点。

图16 深圳市发展和改革委员会"关于'十四五'规划公众民意调查分析和反馈报告"页面

资料来源：http：//fgw. sz. gov. cn/hdjlpt/yjzj/answer/8259#feedback。

三 发现与启示

通过评价地方政府基于互联网实施重大行政决策过程中公众参与环节的情况发现，在决策公开方面，地方政府整体表现较好，近九成的地方政府积极利用政府门户网站、政务微信、政务微博等渠道对决策信息进行了公开，面向公众广泛征求意见建议。但是，在公众意见建议网上提交功能的建设方面，仅有不足四成的地方政府开通了直接提交功能，公众意见建议网上征集的便利度仍待提升。在公众意见建议征集期限设置方面，过半数地方政府未满足不少于 30 日的征集期限要求，并且未对不足 30 日的原因进行相应说明，网上征集的规范性有待加强。此外，在意见建议征集结果的反馈方面，整体水平明显偏低，仅有两成地方政府在网上对公众意见建议处理和采纳情况进行了公开反馈，地方政府对于重大行政决策公众意见建议征集结果的回应能力亟待提高。基于此，本报告提出以下四方面建议，以期为地方政府更好利用"互联网＋"提升重大行政决策公众参与环节的发展水平提供参考。

（一）提升整合性，强化政府门户网站集中公开决策信息的权威平台作用

政府门户网站是数字政府建设的核心内容之一，通过政府门户网站实现公众参与重大行政决策环节的制度化、平台化，保障公众在重大行政决策过程中的知情权、参与权、表达权、监督权，对互联网时代下推进重大行政决策程序的规范化发展具有重要意义。① 在决策过程中，地方政府应充分发挥政府门户网站权威公开政府信息的重要作用，推动实现全市重大行政决策信息的集中统一发布，为公众提供"一站式"了解决策信息、参与决策过程、

---

① 李金兆、董亮：《网络问政与政府门户网站发展》，《中国信息界》2010 年第 3 期，第 44～45 页。

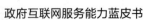

提出意见建议、查看反馈结果的全流程平台支撑，进一步提升重大行政决策信息公开的整合性。同时，地方政府应针对在政府门户网站实施重大行政决策公众意见建议征集环节的相关内容作出统一规定，明确征集内容、征集期限、征集渠道等信息的发布要求，切实提高基于政府门户网站公开决策信息、征集公众意见建议的规范性和权威性。

（二）增强传播性，利用政务新媒体提升决策过程公众参与环节的知晓度

政务新媒体具有传播速度快、受众面广、互动性强等典型特点，能够为政府信息的快速传播装上"扩音器"，为保障公众知情权、提高公众参与度提供助力，是移动互联网时代政府联系群众、服务群众、凝聚群众的重要途径。[①] 在决策过程中，地方政府应积极利用政务新媒体加大决策信息公开的传播力度，在确保政务新媒体与政府门户网站保持决策信息公开内容统一、发布同源的基础上，给予政务新媒体适度的创新空间，推动政务新媒体根据用户需求和传播需要对决策信息和公众意见建议征集信息的发布形式进行必要的调适，增强传播效果，从而最大限度提高决策信息和公众意见建议征集信息的传播到达率，更加有效地提升公众对于重大行政决策意见建议征集环节的关注度和参与度。

（三）提高便利性，应用数字技术畅通公众参与决策过程的意见表达渠道

随着数字技术的快速发展和广泛应用，公众参与行政决策过程逐步从相对传统的线下渠道发展为线上、线下多种渠道并存。提高公众基于互联网参与决策的有效性，既离不开政府对于公众网络参与渠道的建设与推行，也离不开公众对于网络参与渠道的认知与使用。因此，地方政府应积极探索如何更好地将数字技术应用于公众网络参与重大行政决策的过程之中，降低公众基

---

① 《中国为什么有这么多政务新媒体？》，http：//politics. people. com. cn/n1/2019/1009/c429373－31389712. html，2019 年 10 月 9 日。

于互联网参与重大行政决策过程的技术门槛，提升公众在线表达意见建议的便利化程度，创新公众网络参与形式，并通过简单易懂、生动有趣的方式加强对公众网络参与重大行政决策渠道和方式的宣传推广，有效地引导公众参与到重大行政决策过程之中。同时，地方政府也应注重对线下公众参与重大行政决策渠道的保留与完善，如纸质信件邮寄等，避免造成重大行政决策过程中公众参与环节的"数字鸿沟"现象。

（四）注重回应性，依托互联网构建决策过程中敏捷高效的政府反馈机制

回应性是责任政府的重要属性之一，政府应当对公众提出的意见、需求和问题进行反应和回复，从而为公众提供更加有效的公共服务。[①] 政府的回应性也影响着公众参与的积极性，提升政府回应能力能够增强公众参与公共政策制定过程和表达意见建议的意愿。[②] 因此，地方政府在基于互联网实施重大行政决策公众参与环节的过程中，应建立健全政府网络回应机制、提升网络回应能力，始终坚持以人民为中心的价值导向，进一步细化决策承办单位在政府门户网站、政务新媒体等平台公开公众意见建议归纳整理、研究论证、采纳与否等相关信息的流程和形式，明确面向社会公开反馈征集结果的时间要求、内容要求，进而不断完善互联网生态下地方政府的重大行政决策程序，不断提高决策质效。

参考文献

陈保中、韩前广：《互联网时代公众参与公共政策过程的逻辑进路》，《上海行政学院学报》2018 年第 3 期。

陈国权、陈杰：《论责任政府的回应性》，《浙江社会科学》2008 年第 11 期。

丁利：《政务新媒体传播的困境与破解之道》，《中国记者》2018 年第 3 期。

---

① 陈国权、陈杰：《论责任政府的回应性》，《浙江社会科学》2008 年第 11 期，第 36 页。
② 何祖坤：《关注政府回应》，《中国行政管理》2000 年第 7 期，第 7～8 页。

韩啸、黄剑锋：《中国网络参与研究的系统性分析：2000—2017 年》，《情报杂志》2018 年第 4 期。

黄学贤、桂萍：《重大行政决策之范围界定》，《山东科技大学学报》（社会科学版）2013 年第 5 期。

何祖坤：《关注政府回应》，《中国行政管理》2000 年第 7 期。

江国华、梅扬：《重大行政决策公众参与制度的构建和完善——基于文本考察与个案分析的视角》，《学习与实践》2017 年第 1 期。

李金兆、董亮：《网络问政与政府门户网站发展》，《中国信息界》2010 年第 3 期。

李金兆、董亮、王沙：《以提升政府回应能力为核心 构建新型政民关系》，《成都行政学院学报》2017 年第 1 期。

黎瑞、朱兵强：《重大行政决策公众参与的实效性及其提升路径》，《湘潭大学学报》（哲学社会科学版）2017 年第 5 期。

章楚加：《重大环境行政决策中的公众参与权利实现路径——基于权能分析视角》，《理论月刊》2021 年第 5 期。

湛中乐、高俊杰：《作为"过程"的行政决策及其正当性逻辑》，《苏州大学学报》（哲学社会科学版）2013 年第 5 期，第 80 ~ 86 页。

《法治政府建设实施纲要（2021—2025 年）》，中国政府网，2021 年 8 月 11 日。

《重大行政决策程序暂行条例》，中国政府网，2019 年 5 月 8 日。

B.6
营商环境视域下地方政府互联网
服务能力发展现状及分析

王沙 党正阳 董亮*

摘　要：　政府服务能力是影响区域营商环境的关键因素。持续提升地方政府互联网服务能力是加快打造市场化法治化国际化营商环境的重要抓手。本报告选择政府互联网服务能力评价体系中的企业开办变更、企业经营纳税、创新创业及企业注销领域指标，作为营商环境领域的政府互联网服务能力评价标准展开探讨。首先，分析全国337个地方政府在上述四个领域的发展现状；其次，选择较为显著的个案展现地方政府在一站式服务、一体化平台和大数据运用领域提升营商环境视域下互联网服务能力方面取得的主要成效；最后，归纳总结本次评价发现的亮点特色及发展趋势，以期为其他地区进一步提升营商环境视域下政府互联网服务能力，加快推进我国营商环境优化改革工作与政府互联网服务能力建设进程提供借鉴。

关键词：　营商环境　市场主体　政务服务

* 王沙，成都市经济发展研究院营商环境首席研究员、数据情报研究所高级研究员，研究方向为竞争情报、数据治理和营商环境；党正阳，成都市经济发展研究院数据情报研究所研究员，研究方向为政策分析、大数据分析、数据挖掘；董亮，成都市经济发展研究院数据情报研究所所长，研究方向为竞争情报和营商环境。

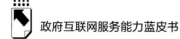
营商环境涵盖企业等市场主体在市场经济活动中全生命周期不同阶段①所涉及的体制机制性因素和条件。"十四五"规划提出，深化"放管服"改革，持续优化市场化法治化国际化营商环境。《优化营商环境条例》明确要求，着力提升政务服务能力和水平。政务服务能力是影响地区营商环境的关键因素，而加强地方政府互联网服务能力，更是提升涉企服务质量和效率、加快构建一流营商环境的重要抓手。由于政府互联网服务能力评价体系中的企业开办变更领域、企业经营纳税领域、创新创业领域及企业注销领域服务贯通能力指标评价点位，涵盖《优化营商环境条例》、世界银行营商环境评价指标体系以及国家发改委中国营商环境评价指标体系中企业开办、纳税、办理建筑许可、企业注销与包容普惠创新等重点领域的主要内容，本报告中营商环境视域下政府互联网服务能力将基于这4项指标展开讨论。

一 整体情况

（一）全国整体水平提升显著

企业开办变更领域、企业经营纳税领域、创新创业领域及企业注销领域4项指标在2021年报告中国地方政府互联网服务能力评价指标体系中所占权重均为1.6%，分值1.60分，即营商环境视域下政府互联网服务能力相关指标总权重为6.4%，分值6.40分。2021年报告新增了北京、上海、天津和重庆4个直辖市，总计337个地方政府，平均得分5.08分，得分率79.38%，显示我国在政府营商环境视域下互联网服务能力整体处于较好水平。相较2020年报告中333个地级行政区平均得分4.20分，得分率65.63%，2021年报告全国营商环境视域下政府互联网服务能力提升显著（见图1）。

---

① 世界银行2019年10月发布的《2020年营商环境报告》涵盖12个领域的商业法规，但营商环境便利度分数和排名仅涵盖其中的10个领域：开办企业，办理施工许可证，获得电力，登记财产，获得信贷，保护少数投资者，纳税，跨境贸易，执行合同和办理破产。

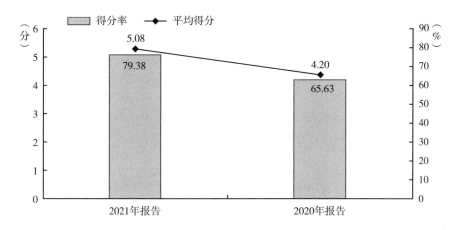

**图1 2021 年报告与 2020 年报告营商环境视域下我国
地方政府互联网服务能力得分率**

参照本书总报告，以 337 个地方政府营商环境视域下政府互联网服务能力相关指标评价得分为基础，通过差分趋势可见，差分结果相对显著，可根据得分区间将我国地方政府营商环境视域下互联网服务能力的评价得分从高到低划分为领先发展、积极发展、稳步发展、亟待发展四种类型（见图 2）。

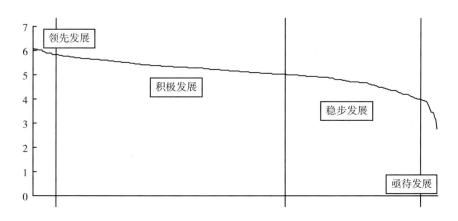

图2 营商环境视域下我国地方政府互联网服务能力总体分布

具体来看，如表 1 所示，总分 ［6.00，6.40］为领先发展型，包括深圳市、福州市等 8 个地方政府，代表我国地方政府营商环境视域下互联网服务能力的领先水平；总分［5.00，6.00）为积极发展型，共计 203 个地方政府，占比超六成，显示我国大部分城市营商环境视域下的政府互联网服务能力较强；总分［4.00，5.00）为稳步发展型，共有 111 个地方政府，总分［0.32，4.00）为亟待发展型，共有 15 个地方政府，两者分别相较 2020 年报告的 218 个和 46 个大幅减少，显示在过去一年中我国地方政府之间差距呈缩小趋势，大部分地方政府在营商环境视域下的政府互联网服务能力发展迅猛。

表 1　营商环境视域下地方政府互联网服务能力差异

单位：次，%

得分值与区间	频次	有效百分比	累计百分比
［6.00,6.40］	8	2.37	2.37
［5.00,6.00）	203	60.24	62.61
［4.00,5.00）	111	32.94	95.55
［0.32,4.00）	15	4.45	100.00
总计	337	100	—

（二）企业开办变更领域表现最优

从各领域平均得分情况来看，2021 年报告中我国地方政府互联网服务能力在营商环境视域下的企业开办变更领域、企业经营纳税领域、创新创业领域及企业注销领域 4 项指标平均得分 1.27 分，相较 2020 年报告的 1.05 分进步明显。其中，企业开办变更领域和创新创业领域表现较好，企业开办变更领域指标全国平均得分最高，为 1.38 分，显示我国地方政府在企业开办变更领域互联网服务能力整体水平最优；创新创业领域次之，为 1.30 分；企业经营纳税领域表现基本与全国平均水平保持持平，为 1.26 分；企业注销领域为 1.14 分，虽然与 2020 年报告的 0.69 分相比进步显著，但仍落后于全国平均水平，有待进一步改善（见图 3）。

从各领域得分率情况来看，在企业开办变更领域，本次评价中的 337 个地方政府得分率均在 60% 以上，显示我国地方政府在该领域的互联网服务能力已具备良好基础。在创新创业领域，得分率均在 80% 及以上的地方政

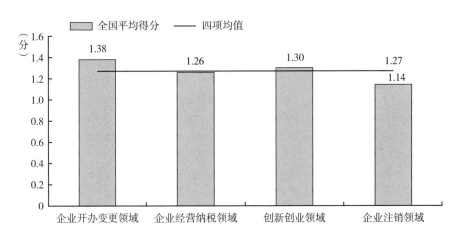

图3 营商环境视域下我国地方政府互联网服务能力分项对比

府共289个，数量最多，显示地方政府在创新创业领域的互联网服务能力优良率最高。在企业经营纳税领域和企业注销领域，超四成的地方政府得分率低于80%，特别是在企业注销领域，有30个城市的互联网服务能力得分率在60%及以下（见图4）。

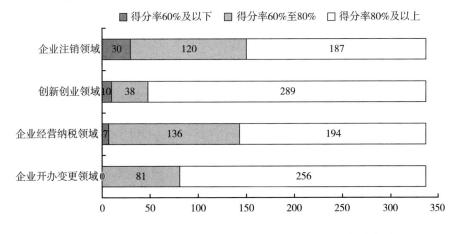

图4 营商环境视域下我国地方政府互联网服务能力分项得分率对比

从各领域满分情况来看，创新创业领域表现最优，全国有28个地方政府此项得到满分1.60分，数量多于其余3项指标满分地方政府数量总和，显示我国地方政府在创新创业领域的互联网服务能力表现突出。从各领域零分情况来看,4 个领域都表现较好,其中企业开办变更领域表现最优,没有零分地区。企业注销领域、企业经营纳税领域、创新创业领域,分别有 5 个、1 个和 1 个零分地区,显示仍有个别地方政府在相关领域互联网服务能力发展滞后(见图 5)。

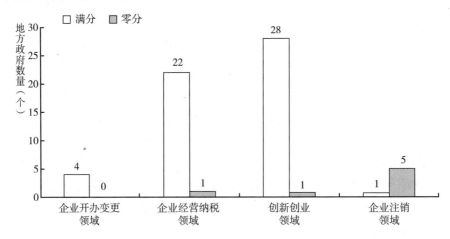

图 5　营商环境视域下我国地方政府互联网服务能力分项满分/零分情况对比

(三)地区发展总体较为均衡

在区域表现方面[①],本次评价中东部、中部、西部及东北地区整体表现差异较小,显示我国地方政府营商环境视域下互联网服务能力区域发展较为均衡。东部地区在企业开办变更领域及企业注销领域,表现略优于其他 3 个地区,但整体上的优势并不明显。中部、西部及东北地区在企业开办变更领域、企业经营纳税领域及创新创业领域的表现均比较接近。西部地区在企业注销领域得分略低于其他地区,有待进一步优化(见图 6)。

在省域总体表现方面,31 个纳入本次评价的省级行政区营商环境视域下政府互联网服务能力差异较为显著。全国表现最优省份为广东省,最差省

① 2020 年按照国家统计局所制定的标准将被统计的 333 个地级行政区和 4 个直辖市划分为东北、东部、中部及西部。

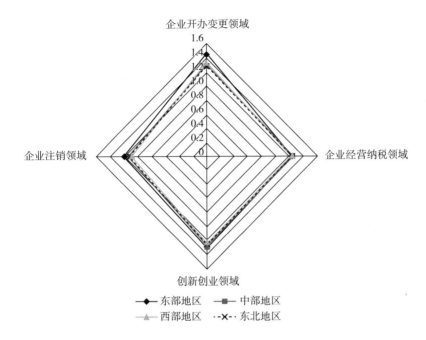

企业开办变更领域

企业注销领域

企业经营纳税领域

创新创业领域

→ 东部地区 ─■─ 中部地区
▲ 西部地区 ··✕·· 东北地区

图6 营商环境视域下我国地方政府互联网服务能力区域对比

份为青海省，与2020年报告结果一致。本次评估的广东省21个城市在企业开办变更领域及创新创业领域平均得分均在1.50分以上，在企业经营纳税领域及企业注销领域平均得分均在1.32左右。青海省共有8个地级行政区纳入本次评价，整体表现较为落后。对比广东省、青海省分项指标得分及全国各省份平均值发现，广东省在创新创业领域和企业注销领域引领优势明显，在企业经营纳税领域和企业开办变更领域领先幅度收窄。青海省除企业开办变更领域表现较好外，其他3项指标均大幅落后（见图7）。

在省会/副省级城市表现方面，省会/副省级城市营商环境视域下政府互联网服务能力表现，与全国平均水平相比，优势并不明显。总体上，省会/副省级城市与全国平均水平接近，仅在创新创业领域略有领先，在企业开办变更领域、企业注销领域、企业经营纳税领域与全国平均水平相比分差仅0.02分，显示我国营商环境视域下的地方政府互联网服务能力发展较为均衡，省会/副省级城市暂不具备领先优势（见图8）。

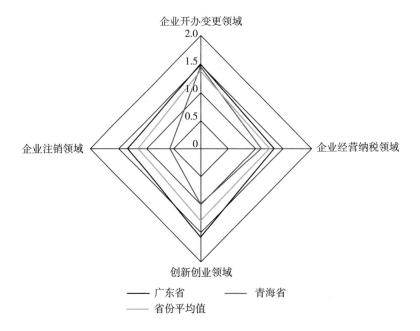

图7 营商环境视域下政府互联网服务能力对比（广东省与青海省）

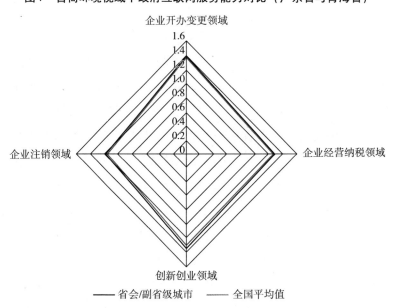

图8 营商环境视域下政府互联网服务能力对比（省会/副省级城市与全国平均值）

二　主要表现

（一）推进一站式集成，提升服务便利度和整体性

以一个窗口、一个系统、一个部门应对市场主体的"整体政府"是世界银行在营商环境评价中所倡导的理念，也是我国"互联网＋政务"的数字化政务服务改革所追求的目标。在以"整体政府"理念一站式集成服务的改革趋势下，在2021年报告中营商环境视域下地方政府互联网服务能力得到进一步发展。通过开展业务事项集成和办理流程再造，推进审批改革从"物理融合"到"化学反应"，将"碎片化"的服务事项整合为"整体化"的政府服务，有效提升了我国营商环境视域下地方政府互联网服务能力。本次评估的337个地方政府中，在工程建设领域共有334个实现互联网一站式服务，占比约99.11%。在企业开办领域共277个，占比约82.20%，显示我国大部分地方政府已通过数据共享、流程再造和业务协同，以一个窗口、一个系统、一个部门的方式，在企业开办和工程建设领域完成了由单个事项的办理深度向"一件事、集成式"一站式服务的转变。在企业注销领域互联网一站式服务的实现率略低，基本与2020年报告持平，实现率约61.13%（见图9）。

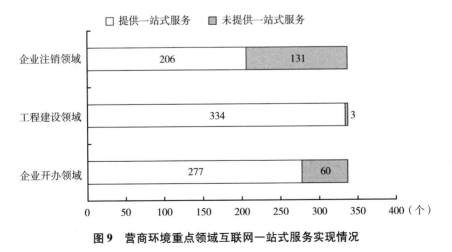

图9　营商环境重点领域互联网一站式服务实现情况

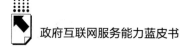

以企业开办为例，为进一步提升企业开办便利度和服务整体性，《市场监管总局等六部门关于进一步加大改革力度不断提升企业开办服务水平的通知》（国市监注发〔2021〕24号）中明确提出，将企业登记注册后首次办理公章刻制、申领发票和税控设备、员工参保登记、住房公积金企业缴存登记等业务纳入企业开办"一网通办"平台覆盖范围。北京市、上海市和杭州市作为我国营商环境优化改革先发地区，在企业开办服务一站式集成方面的探索实践具有较强学习借鉴价值。

北京市通过"e窗通"服务平台，为企业提供一站式集成的办事服务，实现企业开办网上一次申报、统一受理、统一反馈、一天免费办结。同时，在此基础上，积极探索身份认证、员工登记等方面的再集成、再优化。一方面，优化身份认证功能，无须下载移动端或创建数字签名，申请人可以通过"银行账号信息校验+预留手机号"、微信、支付宝、百度、"北京通"等多种验证方式直接实现身份认证。另一方面，简化员工登记流程，将其合并到申请营业执照环节，无须提交纸质材料、申报登记缴费方式、采集单位银行账户信息或领取书面凭证，审核通过后直接生效。

上海市通过开办企业"一窗通"网上服务平台，实现业务数据精准共享和高效应用，申请人"一表申请"办理执照、印章、发票、员工就业参保登记等所有企业开办业务，并实现执照、印章、发票从申请到领取的全过程数字化。同时，积极探索提供更加灵活的开办企业路径。一是允许申请人在取得营业执照后，继续使用"一窗通"分步申办税务、人社、公积金等业务。二是银行开户不再作为办理就业参保登记的前置条件，职工各项社会保险费，改为在企业开办后由税务部门统一征收。三是在企业设立阶段实现银行为企业生成预赋账号，并向税务等部门共享账户信息，提升后续业务办理效率。

杭州市依托浙江省工商全程电子化登记平台，积极推进企业全程电子化登记，推动线下向线上转型，将全程"零见面"智能审批延伸到开办企业全过程。一是按照"一网通办、一次采集、互信互认、全程复用"原则，破解政府部门藩篱和数据割据问题，以部门信息共享为基础，再造网上审批流程，突破线下办事时空限制、层级限制、环节限制，实现企业开办24小时实时申请和网上申报、网上受理、网上审核、网上发照、电子归档的无纸化服务。二是依托"小杭在线客服"和"智能语音咨询系统"，为申请人提供咨询和指导服务，提升全流程网报即时响应效率，优化企业开办服务用户体验。

（二）依托一体化平台，促进省内各地区协调发展

目前，我国各省级行政区均已完成省级一体化政务服务平台的建设和运行，基本实现以跨区域、跨部门、跨层级一体化政务服务为特征的规范化服务。省级政务服务平台统一规范建设和统一提供服务，促进了各地营商环境视域下优秀互联网服务实践的快速复制和推广，更有利于省域内地方政府营商环境视域下互联网服务能力的整体提升。

本次评价结果显示，广东省、江苏省及黑龙江省得益于省级一体化政务服务平台标准化和规范化运营，省内地级行政区营商环境视域下政府互联网服务能力相关指标得分较高，且城市之间差距较小，全省整体水平处于全国领先位置。广东省依然是全国整体表现最好的省份，纳入评价城市最多，且省内各城市营商环境视域下互联网服务能力平均得分最高，而黑龙江省进步明显。青海省内各地级行政区之间表现差异较大，个别地区落后较多，亟待提升（见表2）。

表2 部分省份营商环境视域下政府互联网服务能力对比

单位：个，分

省份	评价地级行政区数量	省内地级行政区最高得分	省内地级行政区最低得分	标准差
广东	21.00	6.08	5.25	0.13
黑龙江	13.00	6.08	5.22	0.16
江苏	14.00	6.05	5.15	0.18
青海	8.00	5.47	2.75	0.46

广东省为破解区域经济发展不平衡、数字政府建设不均衡的问题，推进区域地方政府互联网服务能力协调发展，探索开展"省市联建"模式，坚持"全省一盘棋"，全省统筹资源支持汕尾、汕头、湛江等后发地区数字政

府基础设施建设和政务应用建设。由广东省财政统筹安排资金支持地市政务云设施和政务外网建设，支持后发地区建设政务大数据中心和数据分析平台。同时，支持基础较好的珠三角地区积极自主改革创新，在广州市越秀区创建全省数字政府改革建设示范区。通过将先发地区的改革创新经验在全省复制推广，降低后发地区的试错成本。目前，广东省一体化政务服务平台"广东政务服务网"，已全面集成省、市、县、镇、村五级政务服务事项，实现全省网上政务服务"一网通办"。

黑龙江省将省一体化政务服务平台建设作为全面重塑营商新环境的重要抓手，促进全省各地区政务服务的规范化、便利化同步提升，全面加强黑龙江省政务服务网上供给能力和政府互联网营商环境服务能力。黑龙江省一体化政务服务平台作为全省政务服务公共入口、公共通道、公共支撑，有效提升了省、市、县、乡镇（街道）四级政务服务事项标准化、规范化水平，以数据为纽带，实现线上线下融合服务，以电子材料为纽带，实现跨地区、跨部门、跨层级协同服务，推动全省各地区各部门政务服务从"多张网"集合到"一张网"，促进全省范围"一网通办、区域通办、统一办理入口、统一用户认证、统一评价"，让企业和群众办事更方便、更快捷、更有效率。

江苏省一体化政务服务平台，按照国家政务服务平台标准建设，制定全省统一的技术方案和业务规范，以"七统一"即统一事项管理、"好差评"、咨询投诉、身份认证、电子证照、查询服务和支付平台，持续优化服务功能，提高政府服务效率和透明度，助力全省营商环境视域下政府互联网服务能力提升。同时，鼓励地方政府在江苏省一体化政务服务平台的基础上，通过"淘宝"模式积极开展差异化创新，建设"部门专业化"旗舰店和"地方百货式"旗舰店，提供更加便捷优质的政务服务。

（三）运用大数据技术，打通政策落地"最后一公里"

精准实现市场主体对惠企政策的应知尽知、应享尽享，打通政策落地"最后一公里"，是各地营商环境优化改革的重要内容之一。为进一步提高惠企政策的到达率和兑现率，增强市场主体市场获得感，《国务院办公厅关于进一步优化营商环境更好服务市场主体的实施意见》（国办发〔2020〕24号）明确提出，鼓励推行惠企政策"免申即享"，对确需企业提出申请的惠企政策，合理设置并公开申请条件，简化申报手续，加快实现一次申报、全程网办、快速兑现。

本次评价通过是否提供涉企优惠政策库（专栏）、设置涉企优惠政策分类、提供涉企优惠政策查询和在线申报等点位，衡量地方政府涉企优惠政策相关互联网服务能力。结果显示，本次评价的 337 个地方政府在相关领域整体表现不佳（见图 10），仅广东省和福建省等的部分地方政府表现较好，显示我国大部分地方政府惠企政策方面的互联网服务能力和服务水平均亟待提升。

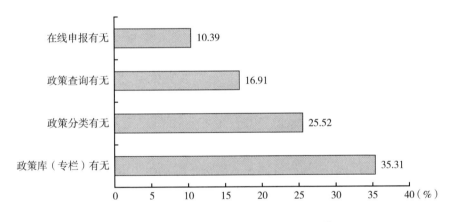

图 10 涉企优惠政策相关点位平均得分率情况

福建省通过搭建惠企政策信息统一发布平台（见图 11），整合跨部门、跨行业、跨地区的涉企法律法规、政策文件和权威解读等内容，为市场主体提供"找得到、看得懂、用得上"的政策服务。福建省惠企政策信息统一发布平台开设"政策正文""政策申报""政策解读""政策订阅""政策诊断""政策说"6 个栏目。"政策正文"栏目收集、发布国家部委、省厅、区市的涉企法律、规章、规范性文件等，让企业第一时间获取最新政策信息;"政策申报"栏目汇集扶持奖补资金、计划帮扶项目、企业认定办理等申报通知,公布具体受理部门和联系方式,帮助企业熟悉申报流程;"政策解读"栏目提供惠企政策的权威解读;"政策订阅"栏目为企业提供信息检索和推送服务;"政策诊断"栏目将企业简历的相关要素信息,与惠企政策申报条件进行匹配计算,为企业提供智能匹配报告,实现从"企业找政策"到"政策找企业"的服务转变。"政策说"栏目邀请有关部门业务负责人开展政策解读,以视频方式为企业答疑解惑。

图 11 福建省惠企政策信息统一发布平台

资料来源:http://zqztc.fujian.gov.cn/zcy/。

厦门市依托慧企云政企协同服务平台,搭建"免申即享"厦门惠企政策兑现平台(见图 12),通过借助大数据等手段畅通部门间数据共享渠道,实现政策兑现"足不出户"、材料准备"系统代劳"、扶持资金"自动兑付"三大便捷,让符合条件的企业免于申报,直接享受。首先,企业需使用 i 厦门法人账号登录"免申即享"厦门惠企政策兑现平台,然后,完善单位账号、开户行、联系人、联系电话、会计和出纳信息等账户信息,在"可兑现政策"栏目选择"需要相关政策",点击"确认兑现",确认相关兑现条件、拟最高奖补金额、扶持内容、账户信息等内容,并勾选信用承诺书后进行提交。提交兑现后,可到"我兑现的政策"页面查看账户信息、审核情况和企业所有兑现记录。"免申即享"厦门惠企政策兑现平台将以往的"企业先报、政府再审"的申报流程，通过企业"大数据"和政策"大数据"的比对、分析，自动筛选符合兑现条件的企业，转为"系统智审、人工辅助"的无感流程。

图12 "免申即享"厦门惠企政策兑现平台

资料来源：http：//msjx. gxj. xm. gov. cn：3010/co - policy - client/indexFD. html #/？activeKey = 1。

三 发现与启示

（一）从信息孤岛到协同共享，持续拓宽一站式服务领域

越来越多的地方政府在企业开办变更领域、企业经营纳税领域、创新创业领域及企业注销领域等营商环境主要领域，秉承从政府供给导向向群众需求导向转变的理念，积极开展"一网、一门、一次"改革，推动"一网通办""只进一扇门""最多跑一次"，打造集约化、便利化政务服务。以企业开办为例，从自主核名到申领营业执照、刻制印章、申领发票、用工信息登记等全流程实现在线申报，企业开办全程网办改革聚焦企业开办的难点、堵点、痛点问题，联动市场监管、公安、税务、社保、银行等部门，通过部门、平台、数据的深度融合和协同共享，建立了企业开办标准化、规范化指标体系，实现了从创业者实践办理需求出发的一站式服务。我国地方政府营

商环境视域下互联网服务创新探索路径，已从单一部门业务流程优化的单兵突进，进一步发展为跨部门、跨层级的业务系统和数据资源整合。更多地方政府以企业开办、办理建筑许可等主题服务的成功经验为改革样本，进一步拓宽一站式服务领域。

（二）从分头建设到集中管理，加速推进区域一体化进程

近年来，国务院对加快全国一体化政务服务平台建设作出重要部署。目前，全国一体化政务服务平台已实现 31 个省（区、市）及新疆生产建设兵团政务服务平台联通，接入地方部门 300 余万项政务服务事项。在其统领下，省级政务服务一体化平台已成为各地区、各有关部门创新政府管理和优化政务服务的新方式、新渠道、新载体，为我国地方政府营商环境视域下互联网服务能力与水平提升发挥关键性支撑作用。在此基础上，京津冀、长三角、珠三角等先发地区积极推进政务服务流程标准化和优化再造，共享一套标准，统一建设规范，促进区域数据资源互通共享，创新政务服务异地办理模式，进一步积极探索跨省通办、全国通办。地方政府营商环境视域下互联网服务的区域一体化，为推动我国营商环境区域一体化进程奠定了良好基础，对进一步激发市场活力和社会创造力、构建一流营商环境具有重要意义。

（三）从群众跑动到数据驱动，不断提升便利度与获得感

群众办事创业的便利度与获得感关系着地方政府职能重塑、改革红利有效释放，是地方政府营商环境视域下互联网服务能力的重要标杆。北京市、上海市、广州市、深圳市等营商环境先发地区均将区块链、人工智能、大数据、物联网等新一代信息技术应用作为营商环境优化的重要支撑，以数据驱动、技术引领推动互联网政务服务的智慧化、人性化转型，促进政府互联网服务能力跨越式发展。不断涌现的惠企政策"免申即享"、行政审批"秒批秒办"、身份认证"人脸识别"等便民利企、贴心服务的"互联网＋政务服务"创新实践成为地方政务服务的新名片，有效促进了地方营商环境品牌的显示度、美誉度的提升，推动了地方政府营商环境视域下互联网服务能力整体跃升。

参考文献

邓文龙：《福建"政企直通车"升级 打造全省惠企政策"一站式"发布平台》，《中国工业报》2019 年 4 月 12 日。

《黑龙江省加快推进一体化在线政务服务平台建设实施方案》，黑龙江省人民政府网站，http：//www. gov. cn/xinwen/2019 – 09/03/content_ 5426854. htm, 2019 年 9 月 3 日。

江苏省政务服务管理办公室：《"不见面审批"，不走"马路"走"网路"》，江苏政务服务网，http：//www. cac. gov. cn/2019 – 12/02/c_ 1576821718642876. htm, 2019 年 12 月 2 日。

姜晓霞：《企业开办全程网上办 杭州入选全国试点城市》，浙江在线，http：//news. 66wz. com/system/2018/10/31/105123839. shtml, 2018 年 10 月 30 日。

林妙红、陈起鸿：《厦门惠企政策"免申即享"上线 首批涉及 7 部门 30 个项目》，《厦门日报》2021 年 8 月 16 日。

刘良龙：《三连冠! 广东省一体化政务服务能力连获三年全国第一的奥秘》，《深圳特区报》2021 年 5 月 27 日。

卢向东：《打造在线政务服务总枢纽 全面推进"一网通办"》，新华网，2018 年 8 月 3 日。

世界银行：《2020 年营商环境报告》，2019 年 10 月 24 日。

《监管总局就优化企业开办服务、营造良好营商环境有关情况举行专题新闻发布会》，市场监管总局网站，http：//www. samr. gov. cn/xw/xwfbt/202104/t20210428_ 328340. html, 2021 年 4 月 28 日。

谭敏：《"免申即享"让惠企政策零门槛》，https：//gzdaily. dayoo. com/pc/html/2020 – 08/28/content_ 133618_ 718296. htm, 2020 年 8 月 28 日。

汤志伟、李金兆等：《中国地方政府互联网服务能力发展报告（2020）》，社会科学文献出版社，2020。

汪玉凯：《全国一体化政务服务平台为建设人民满意的服务型政府提供强大支撑》，新华社，2020 年 6 月 4 日。

徐冠英：《江苏政务服务网新版上线 助推政务服务全省"一网通办"》，人民网，2019 年 10 月 22 日。

B.7
社会信用视域下地方政府互联网服务能力发展现状及启示

张海霞　唐　静*

摘　要：　"十四五"时期，我国社会信用体系建设正迈向高质量发展的新阶段，推进社会信用体系高质量发展，是营造优良信用环境、提升社会治理水平的重要抓手。本报告设置社会信用指标，对全国337个地方政府在社会信用视域下的互联网服务能力进行评估。首先从总体表现、各点位表现、不同类型城市表现和省份表现方面来展示相关视域的整体情况；其次对相关视域不同维度的具体表现予以分析，发现部分地方政府存在信用承诺栏目公示未提供分类查询、"双公示"内容规范性不够、提供惠民便企信用产品和服务的平台之间融合不强、信用主体权益救济的办理流程和网上办理渠道不到位等现象；最后从构建政府指导下的协同联动格局、形成以量化指标为基础的动力机制、通过同步数据加强信用信息识别分类和共享公示、利用新信息技术提供定制化精准服务四个方面来阐述利用互联网加强社会信用体系建设相关服务的发现与启示。

关键词：　社会信用　信用承诺　信用应用　信用主体权益保护

---

* 张海霞，成都市经济发展研究院智慧治理研究所高级研究员，研究方向为社会信用、信息公开和政务服务；唐静，成都市经济发展研究院智慧治理研究所研究员，研究方向为政府治理和大数据分析。

《国民经济和社会发展第十四个五年规划和 2035 年远景目标纲要》明确提出健全社会信用体系，要加强信用信息归集、共享、公开和应用，推广信用承诺制度、推广惠民便企信用产品与服务、保障信用主体合法权益。随着政府数字化转型提速，运用互联网推动社会信用体系建设，是提升政府互联网服务能力，推进政府管理和社会治理模式创新的一个途径。本报告中社会信用领域指标主要评估地方政府基于互联网提供社会信用体系建设相关服务的表现情况，主要衡量 4 个直辖市和 333 个地级行政区信用门户网站的开设情况及在网站上提供相关服务的情况，通过直辖市、社会信用示范城市①、副省级城市/省会城市②和其他地级行政区③4 个分类，从信用基础设施建设情况、信用承诺制度推进情况、信用监管信息公示情况、信用主体权益保护情况、信用信息服务应用情况 5 个评估维度进行调查和分析，并将评估维度的具体点位有重点地结合优秀案例进行分析。

一　整体情况

（一）社会信用领域指标总体表现较好

从具体总体得分来看（见图 1），社会信用指标视域下服务贯通能力总体较好，该评价指标预设的总分为 1.6 分。在 4 个直辖市中，北京的得分率为 100%，上海和天津的得分率为 96%，重庆的得分率为 86%；在 333 个地级行政区中，有 39 个地级行政区得分率为 100%，有 266 个地级行政区得分率超过 80%，有 307 个地级行政区得分率超过 60%。与 2020 年报告相比，得分率为 100% 的地级行政区的数量有所下降，主要原因是今年增加了评估点位，提高了评估标准，在有无的基础上更加注重提供服务质量的评

---

① 社会信用示范城市仅限于地级行政区，未包含义乌市、荣成市、上海市浦东新区和嘉定区。
② 副省级城市/省会城市为 23 个，不重复计算已成为社会信用示范城市的成都市、福州市、杭州市、合肥市、南京市、青岛市、厦门市、武汉市、郑州市。
③ 其他地级行政区为除社会信用示范城市、副省级城市/省会城市以外的其他地级行政区。

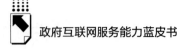

估；得分率超过 80% 和 60% 的地级行政区数量有所增加，这表明总体而言，地级行政区在信用门户网站提供相关服务的能力有所提升。

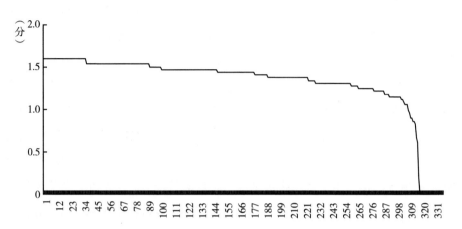

图1 社会信用领域得分分布

（二）信用信息服务应用情况维度提升最快

从指标各评价点位的平均得分率来看（见表1），总体得分比例最高的是"信用基础设施建设情况"，平均得分率为 94.36%；其后是"信用承诺制度推进情况"，平均得分率为 83.44%；"信用主体权益保护情况"平均得分率为 81.75%；"信用监管信息公示情况"平均得分率为 76.91%；而平均得分率最低的是"信用信息服务应用情况"，为 66.17%。与 2020 年报告相比，"信用信息服务应用情况"的平均得分率增长最快，提高了 16.32 个百分点；之后是"信用主体权益保护情况"，平均得分率提高了 12.53 个百分点；"信用基础设施建设情况"平均得分率提高 3.05 个百分点。

表1 社会信用领域各子指标得分情况

单位：%

评价点位	平均得分率
信用基础设施建设情况	94.36
信用承诺制度推进情况	83.44

续表

评价点位	平均得分率
信用监管信息公示情况	76.91
信用主体权益保护情况	81.75
信用信息服务应用情况	66.17

（三）直辖市在不同地区类型中表现最佳

从不同地区类型来看（见表2），直辖市表现最好，平均得分率为94.50%；社会信用示范城市表现次之，平均得分率为91.33%；副省级城市/省会城市平均得分率为87.57%；其他地级行政区平均得分率为82.18%。与2020年报告相比，其他地级行政区的平均得分率增长了5.35个百分点，副省级城市/省会城市的平均得分率增长了4.18个百分点，社会信用示范城市的平均得分率与上年几乎持平。

表2　社会信用领域不同地区类型得分情况

单位：%

地区类型	平均得分率
直辖市	94.50
社会信用示范城市	91.33
副省级城市/省会城市	87.57
其他地级行政区	82.18
总计	83.35

（四）省（自治区）平均得分率上升、标准差下降

各省（自治区）的得分情况主要从平均得分率和标准差上来进行对比。平均得分率主要评估各省（自治区）全部地级行政区社会信用领域的平均得分情况，平均得分率越高，表示社会信用领域得分越高；标准差主要评估各省（自治区）全部地级行政区社会信用领域得分的差异情况，标准差越小，表明该省（自治区）社会信用领域得分差异性越小。

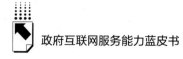

从平均得分率来看（见表3），平均得分率在90%及以上的省（自治区）有9个，与2020年报告持平；平均得分率在80%~90%（不含）的省（自治区）有11个，比上年增加3个，平均得分率在70%~80%（不含）的省（自治区）有4个，比上年减少2个；平均得分率在70%以下的省（自治区）有3个，比上年减少1个。总体来看，各省（自治区）得分平均值有所提高，其中平均得分率较高的省（自治区）有福建、江苏、安徽等，与2020年报告相比，平均得分率排名上升较快的省（自治区）有云南、宁夏、黑龙江等，如云南与2020年报告相比，平均得分率提升54个百分点，主要原因为云南在本报告期新增9个地级行政区开设信用门户网站；平均得分率较低的省（自治区）有西藏、新疆和海南等，例如西藏，虽然与2020年报告相比已经有1个地级行政区开设了信用门户网站，但由于整体起步较晚，得分率仍然排在最后。

表3 社会信用领域各省（自治区）平均得分率情况

单位：%

平均得分率	省（自治区）
[90,100]	安徽、福建、河北、河南、黑龙江、江苏、宁夏、山西、云南
[80,90)	甘肃、广东、湖南、吉林、江西、辽宁、内蒙古、山东、陕西、四川、浙江
[70,80)	广西、贵州、湖北、青海
[0,70)	海南、西藏、新疆

注：省（自治区）为按拼音字母排列，未包括台湾数据，表4同。

从标准差来看（见表4），计算方法是使用总体标准差进行计算，主要评估省（自治区）地级行政区社会信用领域得分的差异情况。根据2020年报告和本报告相关数据将标准差分为4个区间，其中标准差为25%~45%的省（自治区）有5个，相比2020年报告增加1个；标准差为10%~25%（不含）的省（自治区）有4个，相比2020年报告减少5个；标准差在5%~10%（不含）的省（自治区）为12个，相比2020年报告增加1个，标准差在5%以下的省（自治区）有6个，相比2020年报告增加3个。总体来看，标准差降低的省（自治区）较多。从具体表现看，云南、江西和福建等地政府在互联网提供社会信用相关服务方面的差异较小，如江西标准差为3.2%；新疆、西藏和陕西等地政府在互联网提供社会信用相关服务方面的差异较大，如新疆标准差为38.64%。

表4　社会信用领域各省（自治区）得分标准差情况

单位：分

标准差	省（自治区）
[25,45)	海南、湖北、陕西、西藏、新疆
[10,25)	甘肃、广西、贵州、四川
[5,10)	安徽、广东、河北、河南、湖南、吉林、辽宁、内蒙古、青海、山东、山西、浙江
[0,5)	福建、黑龙江、江苏、江西、宁夏、云南

二　社会信用领域的主要表现

（一）信用基础设施建设标准化水平不断提高，西部地区建设速度加快

2017年，国家发展改革委印发《关于加强全国信用信息共享平台一体化建设和信用门户网站一体化建设的指导意见》（发改财金〔2017〕714号），要求加快推进全国信用信息共享平台一体化建设和信用门户网站一体化建设，其中"信用中国"网站是推动信用宣传，褒扬诚信、惩戒失信，发布政策和信用信息、提供相关信用服务的门户网站。在信用基础设施建设维度，本报告与2020年报告一样，主要评估各地级行政区信用门户网站建设情况。

从不同城市类型来看（见表5），与2020年报告相比，2021年报告新增了直辖市。从具体数据来看，直辖市和社会信用示范城市信用门户网站开设率均为100%；副省级城市/省会城市开设率为95.65%，与2020年报告相

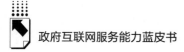

比，提升了4.35个百分点，仅有乌鲁木齐未开设信用门户网站；其他地级行政区开设率为94.06%，与2020年报告相比，提升了3.50个百分点。

表5　信用门户网站开设情况

单位：个，%

项目	直辖市		社会信用示范城市		副省级城市/省会城市		其他地级行政区	
	数量	比例	数量	比例	数量	比例	数量	比例
开设	4	100.00	24	100.00	22	95.65	269	94.06
未开设	0	0.00	0	0.00	1	4.35	17	5.94

资料来源：根据《中国地方政府互联网服务报告（2021）》的基础数据统计得到。

从各省（自治区）地级行政区信用门户网站的开设情况来看（见表6），有21个省份开设率达到100%，开设率100%的省份与2020年报告数据持平。一方面，湖北和陕西部分地级行政区信用门户网站在数据采集期内多次均未打开，导致此项数据空缺，开设率下降；另一方面，云南和甘肃加快了信用基础设施建设，本报告期内地级行政区开设率达到100%。与2020年报告相比，西部地区信用基础设施建设的速度加快，除云南和甘肃外，四川、西藏、新疆也均有地级行政区新开设信用门户网站，但与东部省份相比，仍有提升空间。

表6　各省（自治区）地级行政区信用门户网站开设情况

单位：个，%

省（自治区）	开设数量	开设率	省（自治区）	开设数量	开设率
广东	21	100.00	河北	11	100.00
河南	17	100.00	山西	11	100.00
山东	16	100.00	贵州	9	100.00
安徽	16	100.00	福建	9	100.00
云南	16	100.00	吉林	9	100.00
湖南	14	100.00	青海	8	100.00
甘肃	14	100.00	宁夏	5	100.00

续表

省（自治区）	开设数量	开设率	省（自治区）	开设数量	开设率
广西	14	100.00	四川	20	95.24
辽宁	14	100.00	湖北	12	92.31
黑龙江	13	100.00	陕西	9	90.00
江苏	13	100.00	海南	3	75.00
内蒙古	12	100.00	新疆	5	35.71
浙江	11	100.00	西藏	1	14.29
江西	11	100.00	—	—	—

注：按开设率排列，未包含台湾数据。

从总体来看，信用基础设施建设情况这一评价点位得分率持续增加，4个直辖市全部开设信用门户网站，在333个地级行政区中，也有314个开设信用门户网站，与2020年报告相比，新增10个地级行政区开设了信用门户网站。与此同时，部分地级行政区信用门户网站建设越来越规范，信用建设主题宣传内容与时俱进、推陈出新，以信用信息为基础的查询服务效率持续提升。一方面不断拓展完善信用门户网站的公开、查询和服务等功能，另一方面不断规范网站标识和域名设置等。如云南省建设信用网站群系统，该系统以"信用中国（云南）"网站为核心，通过集群方式对16个州市信用子站进行汇集，建立完善信用网站体系，并按照"统一规划、统一标准、统一建设、统一部署、统一管理、统一运维、分级分权使用"的原则，依托云平台，采用虚拟化技术，建设全省统一的网站群技术平台，全面提升网站内容管理和安全保障水平。

（二）信用承诺在信用门户网站公示全面推行，公开公示质量仍需提高

2019年7月，国务院办公厅印发《关于加快推进社会信用体系建设构建以信用为基础的新型监管机制的指导意见》（国办发〔2019〕35号），文件提出要建立健全信用承诺制度，加快梳理可开展信用承诺的行政许可事

项，制定格式规范的信用承诺书，并依托各级信用门户网站向社会公开。2020 年 11 月，国务院办公厅印发《关于全面推行证明事项和涉企经营许可事项告知承诺制的指导意见》（国办发〔2020〕42 号），文件提出要在各地区、各部门全面推行证明事项和涉企经营许可事项告知承诺制。通过贯彻落实信用承诺制度，可进一步提高政府部门服务效率、优化市场主体办事体验，可在深化"放管服"改革、优化营商环境、增强社会诚信意识等方面发挥作用。与 2020 年报告相比，本报告增加了信用承诺推进维度，主要评估直辖市和地级行政区在信用门户网站上公示信用承诺相关信息的情况，具体评估点位包括信用承诺栏目开设情况和信用承诺栏目建设质量两个方面。

信用承诺栏目开设情况（见表7）主要评估各地方政府是否在信用门户网站开设信用承诺栏目。根据评价结果，直辖市和社会信用示范城市开设率为 100%；副省级城市/省会城市开设率为 95.65%，仅有乌鲁木齐未开设信用门户网站；其他地级行政区的开设率为 91.26%。总的来讲，地级行政区信用承诺栏目建设情况较好。

表 7　信用承诺栏目开设情况

单位：个，%

项目	直辖市		社会信用示范城市		副省级城市/省会城市		其他地级行政区	
	数量	比例	数量	比例	数量	比例	数量	比例
开设	4	100.00	24	100.00	22	95.65	261	91.26
未开设	0	0.00	0	0.00	1	4.35	25	8.74

信用承诺栏目建设质量（见表8）主要评估信用承诺栏目的分类情况，即公示信息是否按照信用承诺类型、责任单位、承诺日期等进行分类。根据评价结果，直辖市栏目分类率为 100%，社会信用示范城市栏目分类率为 95.83%，副省级城市/省会城市栏目分类率为 91.30%，且提供 2 种及以上分类的比例较高；其他地级行政区的栏目分类率为 84.27%，有 45 个地级行政区未对公示信息进行分类。

表8　信用承诺栏目建设质量

单位：个，%

项目	直辖市		社会信用示范城市		副省级城市/省会城市		其他地级行政区	
	数量	比例	数量	比例	数量	比例	数量	比例
提供2种及以上分类	3	75.00	20	83.33	21	91.30	140	48.95
提供1种分类	1	25.00	3	12.50	0	0.00	101	35.32
未提供分类	0	0.00	1	4.17	2	8.70	45	15.73

注："未提供分类"包括未建设信用门户网站、未开通信用承诺栏目和相关栏目无法直接读取数据的情况。

从总体来看，直辖市和各地级行政区均不同程度地推进信用承诺制度落地。在337个地方政府中，4个直辖市全部开设信用承诺栏目并提供至少1种分类，92.19%的地级行政区开设信用承诺栏目，85.59%的地级行政区提供至少1种分类。在推进信用承诺的创新方面，如芜湖市建立信用承诺专栏，支持通过信用承诺的不同类型、承诺日期、部门和信用承诺书名称查询，如果完成在线修复培训，专栏内相关数据可支持同步标注（见图2）。如大连市建立信用承诺专栏，专栏内不仅标注了承诺类型、提供部门、承诺日期，而且对违诺信息予以公示，同时对违诺类型进行了标注（见图3）。据了解，大连市组织开发了信用承诺书系统，为各部门提供承诺书数字化管理工具，推进实现信用承诺事项的网上办、不见面。首先，鼓励各单位在系统中报送承诺书模板，明确承诺书信息变量，实现承诺书公示和撤销管理；其次，对各单位加强监督，要求各部门在报送承诺书信息时承诺填报信息真实准确，一旦发生虚假报送情况则将相关部门记入政府部门失信记录；最后，支持各单位通过系统报送市场主体违诺信息，记录违诺事由，明确修复条件，并将相关信息记入市场主体信用档案，向社会公示，违诺市场主体在完成信用修复前，将被禁止通过承诺制办理政务事项。

图2　信用芜湖信用承诺栏目

资料来源：http：//credit. wuhu. gov. cn/whweb/xygs/creditPromise？id = 1&sign = 2。

图3　信用大连信用承诺项目

资料来源：https：//credit. dl. gov. cn/credit - portal/dl/promise/company。

（三）信用监管信息公开公示及时性持续提升，拓展和规范性仍需加强

2019 年，国务院办公厅印发《关于加快推进社会信用体系建设构建以信用为基础的新型监管机制的指导意见》（国办发〔2019〕35 号），文件提出大力推进信用监管信息公开公示，要在行政许可、行政处罚信息集中公示基础上，进一步研究推动行政强制、行政确认、行政征收、行政给付、行政裁决、行政补偿、行政奖励和行政监督检查等其他行政行为信息公开。2021 年，国务院办公厅印发《关于进一步完善失信约束制度构建诚信建设长效机制的指导意见》（国办发〔2020〕49 号），文件提出要加强对公共信用信息公开渠道的统筹管理，并指出"信用中国"网站、国家企业信用信息公示系统要按照有关规定，将所归集的应当公开的公共信用信息进行统一公开，同时公开的内容要与公共信用信息认定部门公开的内容、期限保持一致。在信用监管信息公示的维度上，与 2020 年报告相比，本报告在评估"双公示"栏目的开设和公示时效性之外，还对"双公示"内容的准确性和其他行政行为信息公开两个方面进行评估。

从"双公示"栏目建设情况来看，直辖市和社会信用示范城市的开设率为 100%；副省级城市/省会城市开设率为 91.30%；其他地级行政区的开设率为 93.71%（见表 9）。与 2020 年报告相比，其他地级行政区的开设率有所提升，有 20 个其他地级行政区新开设了"双公示"栏目。

表 9 "双公示"栏目开设情况

单位：个，%

项目	直辖市		社会信用示范城市		副省级城市/省会城市		其他地级行政区	
	数量	比例	数量	比例	数量	比例	数量	比例
开设	4	100.00	24	100.00	21	91.30	268	93.71
未开设	0	0.00	0	0.00	2	8.70	18	6.29

　　"双公示"的时效性主要评估行政许可或行政处罚相关栏目公布信息是否做到7个工作日内公开。直辖市中仅北京、上海"双公示"做到7个工作日内公开；91.67%的社会信用示范城市"双公示"做到7个工作日内公开，及时公开率较高；69.57%的副省级城市/省会城市"双公示"做到7个工作日内公开；67.13%的其他地级行政区"双公示"做到7个工作日内公开，及时公开率一般（见表10）。与2020年报告相比，社会信用示范城市、副省级城市/省会城市以及其他地级行政区的及时公开率都有所提升。

表10　"双公示"栏目内容公布及时性情况

单位：个，%

项目	直辖市		社会信用示范城市		副省级城市/省会城市		其他地级行政区	
	数量	比例	数量	比例	数量	比例	数量	比例
及时公布	2	50.00	22	91.67	16	69.57	192	67.13
未及时公布	2	50.00	2	8.33	7	30.43	94	32.87

　　"双公示"的内容规范性主要评估"双公示"内容是否存在公示的决定时间晚于公布时间，公示截止日期早于行政处罚决定时间等情况。所有直辖市"双公示"栏目公示内容较为规范，75%的社会信用示范城市"双公示"栏目公示内容较为规范，56.52%的副省级城市/省会城市"双公示"栏目公示内容较为规范，70.98%的其他地级行政区"双公示"栏目公示内容较为规范（见表11）。

表11　"双公示"栏目公示内容规范情况

单位：个，%

项目	直辖市		社会信用示范城市		副省级城市/省会城市		其他地级行政区	
	数量	比例	数量	比例	数量	比例	数量	比例
规范	4	100.00	18	75.00	13	56.52	203	70.98
不规范	0	0.00	6	25.00	10	43.48	83	29.02

　　其他行政行为信息公示情况主要评估其他行政行为信息公示情况。所有直辖市公示了其他行政行为信息，66.67%的社会信用示范城市公示了其他行

政行为信息，60.87%的副省级城市/省会城市公示了其他行政行为信息，55.24%的其他地级行政区公示了其他行政行为信息（见表12）。总的来讲，除直辖市外，地级行政区的其他行政行为信息公示率相对较低。

表12　其他行政行为信息公示情况

单位：个，%

项目	直辖市		社会信用示范城市		副省级城市/省会城市		其他地级行政区	
	数量	比例	数量	比例	数量	比例	数量	比例
公示	4	100.00	16	66.67	14	60.87	158	55.24
未公示	0	0.00	8	33.33	9	39.13	128	44.76

从总体来看，直辖市和各地级行政区均不断推进信用监管信息公示工作，但公示质量不一。"双公示"栏目建设得分率较高，"双公示"栏目公示内容的及时性和规范性仍需提高，其他行政行为信息公示仍需拓展。从信用监管信息公示的创新方面来看，如南通市采用全国信用网站一体化公示专栏，对公示信息进行整合，满足在一个页面查看同一市场主体的行政许可、行政处罚和守信激励等信息，且可以在一个页面提请异议申诉、了解行政处罚信用修复。如四川省泸州市，通过制定相关文件对"双公示"质量提升机制进行明确和规范；通过应用信息化手段全面提升"双公示"合格率，设立数据上报子系统，按照国家和省级行政许可和行政处罚数据归集校验标准严格审核，审核不通过的实时提醒上报单位及时修正再上报；通过连续开展"双公示"第三方评估，以评促建，最终实现全覆盖。如广东省中山市，通过制定"双公示"目录，统一各部门及镇街导入数据的路径等手段实现信息归集规范化；在考核方面和系统升级方面实现信息填报"双抓手"，一方面将"双公示"考核纳入"法治中山"考评，建立日通报、月通报工作机制，督促部门整改落实，另一方面不断完善"双公示"上报系统校验规则，通过技术手段对上报的准确性和及时性进行监督；通过系统对接"多平台"解决部门行政许可及行政处罚手工重复录入问题，目前已实现部分"双公示"数据一次录入，多方应用（如图4）。

图4 信用中国（广东中山）信息公示栏目

资料来源：https：//credit. zs. gov. cn/publicity/publicitytype/toDataListWithNoDept? alias = XZXKSXML&navPage = 1。

（四）惠民便企相关信用产品与服务得到广泛推广，平台之间融合仍需加深

2021 年 7 月，国家发展改革委组织召开全国"推广'信易贷'模式 促进金融服务实体经济"工作现场会，会议提出"信易贷"作为信用贷款的一种创新服务模式，在帮助银行提升风险管理能力、降低对抵质押担保等传统增信方式依赖等方面发挥了积极作用，为解决中小微企业融资难、融资贵问题贡献了信用方案。

在信用信息应用维度，本报告和上年一样，选择对开设信用门户网站的地级行政区提供"信易 +"服务方面进行评估，主要查看信用门户网站提

供"信易贷"相关服务的情况。

从提供信用信息服务来看（见表13），直辖市在信用门户网站提供"信易贷"相关服务的比例为75%，社会信用示范城市在信用门户网站提供"信易贷"相关服务的比例为62.5%；副省级城市/省会城市在信用门户网站提供"信易贷"相关服务的比例为73.91%；其他地级行政区在信用门户网站提供"信易贷"相关服务的比例为65.73%。与2020年报告相比，社会信用示范城市提供相关服务的比例下降，副省级城市/省会城市和其他地级行政区提供相关服务的比例有所提升。

表13　提供信用信息服务应用情况

单位：个，%

项目	直辖市		社会信用示范城市		副省级城市/省会城市		其他地级行政区	
	数量	比例	数量	比例	数量	比例	数量	比例
有相关服务	3	75.00	15	62.50	17	73.91	188	65.73
无相关服务	1	25.00	9	37.50	6	26.09	98	34.27

从总体来看，大部分地级行政区在信用门户网站提供"信易贷"服务，部分地级行政区设置专栏公布相关政策和动态信息，加强宣传，部分地级行政区设立中小企业综合金融服务平台的跳转页面，以便提供更专业的服务。在提供信用信息服务应用创新方面，本报告主要选择有特色的企业综合金融服务平台进行阐述。如安徽黄山建成"信易贷"平台，以服务中小微企业为核心，形成绿色可持续发展的金融生态圈，实现企业自行比较融资成本，选择最适合的银行和产品，实现最低的融资成本。具体做法为设立"一窗口、两中心"，即企业金融服务窗口、企业征信服务中心和企业金融支持中心。企业金融服务窗口通过不断丰富金融产品和增值服务，实现企业与金融机构双向选择、自主对接；企业征信服务中心通过与多方对接和互联互通，实现企业信用数据共享；企业金融支持中心则将辖内金融机构（包括银行、证券、期货、保险、金融租赁公司等）接入服务平台，并建立差异化的信贷评审制度和考核机制（见图5）。

图5　黄山市中小微企业综合金融服务平台

资料来源：http：//www.hsjrfw.com/zhjrfw/#/。

（五）信用主体权益保护机制不断建立健全，具体实施流程渠道仍需优化

2020年12月，国务院办公厅印发《关于进一步完善失信约束制度构建诚信建设长效机制的指导意见》（国办发〔2020〕49号），提出要进一步健全和完善信用修复机制，切实保护信用主体合法权益。在信用主体权益保护维度，与2020年报告相比，本报告除评估是否开设信用主体权益相关栏目之外，还增加了是否公布办理流程和是否提供网上办理两个方面。

信用主体权益保护相关栏目开设情况主要评估异议处理和信用修复栏目的开设情况。直辖市开设异议处理和信用修复2个栏目的比例为100%，社会信用示范城市开设至少1个栏目的比例为100%；副省级城市/省会城市开设至少1个栏目的比例为95.65%；其他地级行政区开设至少1个栏目的比例为90.91%（见表14）。总的来看，直辖市和社会信用示范城市开设异议处理和信用修复栏目的情况较副省级城市/省会城市、其他地级行政区要好。

表 14　信用主体权益保护栏目开设情况

单位：个，%

项目	直辖市		社会信用示范城市		副省级城市/省会城市		其他地级行政区	
	数量	比例	数量	比例	数量	比例	数量	比例
开设 2 个栏目	4	100.00	19	79.17	18	78.26	184	64.34
开设 1 个栏目	0	0.00	5	20.83	4	17.39	76	26.57
未开设栏目	0	0.00	0	0.00	1	4.35	26	9.09

资料来源：根据《中国地方政府互联网服务报告（2021）》的基础数据统计得到。

　　信用主体权益保护相关服务提供情况主要评估相关栏目公布服务流程和提供网上办理的情况。直辖市公布服务流程和提供网上办理的比例均为100%；社会信用示范城市公布服务流程的比例为100%，提供网上办理的比例为95.83%；副省级城市/省会城市公布服务流程的比例为95.65%，提供网上办理的比例为91.30%；其他地级行政区公布服务流程的比例为83.22%，提供网上办理的比例为83.92%（见表15）。总的来看，地级行政区的信用主体权益保护相关服务提供情况相对较好，其他地级行政区的相关服务提供有一定的提升空间。

表 15　信用主体权益保护相关服务提供情况

单位：个，%

项目	直辖市		社会信用示范城市		副省级城市/省会城市		其他地级行政区	
	数量	比例	数量	比例	数量	比例	数量	比例
公布服务流程	4	100.00	24	100.00	22	95.65	238	83.22
提供网上办理	4	100.00	23	95.83	21	91.30	240	83.92

　　从总体来看，部分地级行政区的信用主体权益保护相关机制尚需健全完善，如部分地级行政区还未设立线下异议申请或信用修复专窗，部分地级行政区未设置线上异议申请或信用修复专栏，网上信用修复服务渠道有待畅通。在信用主体权益保护业务的创新方面，直辖市和部分地级行政区不断提升在信用门户网站提供信用主体权益保护业务的规范化、标准化和数字化水平，不断健全和完善线上线下相关服务。如上海在信用门户网站设置了异议

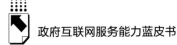

申请栏目，并分别提供法人异议申请预约和自然人异议申请预约，公开了申请所需材料和流程，并提供网上预约服务，可预约线下 16 个服务窗口的异议申请服务（见图6）。如浙江温州推出公共信用修复线上办理服务，申请人可通过登录"信用温州"网站，阅读信用修复专栏下《温州市公共信用信息修复工作操作流程指引（试行）》等相关文件，根据文件相关要求准备好附件材料，通过在搜索框搜索需要修复的主体并打开信用报告，在不良信息相关分页上点击"申请修复"，并严格按照要求填写并验证经办人信息，上传信用修复申请表、信用修复确认书、网上公示截图、信用修复承诺书等申请材料并等待审核，相关单位审核成功后将向经办人发送短信通知，同时将信用修复承诺书对外公示（见图7）。

图6　信用中国（上海）异议申诉栏目

资料来源：https://xyfw.fgw.sh.gov.cn/credit/f/order/pd/form。

图7 信用中国（浙江温州）信用修复栏目

资料来源：https：//credit.wenzhou.gov.cn/cms/867/36c25838a21843d4b6c682e90f064b6c.htm。

三 发现与启示

通过对4个直辖市和333个地级行政区社会信用领域的评估发现，各地级行政区信用基础设施不断建立完善，大部分地级行政区开设了信用门户网站，西部地区信用门户网站建设明显加快；同时部分地级行政区利用信用门户网站不断推进信用承诺制度落地、加强信用监管信息公示、优化惠民便企信用产品和服务提供平台、建立信用主体权益救济相关渠道，且提供相关服务的及时性得到提升。同时，部分地级行政区仍然存在信用承诺栏目公示未提供分类查询筛选、"双公示"内容规范性不够、提供惠民便企信用产品和服务的平台之间融合不强、提供信用主体权益救济的办理流程和网上办理渠道不到位等现象。为进一步加强社会信用体系建设与地方政府互联网服务能力的衔接，本报告提出以下四方面建议，以期进一步加强社会信用体系建设与地方政府互联网服务能力的衔接，推进社会信用体系高质量发展。

（一）统筹推进：加大力度构建政府指导下的协同联动格局

社会信用体系建设是一项复杂长期的系统工程，不仅需要政策、制度、法律等方面的配合联动，也需要各个地区、各个部门之间的协调趋同。[①] 一方面，各地方政府需健全完善沟通协调机制，贯彻国家关于"统一网站名称、统一网站风格和标识，统一网站基础栏目、统一基本服务事项"的建设要求，了解社会信用体系建设相关领域最新变革趋势和指标要求，并促进信用门户网站建设和相关工作相协调。另一方面，信用承诺、信用监管信息公示、异议处理和信用修复等工作均涉及多个部门，因此地方政府加强社会信用体系建设，需从顶层出发，对社会信用管理机制进行合理设计，对涉及社会信用体系建设相关机构的职责边界予以明确，做到既防止"权力越位"，又解决"权利缺位"，系统推进相关工作的开展。

（二）制度规范：逐步形成以量化指标为基础的动力机制

明确社会信用体系建设的相关规范标准，是推进社会信用体系建设的关键。一方面，各地方政府需进一步根据国家和相关行业标准明确在互联网提供相关服务的量化指标。如在信用监管信息公示方面，国家对"双公示"时间以及行政处罚的公示期予以量化，在推进信用承诺制度落地方面，部分地方政府也出台了具体实施方案，因此各地方政府也可在相关文件的要求下，出台实施细则，对相关工作的具体内容、分工和完成时限予以量化。另一方面，各地方政府需加强绩效考评机制。即在量化指标的基础上，对社会信用相关工作进行统筹协调、跟踪了解、督促检查，并对相关量化指标完成情况进行考核，根据考核结果实施奖惩。

（三）融合共享：通过同步数据加强信用信息识别分类和共享公示

据统计，我国约有60%的信用信息掌握在政府各个部门手中，但彼此

[①] 徐杨杨：《社会信用体系建设背景下的信用应用创新研究》，《信息系统工程》2020年第2期，第14～15页。

相互封闭，难以开展信用管理和相关服务。[1] 一方面，各地方政府要加强数据的同步共享。如要实现通过信用门户网站实现信用信息"一站式"综合查询，对信用数据的及时性、准确性和全面性会有较高要求，需促进不同部门、不同层级和不同区域政府的信用数据共享，规范信息认定标准，优化数据共享链条，同时对信息类别、信息内容、数据格式、报送方式、报送周期和应用范围等进行明确和规范化管理，努力实现信息互联互通，实现信用监管和信用承诺等信用信息的识别分类和共享公示。另一方面，各地方政府要加强已建社会信用相关平台和服务的融合。如部分地方政府分别建立了政务服务平台、信用门户网站、信用承诺系统、"信易贷"平台等，但各系统间未建立对应关系，甚至未建立最基本的跳转链接，造成相关信用数据重复录入或在信用门户网站无法获取相关服务信息的情况。因此，需促进已建社会信用相关平台和服务的互通、对接和联动，发挥各平台相互协作、共同发力的最优效果。

（四）创新探索：利用新信息技术提供定制化精准服务

随着新信息技术在社会信用体系建设中的不断应用，信用相关服务必将朝着精细化、高效化方向发展。因此，各地方政府可利用新信息技术加强对社会信用相关服务的监督和管理。如利用新信息技术推进"双公示"，针对当前仍然存在的数据格式标准化程度不高、按时更新比例不高的问题，通过技术手段提升系统校验，对"双公示"报送的准确性和及时性进行监督。如利用新信息技术推进信用承诺管理，建立相关数字化管理工具，推进实现信用承诺相关工作网上办、不见面，通过利用数字化管理工具对承诺书的信息变量进行管理，实现在一个系统中对信用承诺相关责任单位和市场主体的一体化管理。

---

[1] 陈泷：《城市信用评价的影响因素与对策探析》，《改革与开放》2018 年第 3 期，第 69 ~ 70 页。

参考文献

汤志伟、李金兆等：《中国地方政府互联网服务能力发展报告（2020）》，社会科学文献出版社，2020。

杨惠鑫：《行政领域"信用承诺"的法治逻辑——以行政协议为视角的分析》，《中国信用》2021 年第 5 期。

吴晶妹：《深入推进社会信用体系高质量发展》，《联合时报》2021 年 3 月 16 日。

何玲、岁正阳：《"信"网情深铸辉煌——"信用中国"网站上线运行 6 周年扫描》，《中国信用》2021 年第 6 期。

类延村、张晓曼：《"信用中国"平台建设的全国布局与地方融入》，《国家治理与公共安全评论》2020 年第 2 期。

徐杨杨：《社会信用体系建设背景下的信用应用创新研究》，《信息系统工程》2020 年第 2 期。

陈泷：《城市信用评价的影响因素与对策探析》，《改革与开放》2018 年第 3 期。

陈海盛：《以信用体系建设深化"最多跑一次"改革》，《科学发展》2021 年第 1 期。

刘叶婷、陈立松、隆云滔：《以社会信用为基础新型治理模式的探索创新》，《南方金融》2020 年第 4 期。

B.8
地方政府政务新媒体发展现状分析与建议

雷鸿竹　程惠　罗意*

摘　要： 政务新媒体是移动互联网时代党和政府"联系群众、服务群众、凝聚群众"的重要渠道，是新时代下深化政府职能转型、构筑服务型政府的内在要求，也是全面客观评估我国地方政府互联网服务能力不可或缺的一部分。政务新媒体在从无到有、从有到多、从多向好的发展过程中，离不开党和政府的大力支持和积极引导。本报告调查和分析全国337个地方政府政务新媒体渠道建设、政策解读发布、办事服务整合和建议征集互动四个方面的情况，并结合地方优秀案例，对政务新媒体整体情况和发展情况展开详细分析。研究发现，目前我国政务新媒体总体上呈现蓬勃发展态势，地方政府政务新媒体渠道开通情况整体较好，但在政策解读发布、办事服务整合和建议征集互动等方面还存在较大的发展空间；并提出政务新媒体未来发展要立足功能定位，提升服务质量，优化服务供给和调动公众参与等建议，以实现政务新媒体的规范发展、融合发展和创新发展，让公众在共享互联网发展成果上有更多的获得感和幸福感。

---

* 雷鸿竹，四川大学公共管理学院博士研究生，研究方向为数字政府与智慧城市；程惠，四川大学公共管理学院硕士研究生，研究方向为电子政务与城市管理；罗意，电子科技大学经济与管理学院博士研究生，研究方向为智慧城市与数字治理。

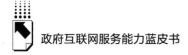
关键词： 政务新媒体　移动客户端　政务微信　政务微博

科学技术每进步"一小步"，就推动着媒体发展向前跨越"一大步"。在新媒体时代，互联网、大数据、云计算普遍应用，人工智能、虚拟现实、5G技术深度嵌入，使信息传播速度急速提升，信息获取渠道日益丰富，用户不再是媒介信息被动接收者，而是享有不同多元化需求、能够主动接收信息和能动传播信息的人。随着公众政务服务需求日益多元化、个性化，各级政府机构和部门顺应时代发展趋势，搭乘现代信息技术的"顺风车"，紧抓新媒体平台发展的"新契机"，按照用户阅读习惯和规律，不断优化政务服务供给方式和手段，大幅度地提高政务服务便捷性、包容性、高效性。在推动政务服务事项网上办、掌上办和指尖办的过程中，也为政务服务由"两微一端"逐渐向"两微多端"的延伸拓展奠定了坚实的基础。2013年10月，国务院办公厅发布了《关于进一步增强政府信息公开回应社会关切提升政府公信力的意见》，明确了第一批政务新媒体就是政务微博和政务微信，并主张两者协同发展。2018年12月，国务院办公厅出台了《关于推进政务新媒体健康有序发展的意见》，首先对政务新媒体进行了全面规范的概念界定和功能定位，指出政务新媒体是各级行政机关、承担行政职能的事业单位及其内设机构在微博、微信等第三方平台上开设的政务账号或应用，以及自行开发建设的移动客户端。2019年4月，国务院办公厅再次制定印发《政府网站与政务新媒体检查指标》和《政府网站与政务新媒体监管工作年度考核指标》，从中央政策层面加快了对政务新媒体的科学管理和规范指导。2020年11月，国务院办公室发布了《2020年政府网站和政务新媒体检查情报通报》，对各地区、各部门政府网站和政务新媒体及相关监管工作进行检查，并将各地区、各部门政府网站和政务新媒体监管工作纳入考评。这一系列政策文件和指导意见的出台，从国家要求和顶层设计角度，明确了各地政府部门政务新媒体未来的发展方向，也让广大群众对"指尖上的网上政府"有了更多的期待。

政务新媒体的范畴不断拓展更新，从早期微博问政到两微一端，再到现在多形式政务新媒体平台。以政务客户端、政务微博、政务微信等形式为代表的政务新媒体平台，作为连接我国政民、政企、政社的"桥梁"和"枢纽"，在信息服务、办事服务、互动回应、舆情引导、公众参与等方面发挥了巨大的作用，已经成为我国地方政府互联网服务能力建设的重要部分。政务新媒体的发展起着"上通天线、下接地线"的作用，有利于树立政府形象，提高政府公信力，建设人民满意的服务型政府，还可助力数字政府和数字中国的建设。一方面，党和政府可通过平台进行政策宣传、信息公开以优化服务供给，引导公众行为，增强互动交流，畅通政民沟通渠道。另一方面，公众可以了解时事新闻，反馈服务需求，参与政策议程设置。这也促使政府治理由单向向双向改变、由单一治理向协同治理转变、由线下治理向线上线下融合发展。如何在微时代下进一步融合先进技术，拓宽受众范围，增强用户黏性，整合各类政务新媒体平台的资源，实现政民有效沟通，建设移动互联网时代"指尖上的政府"，成为亟须解决的时代难题。因此，本报告对全国 337 个地方政府政务新媒体渠道建设、政策解读发布、办事服务整合和建议征集互动四个方面开展调查分析，并着重介绍当前我国政务新媒体的发展现状及未来发展趋势，以期为政务新媒体的规范发展、创新发展、融合发展提供一些可供参考的政策建议，更好地提升我国地方政府互联网服务能力与水平。

一　政务新媒体整体情况

本报告主要评估全国 337 个地方政府政务新媒体平台应用渠道建设和办事服务回应情况，具体可分为政务新媒体渠道建设、政策解读发布、办事服务整合和建议征集互动几个考察点位。随着移动技术发展，政务新媒体的内涵和外延也在不断丰富和拓展。目前，政务新媒体平台应用渠道通常包括政务客户端、政务微信、政务微博以及政务小程序四个部分。以官方小程序为代表的政务新应用凭借着建设成本低、项目内容加载量大、开发难度系数低、用户体验感强、无须特别关注等优势，提高了政务新媒体的触达率和使用率，逐渐成为政府政务新媒体建设的主要力量。

对全国337个地方政府的调查数据显示，目前有288个直辖市和地级行政区已建设政务客户端、政务微信、政务微博以及政务小程序等政务新媒体渠道，占比达到85.46%。由于政务短视频、政务小程序等新政务媒体形式兴起发展时间较短，故本报告将着重对传统"两微一端"——政务客户端、政务微信和政务微博进行详细分析，阐释当前我国政务新媒体的整体发展现状。

由于我国各地在行政级别、人口规模、禀赋条件、社会经济发展情况等方面都存在一定的异质性，为了较好地从横向上对全国各地方政府政务新媒体渠道建设情况进行比较分析，本部分将各地方政府按照城市等级划分为直辖市、副省级/省会城市、其他地级行政区三大类，同时分为政务客户端、政务微信/政务微博渠道建设，分别进行数据统计和阐述。

政务客户端的建设情况见表1。对全国337个地方政府政务新媒体建设情况调查发现，我国目前有322个直辖市和地级行政区开发建设了政务客户端，占比达到95.55%。具体来看，北京、上海、天津和重庆4个直辖市政务客户端开发建设率达到100%；副省级/省会城市也全部开通政务客户端；其他地级行政区中未开发建设政务客户端的共15个，占比4.98%。与2020年报告相比，2021年报告我国各地级行政区开通政务客户端数量增长2.96%，开通数量增长率降低0.34个百分点。这并不意味着各地政府部门重视程度有所降低，相反，公众数字化服务需求增多、移动技术成熟和政府部门思想理念转变都导致各地政府高度重视政务新媒体建设，并纷纷开通建设政务客户端项目。目前还未开通地方政府主要受到地区内部财力、物力、人力等资源有限，外部人口规模小，公众需求少等因素影响，其建设成本高、难度较大。

表 1　政务客户端的建设情况

单位：个，%

项目	直辖市		副省级/省会城市		其他地级行政区	
	数量	比例	数量	比例	数量	比例
建设	4	100	32	100	286	95.02
未建设	0	0	0	0	15	4.98

政务微信/政务微博的建设情况见表 2。总体来看，目前我国有 329 个直辖市和地级行政区开通了政务微博/政务微信，占比为 97.63%。具体来看，北京、上海、天津和重庆 4 个直辖市政务微信/政务微博的开发建设率达到 100%；副省级/省会城市也全部开通政务微信/政务微博；其他地级行政区中未开发建设政务微信/政务微博的共 8 个，占比 2.66%。对比发现，与 2020 年报告显示规律类似，2021 年报告我国各地级行政区开通政务微信/政务微博的比例均比开发政务客户端的比例高。主要原因除了政务微博/政务微信自身优势和传播特点外，对政府部门来说，其建设成本低、技术开发难度小、用户留存率大等，开发建设更方便；对公众来说，获取政务服务、查询信息服务、参与互动交流更便捷高效，从而助力政务服务效能和政府公信力的提高。

表 2　政务微信/政务微博的建设情况

单位：个，%

项目	直辖市		副省级/省会城市		其他地级行政区	
	数量	比例	数量	比例	数量	比例
建设	4	100	32	100	293	97.34
未建设	0	0	0	0	8	2.66

二　政务新媒体发展情况

本部分采取上述评价方法，从政务新媒体政策解读发布、办事服务整合和建议征集互动三个方面，对全国337个地方政府政务新媒体发展情况进行评估。评价主要依据的指标是政务微信/微博是否对政策文件以图解或视频等多种方式进行解读、移动客户端有无办事咨询渠道和公布回复情况、政务微信是否设置办事栏目和政务微信/政务微博是否开展"十四五"规划编制意见建议征集活动等。

（一）政务新媒体政策解读发布

政务新媒体多形式政策解读的情况见表3。本部分将各地方政府按照直辖市、副省级/省会城市、其他地级行政区划分为三大类，按照政务新媒体政策解读发布相关指标进行数据统计和阐述，评价指标为各地方政府是否以图解、视频等多种方式通过政务微信对政策文件进行解读，评价方式以技术采集为手段直接采用计分方式。通过数据统计和分析发现，目前我国337个地方政府中有157个直辖市和地级行政区通过政务微信以图解、视频等多种方式解读政策文件内容，占比为46.59%。具体而言，直辖市通过政务微信以图解、视频等多种方式解读政策文件内容的比例为50.00%；副省级/省会城市通过政务微信以图解、视频等多种方式解读政策文件内容的比例高达53.12%，比重略高于直辖市；其他地级行政区通过政务微信以图解、视频等多种方式解读政策文件内容的比例略低，为45.85%。总体来看，政务新媒体政策解读主动程度有待于提升，各地对通过政务微信以图解、视频等多种方式解读政策文件内容的重视程度比较低，反映出各地政府运用政务微信等政务新媒体的创新性、主动性不够，未来需要迎合用户阅读习惯和体验，注重内容丰富性和形式多样性。

表3　政务新媒体多形式政策解读的情况

单位：个，%

项目	直辖市		副省级/省会城市		其他地级行政区	
	数量	比例	数量	比例	数量	比例
已开展	2	50.00	17	53.12	138	45.85
未开展	2	50.00	15	46.88	163	54.15

根据各地方政府政务新媒体多形式政策解读的情况，本部分将从直辖市、副省级/省会城市、其他地级行政区三类中分别选择政策解读情况较好的北京市、海口市和巴中市进行详细介绍，并展开比对分析。

　　北京市政务微信名为"首都之窗"，主要功能在于信息公开、政务服务和政民互动，账号主体是首都之窗运行管理中心，其性质属于事业单位。"首都之窗"分"带你了解"、"带你办事"和"带你沟通"三大板块（见图1），分别对应信息公开、政务服务和政民互动三大功能。其中"带你了解"板块包括市领导、政策文件、政府公报及新闻发布会，"带你办事"板块包含便民服务、办事大厅及北京健康宝，"带你沟通"板块涉及我向总理说句话、接诉即办、国务院督查、政策征集和号内搜。涉及政策文件解读评价指标的主要集中于"带你了解"板块，点击政策文件直接链接到北京市人民政府网站手机版（见图2），即政务微信和政务网站手机版之间可实时跳转，可凭借同一个账号登录政务平台办理业务，实现政务新媒体之间的互联、互通、对接和联动。"首都之窗"设置了北京市政策文件库，分为企业和个人两类，用户可根据身份"我是谁"和需求"我要找"进行搜索匹配，清楚文号还可直接输入文号，或者进行高级搜索。在政策解读和政策文件发布上，"首都之窗"做到生动直观、通俗易懂，采用图解、视频、海报等多种形式，设置政策问答和政务名词栏目，对公众关心问题和事项予以解答，解释政务新名词，真正做到政策解读的形式多样，创新性较强，方便公众查阅。

　　海口市政务微信公众号名为"海口发布"，配套政务视频号"海口发布"，以及时提供海口各类信息为账号定位，账号主体是海口市人民政府新闻办公室，其性质属于党政机关。"海口发布"分为"权威发布""防疫服务""小布服务"三个板块，其中"权威发布"板块包括政务公开、政务信息、办事服务、政策及解读、互联网＋督查，"防疫服务"板块包含核酸检测、各地疫情、海口动态、防疫攻略，"小布服务"板块主要是涉企乱收费线索、查积水和新冠疫苗接种。涉及政策文件解读评价指标的集中于"权威发布"下的政策及解读栏目，点击政策及解读可直接浏览政策文件，对政策文

图1　"首都之窗"首页　　　图2　"首都之窗"政策解读

件内容进行加工、提取关键词,并辅之流程图、举例等形式,让公众更方便地了解到政策主要内容(见图3)。此外,海口市政务微信突出特点在于"海口发布"同时也是政务视频号,视频时长大多在1~5分钟,某些视频的点击量、转发量、评论数较高。政务短视频等新形式,简明扼要,高效省事,并借助于"看过"状态可在社交圈子迅速传播,在政策解读和防疫宣传等方面的效果较好(见图4)。

　　巴中市政务微信名为"美丽巴中",它的主要功能在于发布权威信息、回应热点事件和民生信息服务,账号主体是中共巴中市委宣传部,其性质属于党政机关。"美丽巴中"分为"政务服务""响网巴中""建党百年"三大板块,其中"政务服务"板块包括好好学习、我向总理说句话、时政要

海口发布
海南 海口

私信　关注

◎ 认证: 海口市人民政府新闻办公室 ›
简介: 海口融媒体中心
△ 公众号: 海口发布

#海口　#本地新闻　#疫苗接种

2020年12月29日，中国共产党海口市第十三届委员会第十二次全体会议通过《中共海口市委关于制定国民经济和社会发展第十四个五年规划和二〇三五年远景目标的建议》（以下简称《建议》）。今天小布就带你一起了解《建议》里提出的海口在"十四五"时期经济社会发展主要目标和二〇三五年远景目标。

图3　"海口发布"政策图解　　图4　"海口发布"政务视频号

闻、办事服务和微信矩阵，"响网巴中"板块包含小程序、新媒矩阵，"建党百年"板块涉及学党史守初心和学党史悟思想。涉及政策文件解读评价指标的主要集中于时政要闻栏目，点击时政要闻直接链接到巴中市人民政府网站手机版（见图5），实现了政务新媒体间互联互通和对接联动。政策解读和政策文件发布采用图解、漫画等多种形式，生动有趣，深入人心，体现了政策解读的创新性和原创性（见图6）。同时，本次报告通过技术手段采集了2020年5月1日至2021年4月30日，各地级行政区政务微信年发布量和年发布文章篇数，巴中市年发布量达3067条，平均月发布量达256条，日均发布量达 8 条，活跃程度较高，体现了政务新媒体平台信息服务的及时性。

图5 "美丽巴中"政策解读　　　　图6　"美丽巴中"政策图解

（二）政务新媒体办事服务整合

为了有效地评价政务新媒体办事服务整合情况，本部分主要依据的是移动客户端有无办事咨询渠道以及公布回复情况和政务微信是否设置办事栏目两个指标。政务客户端具有移动性、便捷性、交互性和精准推送等特点，其功能定位也要更集中于政务服务整合、互动交流和服务供给。[①] 对全国 337 个地方政府移动客户端办事咨询渠道的调查结果显示，有 159 个直辖市和地级行政区政务客户端设置了办事咨询渠道，而有 52.82% 的政务客户端无法提供办事咨询渠道。具体来看，北京、上海、天津和重庆 4 个直辖市政务客户端建设较好，均设置了办事咨询服务项目，充分发挥了大城市的引领和示范作用；副省级/省会城市政务客户端大部分都能提供办事咨询渠道，占比 75.00%；其他地级行政区开发建设的政务客户端提供办事咨询渠道的比例不到一半，占比 43.52%（见表 4）。这也反映了我国地级行政区政务客户端在办事服务方面还存在较大的进步空间。

表 4 政务客户端办事咨询的建设情况

单位：个，%

项目	直辖市		副省级/省会城市		其他地级行政区	
	数量	比例	数量	比例	数量	比例
提供	4	100.00	24	75.00	131	43.52
未提供	0	0	8	25.00	170	56.48

除此之外，本部分还选择了公布办事咨询回复情况作为主要评价指标。经数据整理分析发现，全国有 147 个直辖市和地级行政区政务客户端公布办事咨询回复情况，占比 43.62%，仍然有近 60% 的政务客户端不能公布或无法公布办事咨询回复情况。具体来看，北京、上海、天津和重庆 4 个直辖市政务客户端公布办事咨询回复情况，领先于全国平均水平；副省级/省会城市政务客户端公布办事咨询回复情况的比例达 68.75%；其他地级行政区政务客户端公布办事咨询回复的占比仅为 40.19%（见表 5）。这也反映了我国地方政府政务客户端在开发建设的过程中还存在一些问题，未来可从顶层设计上不断明确功能定位和优化服务方式。

---

① 汤志伟、李金兆等：《中国地方政府互联网服务能力发展报告（2019）》，社会科学文献出版社，2020。

表5　政务客户端公布办事咨询回复的情况

单位：个，%

项目	直辖市		副省级/省会城市		其他地级行政区	
	数量	比例	数量	比例	数量	比例
提供	4	100.00	22	68.75	121	40.19
未提供	0	0	10	31.25	180	59.80

以上海市的品牌政务客户端"随申办"为例，"随申办"是上海市政府推出的政务服务"一网通办"移动端，不仅在上海市门户网站首页以图标和二维码形成展示，还整合了政务客户端、微信小程序和支付宝小程序服务渠道，用户可自由选择合适的渠道申请服务业务。"随申办"设置"首页"、"办事"、"发现"、"互动"和"我的"五大板块，配有人工客服和智能客服为用户提供实时服务。涉及办事咨询渠道和公开回复指标的主要在"办事"板块（见图7），并设置指南、预约、亮证、进度和找茬栏目，在服务大厅汇聚了婚育婴幼、文化教育、旅游休闲、社会保障、劳动就业、医疗卫生、政府办事、生活服务、法律咨询、养老助老和企业办事等事项服务，可按照专题、部门和区级分类迅速查找到相应服务。总之，"随申办"的办事服务，不仅办事咨询渠道较多，页面简明大方，服务类别齐全，还设置"一件事服务"等特殊服务。从公众需求出发，以公众为核心点，将涉及相关职能部门办理事项集成一件事，通过减环节、减时间、减材料、减跑动，真正实现政务服务一次办、网上办、就近办。例如，孩子的出生涉及医院、社保、医保、公安、社区和街道等不同部门，而在"随申办"的出生"一件事"上，全部都可实现在线申请、受理、查询进度直至完成办理（见图8）。

本次调查依据指标是在政务微信底部菜单栏是否设置办事服务功能。数据显示，在全国337个地方政府中，有178个直辖市和地级行政区政务微信开设了办事服务栏目，但仍然有159个直辖市和地级行政区未开通政务微信或有政务微信但在底部菜单栏未设置办事服务栏目，占比47.18%。具体来看，除了上海外其他直辖市都开设了相应的政务微信号，且在底部菜单栏开设了办事服务栏目；副省级/省会城市政务微信底部菜单栏设置办事服务栏目比例为59.37%；

| 图7 "随申办"办事服务 | 图8 "随申办"一件事服务 |

其他地级行政区未开通政务微信或底部菜单栏未设置办事服务栏目比例为48.17%（见表6）。未来政务微信开发应用还存在较大发挥空间，应聚焦于政务微信传播特点和属性，不断提升公众服务的便捷度、满意度和幸福感。

表6 政务微信办事服务栏目设置情况

单位：个，%

项目	直辖市		副省级/省会城市		其他地级行政区	
	数量	比例	数量	比例	数量	比例
已开通	3	75.00	19	59.37	156	51.83
未开通	1	25.00	13	40.62	145	48.17

（三）政务新媒体建议征集互动

为了解评价政务新媒体建议征集互动情况，本部分主要依据的是重大决策前期征集，政务微博/政务微信是否开展"十四五"规划编制意见建议征集活动。通过数据分析发现，相较于政务微博，政务微信开展"十四五"规划编制意见建议征集活动比例明显更高。从整体上看，全国有234个直辖市和地级行政区在政务微信开展"十四五"规划编制意见建议征集活动，占比69.44%。具体来看，北京、上海、天津和重庆4个直辖市的政务微信均已开展"十四五"规划编制意见建议征集活动，政务微博"十四五"规划编制意见建议征集活动的比例为75%；副省级/省会城市政务微信已开展"十四五"规划编制意见建议征集活动的比例为75%，政务微博开展"十四五"规划编制意见建议征集活动比例59.37%；其他地级行政区政务微信已开展"十四五"规划编制意见建议征集活动的比例超过2/3（68.44%），政务微博开展"十四五"规划编制意见建议征集活动的约占1/3（37.54%）（见表7）。说明目前我国政务微信在重大决策征集活动等方面具有更高的参与性和主动性，办事服务功能更强，而政务微博更侧重网络舆情和突发事件的应对，在建议征集互动方面有待增强。

表7　政务微信/政务微博开展"十四五"规划编制意见建议征集活动的情况

单位：个，%

项目		直辖市		副省级/省会城市		其他地级行政区	
		数量	比例	数量	比例	数量	比例
政务微信	已开展	4	100.00	24	75.00	206	68.44
	未开展	0	0	8	25.00	95	31.56
政务微博	已开展	3	75.00	19	59.37	113	37.54
	未开展	1	25.00	13	40.63	188	62.46

选择利用政务微博和政务微信在重大决策前期开展征集活动表现好的潍坊市为例。潍坊市的政务微信和政务微博的名称都是"潍坊发布"，账号主体都是潍坊市人民政府新闻办公室。"潍坊发布"政务微信设置了"潍服务""潍发布""潍矩阵"三个板块，通过"潍服务"中的互动交流栏目可以跳转到潍坊市互动交流平台，平台设置了专门的分区发布意见征求和网上调查开展政策意见征集和需求调查。为了使意见征求信息送达更多市民，公众号会将意见征求信息推送至用户。在开展"十四五"规划编制意见建议征集活动中，"潍坊发布"发布了关于"十四五"规划建言活动、"十四五"规划献策

活动和"十四五"规划建议等共计 7 条"十四五"规划征集活动信息，侧重提建议汇民意（见图 9）。"潍坊发布"政务微博号发布数量高于政务微信号，共发布了 18 条微博，更侧重于政策宣传功能（见图 10）。

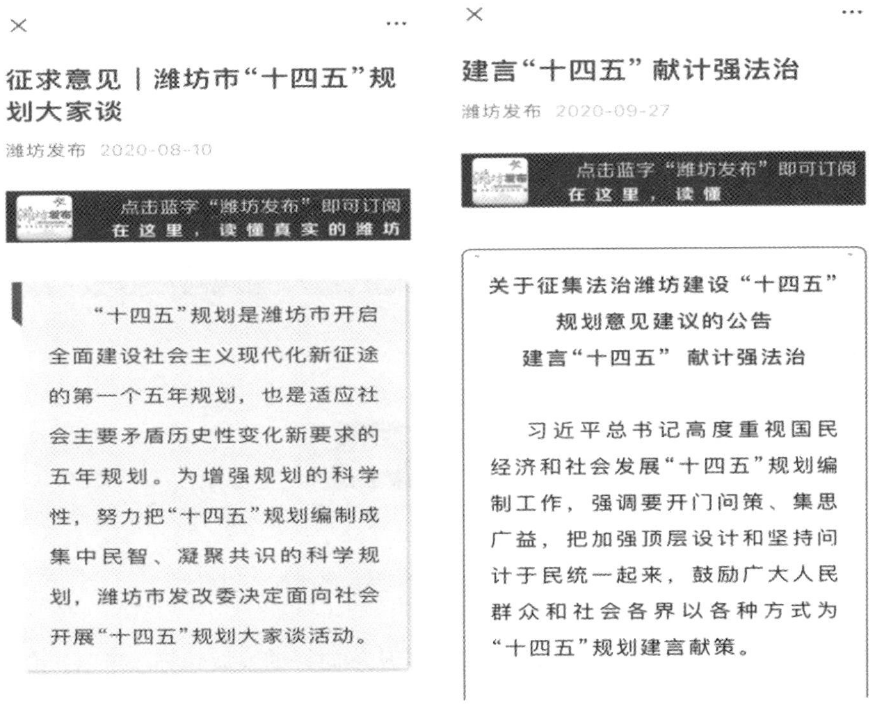

征求意见｜潍坊市"十四五"规划大家谈

潍坊发布 2020-08-10

点击蓝字"潍坊发布"即可订阅
在这里，读懂真实的潍坊

"十四五"规划是潍坊市开启全面建设社会主义现代化新征途的第一个五年规划，也是适应社会主要矛盾历史性变化新要求的五年规划。为增强规划的科学性，努力把"十四五"规划编制成集中民智、凝聚共识的科学规划，潍坊市发改委决定面向社会开展"十四五"规划大家谈活动。

建言"十四五"献计强法治

潍坊发布 2020-09-27

点击蓝字"潍坊发布"即可订阅
在这里，读懂

关于征集法治潍坊建设"十四五"规划意见建议的公告
建言"十四五"献计强法治

习近平总书记高度重视国民经济和社会发展"十四五"规划编制工作，强调要开门问策、集思广益，把加强顶层设计和坚持问计于民统一起来，鼓励广大人民群众和社会各界以各种方式为"十四五"规划建言献策。

图 9 "潍坊发布"政务微信号

三 发现与启示

政务新媒体作为一个新兴的政府政务服务平台，其迅猛的发展引起学术界和业界的广泛关注。本报告通过对全国 337 个地方政府政务新媒体的整体情况及发展情况的调查和分析，发现目前我国各地方政府政务新媒体渠道开通情况整体较好，在已开发建设的政务客户端、政务微信、政务微博等传统政务新媒体上，已经取得了阶段性的胜利，开通建设比例均在 95% 以上。与 2020 年报告相比，2021 年增长数量增长 2.96%，但增长速度明显放缓，

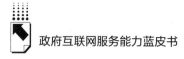

图 10　"潍坊发布"政务微博号

折射出政务新媒体从无到有、从有到多、从多向好的发展趋势。未来，政务新媒体渠道建设不应该仅局限于传统"两微一端"层面上，在尊重客观规律的同时，需要充分发挥各地的主观能动性，有益补充政务小程序和短视频等其他多种形式政务新媒体。①

与此同时，政务新媒体在政策解读发布的多样性、办事服务整合的深度和建议征集活动的参与性等方面的表现还有较大的进步空间。满足公众的个性化、多样化需求，实现政务新媒体的高质量发展，必须要做好舆论引导、政民互动、信息公开等功能建设，塑造良好的政府形象，以不断适应"互联网＋"背景下政府治理的新任务和新挑战。

---

① 王谦、雷鸿竹、郭洁、王丽：《基于知识图谱的国内外移动政务研究对比分析》，《电子科技大学学报》（社科版）2021 年第 3 期。

（一）立足政务新媒体功能定位，打造特色品牌服务

地方政府建设政务新媒体的过程，涌现了政务客户端、政务微信、政务微博、政务短视频、政务小程序等多种形式。虽然各类政务新媒体都或多或少地具有信息公开、宣传引导、舆情应对、办事服务和公众参与等功能，但是由于各类政务新媒体应用特点、优势和属性不同，要想发挥政务新媒体的巨大潜力，就需要立足于不同政务新媒体的功能定位，打造各具特色的移动服务品牌。

通过对全国337个地方政府政务微博/政务微信是否开展"十四五"规划编制意见建议征集活动调查发现，相较于政务微博，各地方政府政务微信开展"十四五"规划编制意见建议征集活动比例明显更高，这说明了政务微信在重大决策意见建议征集活动等方面具有更强的参与性和主动性，办事服务功能更强，而政务微博更侧重网络舆情和突发事件的应对，在政务服务和政策宣传等方面功能有待增强。本报告通过对比分析各类政务新媒体的特点和优势，发现政务客户端主要在整合服务功能、优化政务服务上占优势，更为高效便捷；政务微信在办事服务、政策发布、便民服务方面的指向性和功能性更明显，用户留存率高；政务微博在政策宣传、公众参与、互动交流上的效果更明显，尤其是在应对舆情和突发事件上；政务短视频是一种更具弹性、新颖性和接地气的表达方式，更易于用户获取知识。

除此之外，政务新媒体功能定位不仅仅要遵循各类政务新媒体应用特点和信息传播规律，还与账号主管部门和运营团队有密切关系。例如"潍坊发布"和"海口发布"的账号主体是市人民政府新闻办公室，主要功能是时政新闻和宣传工作，而"首都之窗"的账号主体是首都之窗运行管理中心，主要在于信息公开和政务服务。只有不断完善政务新媒体功能定位，整合各类政务资源和团队，结合地方政府内外需求选择恰当合适的政务新媒体渠道，通过一系列"组合拳"形成政务新媒体矩阵，才能打造符合地方实际、具有真正价值的政务新媒体品牌。

（二）提升政务新媒体服务质量，优化政务服务供给

在政务新媒体信息公开、宣传引导、舆情应对、办事服务和公众参与功能定位中，办事服务无疑处于核心地位。下沉服务事项和注重用户体验，可有效地提升政务新媒体效果，但是从调查统计结果来看，政务新媒体办事服务的可及性较低。办事服务事项不齐全、不便捷，服务质量不高和互动性不强等问题制约着政务新媒体的进一步发展。数据显示，在政务新媒体办事服务的可及性方面，已开发建设的政务客户端能提供办事咨询渠道的比例不到一半，仍然有52.82%的政务客户端无法提供办事咨询渠道。同时，在各地方政府中存在已开通政务微信但在底部菜单栏缺少办事服务栏目或者未开通政务微信等情况的占比47.18%。这反映了我国目前政务新媒体在政务服务供给方面整体表现还有待加强。

优化政务新媒体服务供给，不仅要加强服务渠道的可得性、办事服务的可及性等建设，还要提高服务质量。政务新媒体作为一个新的政府服务模式，同样遵循事物发展规律，最开始注重建设规模和增长速度，随着各地政务新媒体阶段性目标逐步实现，向高端进化将成为必经之路。未来，政务新媒体不应该只追求信息发布量、下载量等数据，更要注重信息质量、内容质量、服务质量，切实增强公众满意度、幸福感和获得感。当政务新媒体不断向高端进化的时候，其功能定位也会发生一定改变，但不会简单地抛弃原有的功能定位，而是按照向后兼容的原则整合更新。[①]

（三）提高政务新媒体可参与性，实现融合创新发展

为了解评价政务新媒体在线建议互动情况，本部分主要依据的是重大决策前期征集，政务微博/政务微信是否开展"十四五"规划编制意见建议征集活动。调查统计结果显示，各地政务微信未开展"十四五"规划编制意

---

① 骆正林：《立体规划与功能兼容：我国政务新媒体矩阵的建设现状与功能拓展》，《探索》2020年第4期。

见建议征集活动比例为30.57%，政务微博未开展"十四五"规划编制意见建议征集活动比例为59.94%。这说明了目前我国政务新媒体在公众参与程度、互动程度上有待加深。如何激发公众参与性，调动公众积极性和主动性，也是各级政府所面临的治理难题。

要有效调动公众积极性和主动性，就必须要借助互联网、大数据和人工智能等技术手段，依托于各类政务新媒体平台，融合各种政务新媒体资源，发挥媒体矩阵的协调性和集聚性。从需求侧出发，创新政府治理手段和方法，优化服务内容和形式，[①] 不断回应公众在线治理需求，实现政务新媒体规范发展、融合发展和创新发展，为公众提供可用、能用、好用、常用的政务新媒体服务，让公众在共享互联网发展成果上有更强的获得感和幸福感。

参考文献

汤志伟、李金兆等：《中国地方政府互联网服务能力发展报告（2019）》，社会科学文献出版社，2020。

王谦、雷鸿竹、郭洁、王丽：《基于知识图谱的国内外移动政务研究对比分析》，《电子科技大学学报》（社科版）2021年第3期。

骆正林：《立体规划与功能兼容：我国政务新媒体矩阵的建设现状与功能拓展》，《探索》2020年第4期。

张娇娇、牟宏：《政务新媒体的高质量发展与回应公众关切研究》，《传媒》2020年第17期。

---

① 张娇娇、牟宏：《政务新媒体的高质量发展与回应公众关切研究》，《传媒》2020年第17期。

B.9
政务服务"掌上通办"平台建设及功能整合现状与思考

殷丽娜　简青*

摘　要： 国家"十四五"规划提出"加强数字政府建设"，地方政府互联网服务能力是数字政府建设的主要方面之一。数字政府建设成为推进国家治理体系和治理能力现代化的有效手段，"掌上办""指尖办"成为政务服务标配，① "App + 小程序"是移动政务服务的主流模式，② 政务服务移动客户端、小程序仍为多地政府建设"掌上通办"平台的实践选择。本报告聚焦全国4个直辖市和333个地级行政区政务服务"掌上通办"开通情况、服务整合情况和诉求受理能力情况，选取部分建设经验突出的地方进行案例分析。总体上，较2020年报告数据，政务服务移动端仍为各地"掌上通办"平台的主要建设渠道，31个省（自治区、直辖市）已全部建设省级政务服务移动端，各地政务服务小程序开通率有小幅上升。"掌上通办"平台以省为单位实现更高程度整合，管理更规范、服务更全面；服务整合水平持续提升，更多地区实现服务集成；平台办事可咨询可评价，交流互动有回应。

---

* 殷丽娜，成都市经济发展研究院智慧治理研究所研究员，研究方向为政府治理、政务服务和政府网站；简青，成都市经济发展研究院数据情报研究所高级研究员，研究方向为政府治理、数据情报和政策分析。

① 国家互联网信息办公室：《数字中国发展报告（2020年）》，2021年4月25日。

② 中央党校（国家行政学院）电子政务研究中心：《2019移动政务服务发展报告》，2021年5月。

关键词： 移动政务服务　政务服务 App　客户端　小程序　掌上通办

《国务院关于加快推进全国一体化在线政务服务平台建设的指导意见》（国发〔2018〕27 号）要求，积极推进覆盖范围广、应用频率高的政务服务事项向移动端延伸，推动实现更多政务服务事项"掌上办""指尖办"。《国务院办公厅关于印发进一步深化"互联网＋政务服务"推进政务服务"一网、一门、一次"改革实施方案的通知》（国办发〔2018〕45 号）要求，结合国家政务服务平台建设，加强和规范政务服务移动应用建设管理，推动更多政务服务事项提供移动端服务。调动社会资源力量，鼓励开展第三方便民服务应用。经过各地区、各部门近年来的不断努力，国务院办公厅政府信息与政务公开办公室 2020 年 12 月发布的《2020 年政府网站和政务新媒体检查情况通报》（以下简称《通报》）提到，"掌上看""指尖办"成为常态。各地区、各部门政务服务积极运用政府网站和政务新媒体发布政策措施，回应公众关切，提供便捷服务，为企业和群众建设"指尖上的网上政府"。本报告关注全国 4 个直辖市和 333 个地级行政区"掌上通办"平台建设情况，参照《国务院办公厅关于印发"互联网＋政务服务"技术体系建设指南的通知》（国办函〔2016〕108 号）关于"互联网＋政务服务"主要内容，继续延用 2020 年报告对"掌上通办"的含义界定：各级政务服务实施机构运用移动互联网、大数据、云计算等技术手段，通过移动客户端、小程序等多种形式，结合第三方平台，为自然人和法人提供一站式办理的移动政务服务（注：本报告中政务服务"掌上通办"平台仅涉及移动客户端、微信小程序和支付宝小程序三类，暂不包括其他类型平台）。

一　政务服务"掌上通办"平台建设整体情况

2021 年报告指标体系分别通过 A－2－1 平台整合能力、A－2－2 平台应用能力和 B－1－2 平台办事诉求受理能力对"掌上通办"平台建设情况和诉求受理能力进行考察。平台整合能力关注全国 4 个直辖市和 333 个地级行政区是否开通"掌上通办"平台（包括移动客户端、微信小程序和支付宝小程序其中任意一类平台）。平台应用能力关注各地已开通的"掌上通办"平台覆盖程度（开通平台类型）、开通功能（电子证照管理、政务服务事项通办、便民利企服务可查）。平台办事诉求受理能力关注移动客户端上的办事咨询通道建设情况和咨询回复公布情况。

（一）"掌上通办"平台整体建设情况差异明显缩小

"掌上通办"平台应用能力方面，从各省（自治区）"掌上通办"平台覆盖程度、开通功能综合得分情况来看（见表1），江苏省平均得分最高，达0.71 分；黑龙江省平均得分最低，仅 0.38 分。共有 17 个省份"掌上通办"平台综合建设情况较好，综合得分在 0.60 分及以上，分别为：5 个东部省份（江苏省、海南省、福建省、浙江省、广东省）、4 个中部省份（安徽省、江西省、湖北省、山西省）、7 个西部省份（陕西省、云南省、贵州省、内蒙古自治区、宁夏回族自治区、西藏自治区、新疆维吾尔自治区）、1 个东北省份（吉林省）。就各省具体情况而言，江苏省、海南省和云南省 3 个省份内部得分差距最小，标准差仅 0.04 分，为整体建设情况最好省份；河北省和辽宁省内各地级行政区标准差高达 0.24 分，为整体建设情况差异最大省份。4 个直辖市中，北京和上海均得分 0.72 分，为最高值；天津得分为 0.49 分，为最低值（见表2）。

表1　各省（自治区）"掌上通办"平台建设综合得分情况

单位：分

省份	得分	标准差	最大值	最小值
江苏	0.71	0.04	0.72	0.60
海南	0.66	0.04	0.72	0.63
福建	0.65	0.08	0.72	0.55
吉林	0.64	0.05	0.72	0.58
安徽	0.63	0.07	0.72	0.49
浙江	0.63	0.05	0.72	0.58

续表

省份	得分	标准差	最大值	最小值
广东	0.62	0.07	0.72	0.52
江西	0.61	0.07	0.72	0.49
陕西	0.61	0.09	0.72	0.49
云南	0.61	0.04	0.63	0.55
贵州	0.60	0.08	0.66	0.49
湖北	0.60	0.08	0.66	0.49
内蒙古	0.60	0.08	0.72	0.49
宁夏	0.60	0.10	0.72	0.49
山西	0.60	0.08	0.72	0.49
西藏	0.60	0.06	0.72	0.55
新疆	0.60	0.06	0.66	0.49
湖南	0.59	0.08	0.72	0.49
山东	0.58	0.07	0.72	0.49
甘肃	0.57	0.05	0.63	0.49
广西	0.57	0.06	0.63	0.49
四川	0.56	0.08	0.72	0.36
河南	0.55	0.22	0.72	0.00
青海	0.51	0.05	0.63	0.49
河北	0.50	0.24	0.72	0.00
辽宁	0.47	0.24	0.72	0.00
黑龙江	0.38	0.23	0.20	0.00

表2　各直辖市"掌上通办"平台建设综合得分情况

单位：分

直辖市	得分
北京	0.72
上海	0.72
重庆	0.63
天津	0.49

2020年报告数据共有19个省份"掌上通办"平台整体建设情况标准差达0.20分以上，2021年仅有4个省份标准差达0.20分以上，可见2021年多省份统筹建设"掌上通办"平台水平整体提高，省份内部地级行政区建设情况差异明显缩小，建设水平趋于均衡。

（二）政务服务客户端类"掌上通办"平台实现全覆盖

考察结果显示，依托27个省（自治区）均已建成的省级政务服务客户端［含省（自治区）内各地级行政区站点］，整体上4个直辖市和333个地级行政区"掌上通办"平台整合情况良好，4个直辖市和333个地级行政区均已开通"掌上通办"平台，整体开通率均达100%（见表3、表4）。较2020年报告平台开通比例92.49%，2021年全国333个地级行政区"掌上通办"开通比例提升幅度明显。

表3 "掌上通办"平台开通情况

单位：个，%

项目	地级行政区		副省级/省会城市		直辖市	
	数量	比例	数量	比例	数量	比例
开通	333	100.00	32	100.00	4	100.00
未开通	0	0.00	0	0.00	0	0.00

表4 各省（自治区、直辖市）政务服务客户端平台

省(直辖市、自治区)	政务服务客户端	省(直辖市、自治区)	政务服务客户端
北京	北京通	江西	赣服通
天津	津心办	福建	闽政通
上海	随申办	广西	广西政务
重庆	渝快办	广东	粤事通
黑龙江	全省事	海南	椰省事
吉林	吉事办	贵州	多彩宝
辽宁	辽事通	四川	天府通办
河北	冀时办	云南	办事通
河南	豫事办	陕西	秦务员
山西	三晋通	宁夏	我的宁夏
山东	爱山东	青海	青松办
江苏	江苏政务服务	甘肃	甘快办
浙江	浙里办	西藏	西藏政务
安徽	皖事通	内蒙古	蒙速办
湖南	新湘事成	新疆	中国新疆
湖北	鄂汇办		

资料来源：各省（自治区、直辖市）政务服务网站。

（三）政务服务小程序类"掌上通办"平台覆盖度有小幅增长

"掌上通办"平台开通渠道覆盖情况方面（见表5），已有4个直辖市和333个地级行政区开通了政务服务移动客户端，占比达100%。共189个地级行政区、19个副省级/省会城市和2个直辖市开通了微信小程序，开通比例分别为56.76%、59.37%和50%；开通支付宝小程序的地级行政区、副省级/省会城市和直辖市分别为128个、13个和3个，开通比例分别为38.44%、40.63%和75%；同时，有92个地级行政区、9个副省级/省会城市和2个直辖市已全部开通上述三类"掌上通办"平台，开通比例分别为27.63%、28.13%和50%。总体上，政务服务移动客户端仍为当前各地最主流的移动政务服务供给渠道；333个地级行政区的微信小程序开通比例略高于支付宝小程序；同时开通三类移动政务服务供给渠道的地级行政区不足30%。4个直辖市和32个副省级/省会城市"掌上通办"平台覆盖水平较高。

表5 "掌上通办"平台开通渠道覆盖情况

单位：个，%

开通渠道	地级行政区	比例	副省级/省会城市	比例	直辖市	比例
移动客户端	333	100.00	32	100.00	4	100.00
微信小程序	189	56.76	19	59.37	2	50.00
支付宝小程序	128	38.44	13	40.63	3	75.00
移动客户端＋微信小程序＋支付宝小程序	92	27.63	9	28.13	2	50.00

注：政务服务小程序数量统计，仅基于各地级行政区和直辖市政府门户网站首页是否设置小程序入口。

较2020年报告数据，2021年333个地级行政区微信小程序和支付宝小程序开通比例数值仅分别增长约6%和5%，同时开通三类移动政务服务供给渠道的地级行政区比例数值仅增长约4%，较政务服务客户端开通比例增长幅度较小，增长速度缓慢。

二 政务服务"掌上通办"平台服务主要表现

（一）"掌上通办"平台以省份为单位实现更高程度整合，管理更规范

考察结果显示，多个省（自治区）已经统筹建设省级政务服务客户端、支付宝小程序、微信小程序等多元化"掌上通办"服务平台，均可在一个客户端或小程序内访问省内所有地级行政区分站点，积极推动政务服务"掌上通办"平台集约化建设，对服务供给实现规范化和统一化管理，更高程度整合本省（自治区）移动政务服务。受27个省（自治区）均已建设省级政务服务客户端的影响，政务服务客户端类"掌上通办"平台已实现省、直辖市、自治区全覆盖。同时，山东、江苏、河北、新疆、内蒙古等多省（自治区）均建设有省级微信小程序，用户进入一个小程序，即可访问省（自治区）内所有地级行政区站点（见图1）。

图1　新疆、河北、山东政务服务微信小程序

部分省（自治区）统筹统建省级政务服务客户端的同时，保留或允许省（自治区）内部分有能力的地级行政区建设移动政务服务客户端，并对

其进行统一规范管理。如山东建设省级政务服务客户端"爱山东"的同时，省内多个地级行政区均单独建有本地政务服务客户端，并冠以统一前缀名称"爱山东"，如济南的"爱山东·泉城办"、青岛的"爱山东·青e办"、烟台的"爱山东·烟台一手通"、日照的"爱山东·日照通"、枣庄的"爱山东·枣庄"等。

（二）"掌上通办"平台服务整合水平持续提升，更多地区实现服务集成

报告聚焦的"掌上通办"平台服务整合方面（见表6），考察结果显示，333个地级行政区中已分别开通电子证照管理功能、政务服务事项掌上通办功能、便民利企服务可查询功能的地级行政区占比均达95.50%以上，平台服务整合能力整体情况较好。具体而言，已有318个地级行政区开通电子证照管理功能，占比95.50%；开通政务服务事项掌上通办功能的地级行政区占比97.00%，有323个；320个地级行政区已开通便民利企服务查询功能，占比为96.10%。约有94.59%的地级行政区同时开通三类服务功能，共计315个。4个直辖市和32个副省级/省会城市均已全部开通上述三类功能服务，开通比例均为100%，"掌上通办"平台服务整合能力总体较高。

表6 "掌上通办"平台服务整合情况

单位：个，%

开通功能	地级行政区	比例	副省级/省会城市	比例	直辖市	比例
电子证照管理	318	95.50	32	100.00	4	100.00
政务服务事项掌上通办	323	97.00	32	100.00	4	100.00
便民利企服务可查询	320	96.10	32	100.00	4	100.00
同时开通上述三项服务功能	315	94.59	32	100.00	4	100.00

较2020年报告数据，2021年分别开通和同时全部开通证照管理、市民和企业主要领域服务"掌上通办"和便民利企服务三类功能的地级行政区数量均突破310个，开通比例大幅增长，多地"掌上通办"平台服务整合

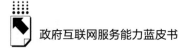

能力水平明显提升。具体实践方面，本报告将从整合电子证照管理推动智慧政务功能，推动互联网应用适老化服务改造跨越数字化鸿沟和大数据互联互通支撑"健康码"服务集成三个点位举例分析部分地区服务整合情况。

整合电子证照管理推动智慧政务功能方面，考察结果显示，多地电子证照管理成标配功能，并在政务服务客户端、微信和支付宝小程序中均有提供。通过建设"电子卡包""我的证照""我的卡包"等栏目将用户常用证照整合纳入移动政务服务，其中电子身份证、电子社会保障卡、电子健康卡、电子机动车驾驶证等为提供较多的电子证照类型（见图2）。用户登录政务服务客户端或小程序账号，实名认证并绑定个人或法人证件信息后即可使用此项功能。电子证照管理功能将用户多个证照"装进手机"，通过后台大数据互联互通，为用户随时随地、跨区域、跨部门线上使用证照提供便利，助力智慧政务。

图 2 甘肃"甘快办"、辽宁"辽事办"、贵州"多彩宝"电子证照管理功能

推动互联网应用适老化服务改造跨越数字化鸿沟方面，按《工业和信息化部关于印发互联网应用适老化及无障碍改造专项行动方案的通知》（工信部信管〔2020〕200号）要求，加快推进互联网应用适老化及无障碍改造专项行动,助力老年人、残疾人等重点受益群体平等便捷地获取、使用互联网应用信息。"掌上通办"平台建设方面,多地积极实践上述适老化改造政策要求,已有湖北"鄂汇办"和宁夏"我的宁夏"客户端建设"敬老爱老(服务)专区"界面,陕西"秦务员"客户端建设"老年人专区"界面,以及其他地区提供的"长者版""敬老模式""关怀模式"等服务老年人群的特别版移动政务服务。用户在正常进入政务服务客户端或小程序首页后,可通过点击切换按钮进入特别版本,页面设置更加简洁、字体字号更大(见图3),更适合老年人使用,与普通用户享受同样的政务服务、便民服务"掌上通办"。

**图3 湖北省"鄂汇办"、宁夏"我的宁夏"、陕西
"秦务员"适老化版本模式**

大数据互联互通支撑"健康码"服务集成方面,按《国务院应对新型冠状病毒感染肺炎疫情联防联控机制关于做好新冠肺炎疫情常态化防控工作的指导意见》(国发明电〔2020〕14号)(以下简称《意见》)要求,在疫情防控常态化的现实情况下,要发挥大数据作用,依托全国一体化政务服务平台,全面推动各地落实"健康码"互通互认"一码通行",及时将核酸和

血清抗体检测结果、重点人员等信息共享到"健康码"数据库。研究者文宏和林彬曾按照信息使用的输入、处理、输入、反馈等环节对"健康码"运行原理进行梳理，可简单概括为：持码者在"掌上通办"平台自行填报信息，提交后的信息流转至后台与大数据进行比对，在云计算技术的支持下，比对原则和输出标准由政府制定，输出结果由政府赋权为在全国范围内通行的统一安全凭证。"健康码"在全国的畅通使用得益于大数据互联互通的有力支持，各省级"掌上通办"平台均已纳入"健康码"服务，实现了用户健康信息、核酸检测信息、行程信息等多类信息的集成。在此基础上，多地在实践"健康码"的过程中除完成《意见》要求的疫情防控相关数据互联互通和集成服务之外，还将健康状态、办事身份、交通出行、医疗保障等多种凭证叠加集成在一个界面中，如内蒙古"蒙骏码"功能区集成了健康码、乘车码、医保码等二维码，上海"随申码"功能区集成了乘车、医保、核酸证明等二维码，通过多部门服务接口对接和大数据联通，为用户有"用码需求"时，在手机上的一个界面中即可便利调用，轻松使用（见图4）。

图4　内蒙古"蒙骏码"、福建"八闽健康码"、上海"随申码"功能整合

（三）"掌上通办"平台办事可咨询可评价，交流互动有回应

多个地级行政区"掌上通办"平台持续整合更多元化的移动政务服务同时，部分地区开通了办事咨询渠道，为用户体验移动政务服务时答疑解惑，并公布咨询回复结果。考察结果显示，"掌上通办"平台（仅政务服务移动客户端）诉求受理能力建设方面，155个地级行政区在"掌上通办"平台开通了办事咨询渠道，开通比例为46.55%；开通公布咨询回复结果的地级行政区有143个，开通比例为42.94%；同时开通上述两类功能的地级行政区为139个，开通比例为41.74%。相较而言，副省级/省会城市"掌上通办"平台诉求能力建设水平较高，开通办事咨询渠道并公布咨询回复结果的地区比例为62.50%。4个直辖市均已开通办事咨询渠道并公布咨询回复结果，渠道开通比例均为100%（见表7）。鉴于333个地级行政区已开通办事咨询渠道并公布咨询回复结果的地区不足半数的现状，总体上"掌上通办"平台诉求受理能力提升仍有较大进步空间。

表7　移动客户端办事咨询渠道开通情况

单位：个，%

开通渠道	地级行政区	比例	副省级/省会城市	比例	直辖市	比例
办事咨询渠道	155	46.55	23	71.88	4	100.00
公布咨询回复	143	42.94	21	65.63	4	100.00
办事咨询渠道＋公布咨询回复	139	41.74	20	62.50	4	100.00

具体实践方面，部分地级行政区在办事板块中建设"办事咨询""咨询建议"等功能，为用户提供移动政务服务中的交流互动渠道，受理用户诉求。部分地级行政区还在政务服务客户端中设置智能客服、引入"好差评"评价机制，展示常见问题解答，为用户提供多元化的咨询互动渠道。使用户在"掌上通办"平台办事，可咨询可评价，交流互动有回应。如"我的宁夏"·银川站点在办事版块中设置了"办－查－问－评"全套服务，用户

可对办事过程中的疑问进行线上咨询，还可通过查询常见问题获取帮助，还可对办事满意度进行评价；云南"办事通"·玉溪站点在生活版块中设置了咨询建议功能，为用户提供咨询服务渠道（见图5）。

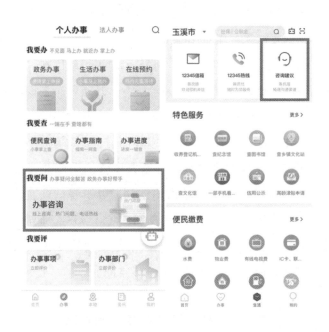

图5　银川、玉溪政务服务客户端办事咨询渠道

三　发现与启示

（一）推进"掌上通办"平台规范化和集约化建设，促进我国移动政务服务水平均衡化发展

2021年报告数据显示，全国31个省（自治区、直辖市）实现政务服务客户端建设全覆盖，微信和支付宝小程序覆盖度亦有小幅增长。整体上是各省（自治区、直辖市）推进"掌上通办"平台集约化建设的实践结果，促进了移动政务服务供给的规范化，扩大了"掌上通办"平台的用户群体，

提升了我国地方政府互联网服务能力，推进了我国数字政府的建设进程。但是部分省（自治区）之间，以及省（自治区）内部还存在"掌上通办"平台建设水平差异明显的情况。因此，持续推进"掌上通办"平台规范化和集约化建设，仍任重道远。建议各地强化对已建"掌上通办"平台服务供给内容、供给标准、供给对接予以统一标准规范；对新建"掌上通办"平台和服务，严格按照已有标准规范要求执行。避免出现省（自治区）内地级行政区之间有同款样式"掌上通办"平台"皮肤"，但服务内容和服务水平差之千里的情况。整体水平较低省（自治区）可借鉴高水平地区建设经验，结合本地实际，探索创新建设路径，提高本地建设和服务水平。协同推进移动政务服务"跨省通办"，为流动人群提供更多掌上政务服务便利，缩小省（自治区）之间移动政务服务水平差异，促进我国移动政务服务水平均衡化发展。

（二）借鉴"健康码"数字化社会治理参与经验，探寻"掌上通办"平台服务创新路径

"健康码"在新冠肺炎疫情防控中取得了显著成效，是我国数字化社会治理的一次成功实践。[1] 基于"通信大数据行程卡"的数据共享，个人持手机即可随时亮码，提供个人健康通行凭证。每人一码，全国范围内即使跨区域出行，仍可通过目的地"掌上通办"平台即刻申报当地健康码。疫情防控常态化下，几乎人人都使用过的"健康码"成为我国移动政务服务推进过程中的标志性实践案例。借鉴"健康码"参与数字化社会治理的经验，有助于优化"掌上通办"平台现有服务，并探寻移动政务服务创新路径。前文关于研究者文宏和林彬梳理的"健康码"运行原理，体现了用户获取移动政务服务的便利性，大数据时代云设备及算法技术的重要性，政府赋能技术手段、赋权大数据互联互通成为"健康码"有效运行的终极保障。"掌

---

① 文宏、林彬：《应急需求、技术赋能与政务服务创新——对"健康码"数据流转的考察》，《电子政务》2021 年第 1 期，第 12～20 页。

上通办"平台上的现有服务可借鉴"健康码"的运行经验：充分发挥用户参与使用的积极性，技术方保障大数据流转畅通性，政府制定服务供给规则并赋权大数据互联互通的可行性进行优化；同时，也可基于"掌上通办"平台，探索创新一批与"健康码"有类似运行机制的移动政务服务，为用户提供更多优质便利服务，进一步提升"掌上通办"平台的实用性和使用频率。

（三）践行个人信息保护法，平衡"掌上通办"平台服务效率和个人信息安全保护

政务服务客户端在全国地级行政区范围内的全覆盖，移动政务服务在疫情防控常态化下的广泛使用，让大家与"掌上通办"平台密不可分。移动政务服务的使用需要用户从登录各类"掌上通办"平台、注册账户信息，到绑定证件、证照，再到日常"亮码出行"，多次多端录入个人信息数据；"掌上通办"平台的有效运转和服务供给得益于包括个人信息数据在内的多类数据在互联网上无时无刻地传输和共享。因此，个人信息和数据安全的重要性、保护个人信息的迫切性和必要性不言而喻。为规范数据处理活动，保障数据安全，促进数据开发利用，保护个人、组织的合法权益，维护国家主权、安全和发展利益，《中华人民共和国数据安全法》于2021年6月正式颁布。2个月后，《中华人民共和国个人信息保护法》正式颁布，立法目的为保护个人信息权益，规范个人信息处理活动，促进个人信息合理利用。如何在保障"掌上通办"平台服务效率的同时又确保个人信息和数据得到有效保护，是永久伴随"掌上通办"平台建设工作的重要议题。上述两部法律的颁布为该议题提供了法律依据。建议各地政府将对《中华人民共和国网络安全法》、《中华人民共和国个人信息保护法》、《中华人民共和国数据安全法》、《数据安全管理办法（征求意见稿）》、《互联网个人信息安全保护指南》、《APP违法违规收集使用个人信息行为认定方法》（国信办秘字〔2019〕191号）等规章制度的严格遵守，贯穿于"掌上通办"平台的建设和使用全过程。在现有法律框架下使用个人信息和数据，细化政府常态化应

用个人信息数据的行为准则，使该准则能够跨越公法与私法，既可构成政府处理数据的权力边界，也可成为衡量公民个人信息利益保护的标准。① "掌上通办"平台用户积极主动学习相关法律规章制度，增强个人信息保护意识，在体验移动政务服务过程中主动维护个人信息权利。通过建设方和使用方的协同努力，推动"掌上通办"平台服务效率和个人信息安全保护的平衡。

参考文献

汤志伟、李金兆等：《中国地方政府互联网服务能力发展报告（2020）》，社会科学文献出版社，2020。

中共中央党校（国家行政学院）电子政务研究中心：《2019 移动政务服务发展报告》，2021 年 5 月。

中国软件评测中心（工业和信息化部软件与集成电路促进中心）：《2021 年省级移动政务服务能力调查评估报告》，2021 年 7 月。

鲍坤：《健康码数据常态化应用的比例原则限制》，《电子政务》2021 年第 1 期。

文宏、林彬：《应急需求、技术赋能与政务服务创新——对"健康码"数据流转的考察》，《电子政务》2021 年第 1 期。

蒋逸天、胡馨月：《政务 APP 个人信息保护法治路径研究》，《西部学刊》2021 年第 6 期。

---

① 鲍坤：《健康码数据常态化应用的比例原则限制》，《电子政务》2021 年第 1 期，第 32 ~ 41 页。

B.10
地方政府数据开放平台建设
现状分析与启示

龚泽鹏　叶昶秀　刘　春*

摘　要：　政府数据开放是提升政府互联网服务能力、推进数字政府建
设的重要领域。本报告针对应用整合能力中的数据开放指标
进行探讨，以展现我国地方政府数据开放平台建设现状。为
此，从数据开放平台的开通情况、行业引导功能设置情况、数
据展示情况和数据应用情况四个维度进行评价。结果表明，在
全国4个直辖市和333个地级行政区中，超过一半的地方政府没
有开通数据开放平台，且多集中于经济欠发达地区；不同类型
地方政府的数据开放水平不均衡，直辖市明显领先于副省级/省
会城市和其他地级行政区；数据开放平台的数据展示情况和数
据应用情况不理想。由此提出三点建议：积极建设数据开放平
台，加大数据开放力度；不断完善平台服务功能，提高数据质
量；加强平台数据开发利用，促进应用成果创新。

关键词：　数据开放平台　数据引导　数据展示　数据应用

　　政府数据开放是指政府将其持有的人口就业、财税金融、医疗卫生、交

---

* 龚泽鹏，电子科技大学公共管理学院博士后，研究方向为数字政府治理；叶昶秀，电子科技
大学公共管理学院硕士研究生，研究方向为数字政府治理；刘春，电子科技大学公共管理学
院教授，研究方向为信息管理与政策。

通运输、生态环境、教育文化等公共数据通过数字化平台以公开的格式向公众免费开放的过程。政府数据开放是提升政府互联网服务能力、建设数字政府的重要组成部分。2015 年，国务院发布《促进大数据发展行动纲要》（以下简称《纲要》），指出要"稳步推动公共数据资源开放，形成跨部门数据资源共享共用格局，加快建设国家政府数据统一开放平台"；2017 年底，习近平总书记在中共中央政治局第二次集体学习时强调"加快完善数字基础设施，推进数据资源整合和开放共享"；2020 年"十四五"规划指出"提高数字政府建设水平，加强公共数据开放共享"。显然，政府数据开放已成为我国数字政府建设的重要领域。

政府数据开放平台的建设和管理是政府数据开放的中心工作，其水平直接反映政府数据开放的水平。随着《纲要》的发布，全国各级地方政府加快建设政府数据开放平台。为了清晰了解数据开放平台的具体建设情况，本报告针对我国地方政府数据开放平台建设现状进行评估。为此，在数据开放平台的开通情况、数据开放平台的行业引导功能设置情况、数据开放平台的数据展示情况和数据开放平台的数据应用情况四个点位设计评价指标。其中，数据开放平台开通情况反映一个地区是否开通数据开放平台，该点位权重为 0.4；数据开放平台的行业引导功能设置情况表示地方政府数据开放平台是否按行业对数据进行分类展示，反映了所开放数据的行业覆盖度，该点位权重为 0.2；数据开放平台的数据展示情况体现政府数据开放平台是否对所开放数据进行统计并展示，包括是否在平台上展示"数据开放目录数"、"数据接口数量"和"数据应用数量"，该点位权重为 0.2；数据开放平台的数据应用情况考察地方政府数据开放平台的数据应用度，该点位的权重为 0.2，其又包括两个子点位：是否有数据应用栏目和数据应用的数量。需要指出的是，本报告中数据开放水平的满分为 1.8 分。因而，上述四个点位的满分依次分别为 0.72 分、0.36 分、0.36 分和 0.36 分。

一 整体情况

总体上讲，全国 337 个地方政府数据开放领域的平均得分为 0.73 分，平均得分率为 40.56%。其中，不到 10% 的地方政府（29 个）得到满分；接近 1/4 的地方政府（76 个）得分率在 80% 到 100% 之间；45 个地方政府得分率在 60% 到 80% 之间。然而，有超过一半的地方政府（187 个）得分率未到 60%，特别是有 146 个地方政府得分率为 0%（见图 1）。因此，全国大多数地方政府需加快步伐建设数据开放平台。

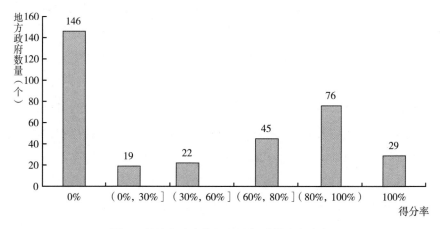

图 1　各地方政府数据开放领域得分率分布

从地方政府类型来看，不同类型地方政府数据开放领域的平均得分率差距较大。北京、上海、天津和重庆 4 个直辖市的平均得分最高（1.67 分），平均得分率为 92.78%，比副省级/省会城市的平均得分率高 43.34 个百分点（见表 1）。其他地级行政区的平均得分率最低，仅为 38.89%。

表 1　不同类型城市数据开放领域的平均得分和平均得分率

单位：分，%

城市类型	平均得分	平均得分率
直辖市	1.67	92.78
副省级/省会城市	0.89	49.44
其他地级行政区	0.70	38.89

除开直辖市以外的 27 个省级行政区数据开放领域的得分率情况如表 2 所示。可以看到，四川省、浙江省和广东省的平均得分率均超过 80%，分

别为 89.33%、88.73% 和 80.10%；排名前十的省级行政区的平均得分率均
超过 50%，且大多数来自东部沿海地区；有 8 个省级行政区的平均得分率
不足 10%，且其中 4 个（云南省、内蒙古自治区、吉林省、青海省）的平
均得分率为 0%。值得注意的是，宁夏回族自治区、新疆维吾尔自治区和黑
龙江省 3 个行政区的平均得分率在 20% 及以下，但 3 个省份中均有地级行
政区得分率达到 100%，说明它们省内各地级行政区的数据开放水平发展程
度差异较大。

表 2　直辖市以外的省级行政区数据开放领域的得分率情况

单位：分，%

省份	平均得分率	标准差	最小值	最大值
四川	89.33	15.04	32	100
浙江	88.73	15.47	60	100
广东	80.10	26.54	0	100
山东	79.75	18.31	60	100
广西	79.14	25.55	32	92
安徽	69.50	32.96	0	100
江苏	61.23	43.83	0	100
湖北	59.38	28.55	0	100
福建	58.67	31.62	32	92
贵州	58.44	40.42	0	100
江西	45.45	31.10	0	80
湖南	38.00	32.87	10	92
海南	35.50	37.78	0	82
陕西	30.00	31.62	0	60
山西	21.09	36.84	0	92
宁夏	20.00	44.72	0	100
新疆	18.29	30.37	0	100
黑龙江	16.92	33.51	0	100
西藏	11.43	19.52	0	40
河北	5.45	18.09	0	60
甘肃	4.29	16.04	0	60
河南	2.94	4.70	0	10
辽宁	2.86	10.69	0	40
云南	0.00	0.00	0	0
内蒙古	0.00	0.00	0	0
吉林	0.00	0.00	0	0
青海	0.00	0.00	0	0

4 个直辖市的得分率均较高。其中，上海和重庆得分率为 100%，天津为 92.22%，北京为 80%（见表 3）。除北京以外的 3 个直辖市的得分率均领先于表 2 中的省级行政区。这说明直辖市的数据开放建设情况处于领跑位置。

表 3　直辖市数据开放领域得分率情况

单位：分，%

直辖市	得分	得分率
北京	1.44	80.00
上海	1.80	100.00
天津	1.66	92.22
重庆	1.80	100.00

从评价点位来看，各点位的平均得分均不高，均未达到点位满分的一半（见表 4）。比较来看，数据开放平台开通情况的平均得分率相对较高，为 45.83%。其后依次为数据开放平台行业引导功能设置情况（44.44%）、数据开放平台数据展示情况（41.67%）和数据开放平台数据应用情况（25%）。这一现状表明数据开放平台的建设内容还需进一步丰富。

表 4　数据开放领域各评价点位的平均得分情况

单位：分

评价点位	平均得分	标准差	最小值	最大值
数据开放平台开通情况	0.33	0.36	0	0.72
数据开放平台行业引导功能设置情况	0.16	0.18	0	0.36
数据开放平台数据展示情况	0.15	0.17	0	0.36
数据开放平台数据应用情况	0.09	0.13	0	0.36

图 2 反映了不同类型地方政府数据开放领域四个评价点位的平均得分率。从类型来看，直辖市在四个点位上的平均得分率均高于副省级/省会城市，而后者又均高于其他地级行政区。从评价点位来看，呈现数据开放平台开通情况和行业引导功能设置情况平均得分率较高的现状；在直辖市中，数据开放平台数据应用情况的平均得分率高于平台数据展示情况，而在副省级/省会城市和其他地级行政区中两者的大小关系正好相反。

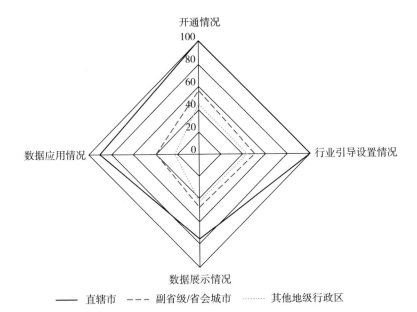

图2　不同类型地方政府数据开放领域各评价点位的平均得分率

二　主要表现

（一）地方政府（尤其是经济欠发达地区政府）需加快步伐开通数据开放平台

整体上讲，超过一半的地方政府没有开通数据开放平台（54.60%）（见表5），并且不同类型城市的平台开通率具有显著性差异（$P = 0.026$）。具体来讲，4个直辖市均开通了数据开放平台，开通率100%；56.25%的副省级/省会城市开通了数据开放平台，未开通数据开放平台的城市有南京市、长春市、大连市、沈阳市、石家庄、昆明市、兰州市、太原市、合肥市、郑州市、长沙市、西宁市、呼和浩特市、拉萨市等14个；不到一半的其他地级行政区（43.52%）开通了数据开放平台，未开通数据开放平台的其他地级行政区大多分布在甘肃、河南、内蒙古、新疆、青海、西藏、云南等经济较为欠发达的地区。因此，我国副省级/省会城市和其他地级行政区需要加快步伐开通数据开放平台。

表5　数据开放平台开通情况

单位：个，%

城市类型	开通数量	开通率
直辖市	4	100.00
副省级/省会城市	18	56.25
其他地级行政区	131	43.52
合计	153	45.40

注：Fisher exact test：$P = 0.026$。

（二）数据开放平台的行业引导功能设置情况较好

数据开放平台上设置行业引导功能不仅有利于平台数据的规整分类，而且有利于公众快速浏览和查找数据，增强平台使用的便捷性。在4个直辖市和333个地级行政区中，不到一半（43.92%）在数据开放平台上设置了行业引导功能（见表6）。从地方政府类型来看，4个直辖市的数据开放平台均设置了行业引导功能；16个副省级/省会城市的数据开放平台设置了行业引导功能，占比为50%；128个其他地级行政区的数据开放平台设置了行业引导功能，占比为42.52%。

表6　337个地方政府中数据开放平台设置行业引导功能情况

单位：个，%

地方政府类型	数量	比例
直辖市	4	100.00
副省级/省会城市	16	50.00
其他地级行政区	128	42.52
合计	148	43.92

注：Fisher exact test：$P = 0.045$。

更进一步，在已开通数据开放平台的地方政府中，绝大多数都在平台上设置了行业引导功能。在开通了数据开放平台的副省级/省会城市中，只有海口市和南昌市的数据开放平台没有设置行业引导模块；在开通了数据开放平台的131个地级行政区中，只有绍兴市、雅安市和娄底市没有提供行业引导功能（见表7）。

表7　已开通的数据开放平台上拥有行业引导功能情况

单位：个，%

行业引导	直辖市		副省级/省会城市		其他地级行政区	
	数量	比例	数量	比例	数量	比例
没有	0	0.00	2	11.11	3	2.29
有	4	100.00	16	88.89	128	97.71

注：Fisher exact test：$P = 0.223$。

　　以平台引导功能做得比较好的泸州市为例。泸州市数据开放平台对数据进行了"主题"、"行业"、"领域"和"区县"的分类引导。"行业"引导包括了"农林牧渔业""采矿业""金融业""制造业""科技教育"等20个行业分类，涉及公众生活的绝大部分行业，点击行业图标便可以跳转到相应的行业数据开放目录单（见图3）。以"科技教育"为例，点击图标后进入具体的数据目录，可以看到在科技教育行业下的各种数据，如"泸州市考试考务费目录清单""自贸区川南临港片区工程技术高级职称评审委员会专家库信息"，并且数据下方还对数据类型、提供部门、版本号等数据特征进行了描述（见图4）。

图3　泸州市数据开放平台的引导功能展示

资料来源：https：//data. luzhou. gov. cn/portal/index。

161

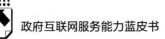

图4　泸州市数据开放平台行业引导的具体展示

资料来源：https：//data. luzhou. gov. cn/portal/catalog？ industryId = 3f3ec5d99bcc476da3914affd 5d82321&orgId = 。

（三）数据开放平台的数据展示情况还需努力完善

数据开放平台的展示情况反映政府数据开放平台所开放数据的统计情况，包括"数据开放目录数""数据接口数量"和"数据应用数量"3个方面。在直辖市中，只有北京市没有展示任何1个方面，其余3个直辖市展示2个及以上（见表8）。在副省级/省会城市中，有14个城市数据开放平台展示了2个及以上；有2个城市（海口市和南昌市）展示了其中任意1个；有16个城市1个都没有展示。在其他地级行政区中，有104个地级行政区

表8　337个地方政府中数据开放平台设置数据统计展示功能的情况

单位：个，%

开放数据展示情况	直辖市		副省级/省会城市		其他地级行政区	
	数量	比例	数量	比例	数量	比例
0	1	25.00	16	50.00	155	51.50
1	0	0.00	2	6.25	42	13.95
≥2	3	75.00	14	43.75	104	34.55

注：Fisher exact test：$P = 0.397$。

展示了 2 个及以上；有 42 个展示了其中任意 1 个；而有过半的其他地级行政区（51.50%）未展示任意 1 个。这说明各级地方政府（特别是地级行政区）数据开放平台的数据展示情况还需努力完善。

成都市公共数据开放平台的首页明显地展示了数据开放目录数、数据接口数量和数据应用数量（见图 5）。其中，数据开放目录有 2701 个，数据接口（API）有 507 个，数据应用有 14 个。可见，成都市数据开放平台上的数据丰富，数据接口众多，应用成果较好。在开放数据统计页面，成都市数据开放平台用清晰且富有科技感的界面展示了平台数据的情况，页面中部是对平台访问的统计，数据显示，平台访问总量达 489 万余次，单日最大访问量近 3 万次；左侧是开放数据的资源总览，还对部门数据开放量进行了前 10 名的排名统计，既让公众对政府各部门开放情况一目了然，又能促进各部门的数据开放。

图 5　成都市公共数据开放平台的展示情况

资料来源：http://www.cddata.gov.cn/oportal/index。

深圳市政府数据开放平台十分明显地显示了数据开放目录数、数据接口数量（见图 6）。网页显示，深圳市有 47 个市级部门或区开放了数据，开放目录总量为 2455 个，数据项总量有 25104 项，数据总量达 4 亿余条，接口总量有 2426 个。另外，还显示了文件下载量为 40 万余次以及接口调用量 308 万余次，既展示了数据开放的提供情况，又展示了数据的使用情况。

图6 深圳市政府数据开放平台的展示情况

资料来源：https：//opendata. sz. gov. cn/。

（四）数据开放平台的数据应用情况不理想，且各级行政区之间差异明显

数据开放平台的应用情况考察的是地方政府数据开放平台所开放数据被应用的程度。结果表明，直辖市在此项目上的平均得分率（88.89%）远高于副省级/省会城市（38.89%）和其他地级行政区（22.22%）（见表9）。并且，三者平均得分率的差距具有统计学意义（$P < 0.001$），说明不同类型地方政府的数据应用情况具有较大差异。

表9 337个地方政府数据开放平台的数据应用情况

单位：分，%

地方政府类型	平均得分	平均得分率
直辖市	0.32	88.89
副省级/省会城市	0.14	38.89
其他地级行政区	0.08	22.22

注：F（336）=10.24；$P < 0.001$。

数据应用栏目设置情况。除重庆以外，其余3个直辖市的数据开放平台均设有数据应用栏目；不到一半的副省级/省会城市（43.75%）的数据开

放平台设有数据应用栏目；有 31.89% 的其他地级行政区数据开放平台设有数据应用栏目（见表 10）。相较来讲，其他地级行政区数据开放平台应加快数据应用栏目的设置。

表 10　数据开放平台的数据应用栏目设置情况

单位：个，%

地方政府类型	数量	比例
直辖市	3	75.00
副省级/省会城市	14	43.75
其他地级行政区	96	31.89

注：Fisher exact test：P = 0.076

数据应用数量展示情况。直辖市中有 2 个城市（天津市和重庆市）数据开放平台的数据应用数量为 10 个及以下，占 50%；副省级/省会城市中，有 22 个城市的数据应用数量在 0 个至 10 个（含）之间，占 68.75%；在其他地级行政区中，有 278 个的数据应用数量在 0 个至 10 个（含）之间，比例达 92.36%（见表 11）。

表 11　地方政府中数据开放平台展示数据应用数量的情况

单位：个，%

数据开放应用数量	直辖市		副省级/省会城市		其他地级行政区	
	数量	比例	数量	比例	数量	比例
0～10(含)	2	50.00	22	68.75	278	92.36
>10	2	50.00	10	31.25	23	7.64

注：Fisher exact test：P < 0.001。

图 7 和图 8 展示了无锡市公共数据开放平台的数据应用情况，在平台首页显示了数据的总览情况，数据接口有 1393 个，数据应用有 32 个。在网页顶端的栏目项里，有"应用中心"，点击便可以跳转到具体的数据应用页面。"应用中心"对 32 个数据应用进行了详细展示，应用顶部设有主题筛选的功能，用户可按照"求职就业""医疗卫生""住房服务"等需求进行

筛选，还可利用"综合排序""最新""最热""评级"对应用排序，方便用户查找所需应用。

图7　无锡市公共数据开放平台首页

资料来源：http：//data. wuxi. gov. cn/data/index. htm。

图8　无锡市公共数据开放平台的数据应用展示

资料来源：http：//data. wuxi. gov. cn/data/appcenter/index. htm。

威海公共数据开放网首页醒目地展示了其开放理念"汇聚政府资源，推动数据开放"（见图9），右侧设置了数据搜索框，方便公众快速搜索内

图9 威海公共数据开放网首页

资料来源：http：//data. weihai. gov. cn/。

容，开放理念下方具体展示了数据平台的数据目录数量、数据接口数和数据应用数量。可以看到，威海市数据开放平台已公开了15亿条数据，具有8571条数据接口，42个数据创新应用，这些数据比大多数地级行政区要高很多，可见威海市数据开放力度较大，同时也具有创新性。在页面下方设置了"看数据""找服务""用数据"和"创新平台"四个主题板块，充分显示了对数据的处理、应用和创新。进入"数据应用"界面，平台对数据应用按所属领域进行了分类，并在页面左侧设置了目录栏供用户快速浏览和选择（见图10）。同时，平台对应用按所属性质分为"移动应用""web应用""分析报告""小程序""创新方案"，方便用户按需筛选。此外，还设置了搜索框，省去用户菜单选择的时间，直接检索应用。这几项索引的设置在实际操作中给用户带来了极大的便利，凸显了平台人性化的设计。

三 发现与启示

通过对全国直辖市、副省级/省会城市及其他地级行政区数据开放平台建设水平的评估，本报告发现，我国地方政府数据开放的整体情况不容乐观，超过一半的地方政府没有开通数据开放平台，且多集中于经济欠发达地

图 10　威海公共数据开放网的数据应用情况

资料来源：http://data.weihai.gov.cn/weihai/application/。

区；不同类型城市的数据开放水平不均衡，直辖市明显领先于副省级/省会城市和其他地级行政区；数据开放平台的数据展示情况和数据应用情况不理想。基于评价结果，从以下三个方面提出研究启示。

（一）积极建设数据开放平台，加大数据开放力度

大数据时代，数据是非常重要的生产要素，数据资源和数据技术影响着国家治理的诸多方面。政府部门在社会治理和公众服务过程中依法收集、使用并保留了海量原始数据，政府向社会公众开放这一公共资源可以产生巨大的社会效益与经济红利，而政府数据开放平台的建设则是这一工作的核心和关键。但根据本报告的评价结果，目前仍有近一半的副省级/省会城市和地级行政区未开通数据开放平台，两者的开通率分别为 56.25% 和 43.52%，应加快建设数据开放平台。而建设该平台需要消除层级之间、部门之间的数据孤岛和数据壁垒，实现跨部门跨领域数据资源整合和共享，进行集约化、一体化建设。加大数据开放力度，提高数据覆盖面，联通互联网、物联网和业务部门的数据，整合下级政府开放数据，并对接上级数据开放平台，形成完整的覆盖体系，提升数据治理能力。

（二）不断完善平台服务功能，提高数据质量

政府通过数据开放平台向公众开放数据，关键是提供公众所需的数据，数据开放的价值与平台定位应当是回应公众实际需求。数据开放平台是政府部门开放数据和公众获取数据的载体，应不断完善各项功能，提高数据质量。开放数据需要站在数据使用者的角度，明确其真正需求，有针对性地开放实际效能高、能解决民生问题、能创造价值的优质数据集。根据本报告的评估，大部分地方政府数据开放的行业引导功能做得较好，而在数据展示方面则有所欠缺，比如地级行政区中对数据开放目录数、数据接口数量和数据应用数量展示有 2 个及以上的只占 34.55%，表明还有很多地级行政区没有对平台数据进行很好的梳理整合。这启示政府部门需要提高数据治理能力，升级政府数据开放平台的服务功能。一是利用用户画像技术将用户形象具体化，开设个性化的特色功能，为其提供精准化的公共产品和服务；二是将可视化的平台数据展示功能升级为更具人性化的场景式平台引导功能，使政府数据开放更为具体清晰；三是提高数据集质量，多开放原始数据而不是二手数据，并对数据及时更新，例如，普及大容量数据接口，提升 API 接口开放率，便于开发者快速利用数据。

（三）加强平台数据开发利用，促进应用成果创新

应用功能是数据开放平台的重要功能，包括两种模式：一是平台自身开发相应的应用供用户下载使用；二是用户利用平台提供的数据自主开发，并上传至平台供其他用户下载使用。对数据开放平台所开放数据的应用开发是数据利用的一种重要方式，可以创造巨大的经济效益和社会效益，同时数据应用也是衡量数据开放平台利用情况的直接指标。但是根据评价结果，其他地级行政区在数据应用方面的平均得分率仅为 22.22%；副省级/省会城市和其他地级行政区中数据应用数量大于 10 个的分别只占 31.25% 和 7.64%。总的来说，针对目前政府数据开放平台的应用开发数量少、地区差异大等情况，政府需要多举措加强数据开发利用，促进成果创新。各平台应尽快设立

数据开发利用模块，及时反映用户对数据的利用效果。数据是应用的基础，数据的质量关系着应用价值，平台只有需要开放高质量的数据，才能为开发高质量数据应用奠定良好基础。人是数据应用的关键，不论是在数据挖掘还是在数据开发上，平台需要吸引人才参与，努力构建所有利益相关者参与的网络系统，增加数据应用的数量；同时完善相关政策法规并做好组织安排，为数据应用的开发利用构建坚实的制度和组织保障。

参考文献

汤志伟、龚泽鹏、郭雨晖：《基于二维分析框架的中美开放政府数据政策比较研究》，《中国行政管理》2017 年第 7 期。

汤志伟、郭雨晖、顾金周、龚泽鹏：《创新扩散视角下政府数据开放平台发展水平研究：基于全国 18 个地方政府的实证分析》，《图书馆理论与实践》2018 年第 6 期。

荣幸、高秦伟：《政府数据开放平台建设途径研究》，《理论探索》2021 年第 4 期。

余奕昊、李卫东：《我国地方政府数据开放平台现状、问题及优化策略——基于 10 个地方政府数据开放平台的研究》，《电子政务》2018 年第 10 期。

徐慧娜、郑磊：《面向用户利用的开放政府数据平台：纽约与上海比较研究》，《电子政务》2015 年第 7 期。

孟显印、杨超：《我国开放政府数据应用开发的现状与问题——基于开放政府数据平台的分析》，《情报杂志》2020 年第 39 期。

张勇进：《我国地方政府数据开放现状研究》，《中国行政管理》2016 年第 11 期。

郑磊：《开放政府数据研究：概念辨析、关键因素及其互动关系》，《中国行政管理》2015 年第 11 期。

陈涛、李明阳：《数据开放平台建设策略研究——以武汉市政府数据开放平台建设为例》，《电子政务》2015 年第 7 期。

Kalampokis E., Tambouris E., Tarabanis K., "A Classification Scheme for Open Government Data: Towards Linking Decentralised Data", *International Journal of Web Engineering and Technology* 2011 (3).

区 域 篇
Regional Reports

福建省政府互联网服务能力研究报告

赵 迪　郭双双　王 莉*

摘　要： 从创新性地率先提出"数字福建"重要战略至今，福建省坚持依照科学循序的顶层设计与顶层规划，逐步推进政府信息化建设、电子政务建设、数字政府建设与政府互联网服务能力建设，依托数字化、网络化、信息化等技术性思维与技术性方式，取得了"互联网＋政务服务"工作改革的显著成效。在中国地方政府互联网服务能力发展报告（2021）中，福建省各地级行政区的政府互联网服务能力排名位次在全国具有一定优势，其服务供给能力、服务响应能力和服务智慧能力的得分亦均处于领先发展的位置，且各项能力发展均衡。由此，基于福建省"数字福建"与"互联网＋政务服务"的工作改革及所获

---

* 赵迪，华中科技大学公共管理学院博士研究生，研究方向为数字治理与电子政务；郭双双，电子科技大学公共管理学院硕士研究生，研究方向为智慧城市与数字治理；王莉，电子科技大学公共管理学院副教授，研究方向为信息资源管理。

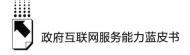
成效，本报告将探究福建省政府互联网服务能力的建设内容，以期对相关路径与经验启示进行总结。

关键词： 福建省　数字福建　政府互联网服务能力

一　案例背景

福建省下辖福州市、厦门市和莆田市等 9 个地级行政区，在政府互联网服务能力建设过程中，福建省政府及其各地级行政区政府以"数字福建"战略为主线与核心，循序迭代、逐步优化，由单点至多元的实施改革，以创新突破的技术性思维与方式大踏步前行，不断加快建设步伐、不断推进建设进程。"一张网、一号通认、一码通行"的一站式省级网上行政审批大厅、政务服务 App 统一平台（闽政通 App）、政务数据汇聚平台、网上行政执法平台与基层生产生活信息化平台等建设成果，实现了福建省内政务服务效率效能的双提升。可以说，围绕"数字福建"重要战略，福建省政府及其省内各地级行政区政府在政府信息化建设、电子政务建设与数字政府建设等工作中发展成效显著。

2000 年，时任福建省省长的习近平同志重点推动信息化战略，增创打造福建发展新优势，率先做出了建设"数字福建"的战略决策，明确提出了"数字化、网络化、可视化、智能化"的建设目标，并担任"数字福建"建设领导小组组长，擘画"数字福建"建设宏伟蓝图，主持通过了"数字福建 131 计划"，即"1 个规划、3 大工程、1 项政策"（数字福建"十五"建设规划；公用信息平台工程、政务信息网络工程、空间信息工程研究中心工程；信息共享政策），开创了"数字省域建设"的先河，对全国的数字政府建设具有先导和示范作用。

就此，福建省成为最早在政务服务中应用现代信息技术的省份。纵观福建省"数字福建"21 年的改革历史，其建设进程大致分三个阶段，福建省的政府互联网服务能力建设工作则伴随其中。

第一阶段是从"十五"时期到"十二五"时期，即2001年至2015年。"数字福建"建设的重心是信息化应用，逐步形成各领域各区域的信息化应用。福建省的政府互联网服务能力建设从构建信息化基础设施、梳理协同对应业务、推动基础信息开发等向提升信息化水平转变。

第二阶段是2016年至2017年。以福建省人民政府出台《加快互联网经济发展十条措施》为标志，"数字福建"建设的重心转向数字政务建设，主要内容是信息化应用和数字经济发展，为现代化治理体系建设和现代化经济体系建设服务。在这一阶段，在数字政务建设与政府互联网服务能力建设方面，福建省政府进一步聚焦于"互联网＋政务服务"，规范政务服务App统一平台建设、推行"一趟不用跑"和"最多跑一趟"办事清单制度、深化"多证合一、电子证照、证照分离"改革、加强政务信息系统整合共享。虚拟市民卡、市政二维码、12345便民服务平台、市民信用支付体系等"互联网＋政务服务"应用在福建各地有序推开。

第三阶段是2018年至今。国家互联网信息办公室、国家发展和改革委员会、国家工业和信息化部、福建省人民政府共同发起召开了"数字中国建设峰会"。作为推进数字中国建设的重要载体，峰会标志着"数字福建"建设进入了快车道。随之，福建省政府互联网服务能力建设走向纵深，建设要点转为"打造更加便民的审批服务、掌上服务、互动服务"，并向"一网、一门、一次"可办、"跨省跨市"通办等推进。根据中国软件评测中心发布的《2019年中国数字政府服务能力评估总报告》，截至2019年11月，福建省行政审批一体化网上政务服务平台已实现省市县乡村五级行政区全覆盖，囊括六类行政权力和96％的公共服务事项；福建省闽政通App累计服务人次超过5亿次。

二 案例分析

本报告共采集福建省下辖的福州市、厦门市、莆田市和泉州市等9个地级行政区的相关数据，然后通过三级指标对各个地级行政区的服务供给能力、服务响应能力和服务智慧能力进行综合评估。即本报告对福建省9个地级行政区的各级各项指标得分及总得分进行计算，并据此对各地级行政区的政府互联网服务能力进行比较、排名，以分析和反映福建省政府互联网服务能力的基本发展状况。

（一）福建省政府互联网服务能力总体分析

1. 福建省政府互联网服务能力整体得分情况

首先，从地级行政区排名来看。在评估中，福建省各地级行政区总分位居全国前10%的共有3个，占福建省地级行政区总数的1/3，其余地级行政区总分则均位居全国前60%，这表明福建省各地级行政区的政府互联网服务能力整体水平在全国处于领先位置。福建省各地级行政区中，政府互联网服务能力排名第一的是泉州市，其以总分87.36分位列全国333个地级行政区第5位。与此同时，在全国333个地级行政区的排名中，福建省有5个列全国前100位，其余4个的排名均列全国前200位，表明福建省各地级行政区的政府互联网服务能力排名位次在全国具有明显优势。

其次，从2020年报告与2021年报告各地级行政区排名年度对比来看。如表1所示，福建省政府互联网服务能力的排名提升幅度较大，其中漳州市、泉州市和南平市是福建省政府互联网服务能力提升较快的城市。漳州市的排名从2020年的第272位上升到2021年的第187位，泉州市排名从2020年的第74位上升到2021年的第5位，南平市的排名从2020年的第169位上升到2021年的第107位。与此同时，厦门市、龙岩市、福州市和三明市的排名分别提高52个、44个、43个、43个位次，提升幅度较大，宁德市的排名位次亦有小幅度提升。莆田市的排名位次虽有下降，但仍在全国333个地级行政区中居于前序梯队。由此表明，福建省政府互联网服务能力排名变化整体向好。

表1　福建省各地级行政区政府互联网服务能力排名年度对比
（在全国333个地级行政区中排名）

排名	2021年报告排名	2020年报告排名	排名变化
福州市	23	66	↑43
厦门市	11	63	↑52
莆田市	87	18	↓69
三明市	148	191	↑43
泉州市	5	74	↑69
漳州市	187	272	↑85
南平市	107	169	↑62
龙岩市	71	115	↑44
宁德市	119	123	↑4

　　最后，从省际层面与全国层面的整体得分情况对比来看。如图1所示，福建省9个地级行政区的政府互联网服务能力平均综合得分为81.05分，全国333个地级行政区的政府互联网服务能力平均综合得分为75.27分，由此表明，福建省政府互联网服务能力远高于全国平均水平。同时，除了漳州市的政府互联网服务能力得分略低于全国333个地级行政区的政府互联网服务能力平均综合得分外，福建省其余下辖8个地级行政区的政府互联网服务能力得分均高于全国平均综合得分，这表明福建省政府互联网服务能力的整体水平在全国范围内较高。此外，泉州市和厦门市的政府互联网服务能力得分在福建省内排名属前两位，并分别以得分87.36分、86.10分在全国333个地级行政区中排名第5位、第11位，属领先发展水平。

　　2.福建省政府互联网服务能力指标得分情况

　　首先，从得分与得分率来看。如表2所示，福建省各地级行政区的服务供给能力、服务响应能力和服务智慧能力的平均得分依次为32.48分、32.61分和15.96分。如图2所示，相应的得分率分别为81.20%、81.53%和79.80%。上述数据表明，一方面，与全国互联网服务能力平均发展水平相比，福建省9个地级行政区的服务供给能力、服务响应能力和服务智慧能

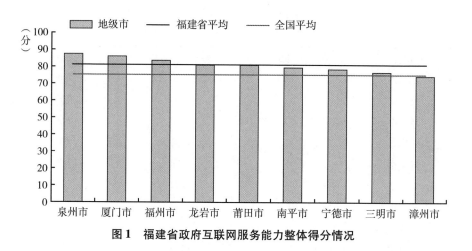

图1 福建省政府互联网服务能力整体得分情况

力均处于领先发展的地位，整体的政府互联网服务能力较强；另一方面，从一级指标的得分率情况来看，福建省政府的服务响应能力最强，然后依次是服务供给能力、服务智慧能力，但福建省三个一级指标之间得分率差异较小，即福建省三个一级指标的得分表现较为均衡。

同时，基于标准差和变异系数的值可以发现：其一，福建省各地级行政区的服务供给能力变异系数最小，为2.52%，这表明福建省各地级行政区政府在服务供给能力方面的发展较为均衡；其二，福建省各地级行政区的服务响应能力和服务智慧能力虽得分率较高，但其变异系数分别为9.23%、7.89%，这表明福建省各地方政府在利用互联网思维、互联网方式与互联网手段，依托互联网平台履行政务服务职责时，服务响应能力与服务智慧能力的发展存在一定的不均衡性。

表2 福建省政府互联网服务能力一级指标得分情况

单位：分，%

一级指标	全国平均值	福建省平均值	标准差	变异系数
服务供给能力	30.75	32.48	0.82	2.52
服务响应能力	30.56	32.61	3.01	9.23
服务智慧能力	13.96	15.96	1.26	7.89

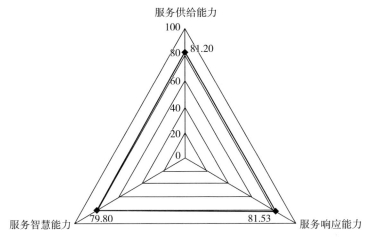

图2　福建省政府互联网服务能力一级指标得分率情况（单位：%）

其次，从2020年报告与2021年报告的得分与得分率年度对比来看。如表3所示，福建省各地级行政区的服务响应能力相较上年提升幅度最大，得分由2020年的26.99分上升至2021年的32.61分，得分率由2020年的67.49%上升至2021年的81.53%，表明福建省各地级行政区在服务诉求的受理、办事诉求的响应与互动诉求的反馈三个维度对相关工作的建设予以了持续优化，并已取得了较好的提升效果。同时，福建省各地级行政区的服务供给能力与服务智慧能力两个一级指标评估得分亦均有较大幅度的提升，得分率分别由2020年的74.91%上升至2021年的81.20%，由2020年的70.75%上升至2021年的79.80%，表明福建省综合兼顾地提升了其政府互联网服务能力，利用新一代信息技术和手段拓展思路、创新方式，实现了省内各地级行政区的政务服务在供给水平、响应水平与智慧水平三个维度的全面优化。

表3　福建省政府互联网服务能力的得分与得分率年度对比

单位：分，%

维度	2021 年报告		2020 年报告	
	得分	得分率	得分	得分率
服务供给能力	32.48	81.20	29.96	74.91
服务响应能力	32.61	81.53	26.99	67.49
服务智慧能力	15.96	79.80	14.15	70.75

（二）福建省政府互联网服务供给能力分析

首先，从省际层面与全国层面的整体得分情况对比来看。如图 3 所示，福建省政府互联网服务供给能力在全国范围内的发展状况整体优异，省内 9 个地级行政区的政府互联网服务供给能力平均得分为 32.48 分，高于全国 333 个地级行政区的平均得分 30.75 分，且省内除南平市的政府互联网服务供给能力得分略低于全国平均水平外，其余 8 个地级行政区的政府互联网服务供给能力得分均高于全国平均水平。同时，厦门市、泉州市、三明市和福州市的服务供给能力得分超过 33 分，在全国 333 个地级行政区中排名领先。由此表明，福建省的政府互联网服务供给能力在全国范围内整体处于领先发展位置。

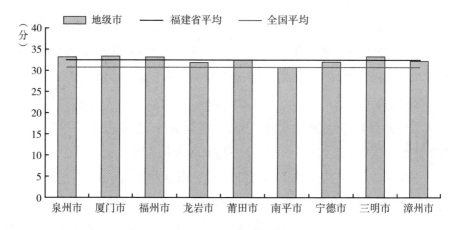

图 3　福建省政府互联网服务供给能力整体得分情况

其次，从二级指标的得分情况来看。一方面，对比 2020 年报告与 2021 年报告的得分与得分率情况发现，福建省政府互联网服务供给能力的二级指标得分相较上年有较大幅度的提升。其中：目录覆盖能力平均综合得分由 2020 年的 8.72 分上升至 9.45 分；服务贯通能力平均综合得分由 2020 年的 8.26 分上升至 12.81 分。另一方面，对比省内各地级行政区的得分情况发现，泉州市和厦门市的目录覆盖能力、应用整合能力及服务贯通能力三项二级指标的得分均较为领先，在福建省内属服务供给能力最强，即其服务供给能力得分在福建省内排名位于前两位，这与其政府互联网服务能力总得分在福建省内排名一致。具体而言：在目录覆盖能力方面，宁德市、泉州市、厦门市以及漳州市的得分比较靠前；在应用整合能力方面，厦门市、莆田市、泉州市及三明市的得分比较靠前；在服务贯通能力方面，福州市、三明市及龙岩市的得分比较靠前（见图4）。由此表明：就福建省政府互联网服务供给能力较强城市而言，其各二级指标均基本呈现齐头并进的发展现状；就福建省内政府互联网服务供给能力相对较弱城市而言，相较于目录覆盖能力，其应用整合能力和服务贯通能力两个二级指标维度呈现一定弱势。

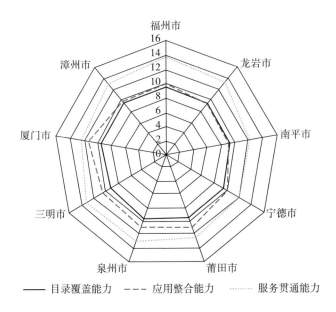

图4　福建省政府互联网服务供给能力二级指标得分情况（单位：分）

基于上述分析，聚焦福建省内各地级行政区的建设现状来看。首先，泉州市作为福建省政府互联网服务能力总得分排名第一城市，其服务供给能力亦处省内首位。同时，泉州市的目录覆盖能力得分领先。其次，厦门市作为福建省内政府互联网服务能力总得分排名第二城市，其服务供给能力的得分也较高，这得益于其应用整合能力的较优表现。最后，在服务贯通能力维度，福州市评估得分领先，其在创新创业领域的服务贯通建设水平较高。因而，对泉州市、厦门市和福州市的相关特色举措进一步探究如下。

泉州市的各类清单在查询便捷度和要素的规范度方面建设较优。如图5、图6所示，市民可以在政务服务网首页清晰直观地搜索与查看对应信息，且可以按照权力部门进行筛选，入驻权力部门覆盖全面。

图5 福建省泉州市目录覆盖能力建设情况

资料来源：https：//zwfw. fujian. gov. cn/listopen/index。

此外，泉州市的清单建设形成了不断深化的"三张清单"制度与工作思路。

泉州市于2014年发布《泉州市人民政府办公室关于印发泉州市推行市级行政权力清单制度实施方案的通知》，明确将按照全省统一部署和要求，开展泉州市级行政权力清理，推行行政权力清单制度。同年12月，为解决群众和企业审批服务事项问题，泉州市首次公布市级行政审批和公共服务清单，并在次年的3月、5月（比中央指定完成时限提前1年半时间）先后公

图6　福建省泉州市权责清单建设情况

资料来源：https：//zwfw. fujian. gov. cn/listopen/power – list/index？paramsType = qzqd。

布了市、县两级政府部门权力清单，其中市本级和晋江市的"权力清单"公布稿被省审改办推荐给其他市、县，作为参考借鉴范本；于2015年10月，向社会公布市、县两级的政府部门责任清单；于2015年8月24日正式公布297项内资投资准入的特别管理措施（即"负面清单"），实施"清单之外无禁区，法无禁止皆可为"。

至此，泉州市推动建立了权力清单、责任清单、负面清单的"三张清单"制度，有效精简了2906项没有法律法规依据、部门"红头文件"自行设定的权力事项，相比清单公布前精简率达41.7%，明确了6069项部门责任事项、125项多部门监管责任事项，形成了系统化清单式管理的集成效应。

近年来，随着工作的陆续开展，泉州市逐步将"三张清单"制度加以灵活化运用。泉州市出台《泉州市监察委员会泉州市司法局关于建立不予行政处罚、从轻或减轻行政处罚事项清单试点工作的通知》，提出在生态环境保护、农业、交通运输、文化市场、市场监管、城市管理、应急管理等7支综合执法队伍试点推行行政处罚"三张清单"制度。行政处罚"三张清单"指的是不予行政处罚、从轻或减轻行政处罚事项清单。

可以说，泉州市将"三张清单"工作思路从传统的"权力、责任与负面清单"中提炼出来，并用以指导其他多项"清单工作"的开展与推进，既是对政府工作的整合优化与流程再造，也通过对政府透明度、政府公信力的塑造，提升了政务服务的效率效能与群众满意度。

厦门市在应用整合能力维度的特色举措如图7、图8所示，其在政府门户网站首页直观清晰地整合展示了含网上办事大厅入口、市长信箱及12345便民平台的互动交流入口、"i厦门"及"闽政通"等政务新媒体渠道入口，实现了群众"一站可达"的整合供给。同时，在数据开放方面，厦门市政府门户网站首页也提供了可转至"厦门市大数据安全开放平台"的跳转链接。"厦门市大数据安全开放平台"的建设状况目前也较优，已经覆盖全市的6个区37个市级部门，实现数据的按领域、按主题获取，共整合数据881项目录、涉及数据量994.9万条、拥有注册用户3527个，服务于普惠金融、商业选址、算法演练、AI智能客服、旅游投资分析及产品营销方案优化等多个应用场景。

图7 福建省厦门市应用整合能力（办事入口与互动交流入口）建设情况

资料来源：http：//www.xm.gov.cn/。

**图8　福建省厦门市应用整合能力（政务新媒体渠道入口与
数据开放平台入口）建设情况**

资料来源：http：//www．xm．gov．cn/。

福州市在服务贯通能力维度的特色举措。其于创新创业领域的服务贯通建设水平较高，创新性地针对个人与法人的创新创业需求，提供了"涉企优惠政策"的服务。福州市在政府门户网站首页设置了"专题专栏"板块。其中"企业融资"专题实为含"涉企政策"在内的企业服务综合专题，除展示、发布与解读"涉企政策"外，还同时支持群众自主查询与浏览企业优惠扶持服务动态、工业发展动态与信息产业发展动态（见图9）。

（三）福建省政府互联网服务响应能力分析

首先，从省际层面与全国层面的整体得分情况对比来看。如图10所示，福建省政府互联网服务响应能力在全国范围内的发展状况整体优异，省内9个地级行政区的政府互联网服务响应能力平均得分为32.61分，高于全国333个地级行政区的平均得分30.62分，且省内共有6个地级行政区的政府互联网服务响应能力得分高于全国的平均水平，占比2/3。同时，泉州市和厦门市的服务响应能力得分均超过了36分，在全国333个地级行政区中排名领先。由此表明，福建省的政府互联网服务响应能力在全国范围内整体处于领先发展位置。

图9　福建省福州市服务贯通能力（涉企优惠政策服务）建设情况

资料来源：https：//www.fuzhou.gov.cn/zgfzzt/qyrz/。

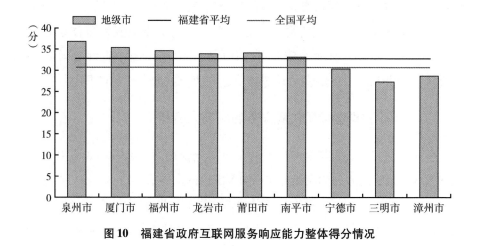

图10　福建省政府互联网服务响应能力整体得分情况

其次，从二级指标的得分情况来看。一方面，对比2020年报告与2021年报告的得分与得分率情况发现，福建省的政府互联网服务响应能力的二级指标得分相较上年有较大幅度的提升。其中，服务诉求受理能力平均综合得分由 2020 年的 5.43 分上升至 11.27 分；互动诉求反馈能力平均综合得分由 2020 年的 9.48 分上升至 9.54 分。另一方面，对比省内各地级行政区的得分情况发现，泉州市、厦门市和福州市的服务诉求受理能力、办事诉求响应能力及互动诉求反馈能力三项二级指标的得分均较为领先，在福建省内属服务响应能力最强，即其服务响应能力得分在福建省内排名位于前三位，这与其政府互联网服务能力总得分在福建省内排名一致。具体而言，在服务诉求受理能力方面，泉州市、福州市及三明市的得分比较靠前；在办事诉求响应能力方面，宁德市、漳州市及厦门市的得分比较靠前；而在互动诉求反馈能力方面，泉州市、厦门市及龙岩市的得分则比较靠前（见图 11）。由此表明，就福建省内政府互联网服务响应能力较强的城市而言，与政府互联网服务供给能力表现相同的是，其各项二级指标亦均基本呈现齐头并进的发展现状，而就福建省内政府互联网服务响应能力相对较弱的城市而言，其二级指标在互动诉求反馈能力维度比服务诉求受理能力和办事诉求响应能力两个维度呈现明显弱势。

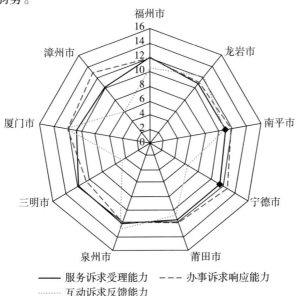

图 11　福建省政府互联网服务响应能力二级指标得分情况（单位：分）

基于上述分析，聚焦福建省内各地级行政区的建设现状来看。首先，在二级指标服务诉求受理能力维度，福州市得分领先。具体观之，其互动诉求受理能力建设水平较高。其次，在办事诉求响应能力维度，宁德市评估得分在福建省内领先，办事服务便利程度的建设水平较高。因而，以下将对福州市和宁德市的相关特色举措进一步探究。

福州市二级指标服务诉求受理能力下的三级指标互动诉求受理能力建设较优，这得益于福州市提供了"企业专项的诉求受理渠道"。如图12、图13所示，在福州市政府门户网站首页点击互动交流板块的"我要写信"功能图标，将跳转链接至福州市12345便民（惠企）服务平台，该平台支持诉求件填写，并在平台首页设置了"用户类型选择"的第一步内容，除个人诉求外，企业主体可就财税事务、劳动保障、运营管理等信息提交诉求咨询。此外，企业主体可通过浏览该平台的企业服务专页，实时查询诉求进度并办理其他各项业务。

图12　福建省福州市服务诉求受理能力（12345便民惠企服务平台）建设情况

资料来源：http：//fz12345.fuzhou.gov.cn/regCallStep1.jsp？id＝3。

宁德市办事诉求响应能力二级指标下"办事服务便利程度"三级指标建设较优。如图14所示，这得益于宁德市在其政务服务网站首页就企业开办、工程建设、企业注销等法人主体的常办业务打造了"一件事"集成套餐服务，并提供了直观、清晰、易寻找、可跳转的图标链接。

图13　福建省福州市服务诉求受理能力（企业专项的诉求受理渠道）建设情况

资料来源：http：//fz12345.fuzhou.gov.cn/webEntServiceIndex.jsp。

（四）福建省政府互联网服务智慧能力分析

首先，从省际层面与全国层面的整体得分情况对比来看。如图15所示，福建省政府互联网服务智慧能力在全国范围内的发展状况整体优异，省内9个地级行政区的政府互联网服务智慧能力平均得分为15.96分，高于全国333个地级行政区的平均得分13.98分，且省内除漳州市的政府互联网服务智慧能力得分略低于全国平均水平外，其余8个地地级行政区的政府互联网服务智慧能力得分均高于全国的平均水平。同时，厦门市和泉州市的服务智慧能力得分均超过了17分，在全国333个地级行政区中排名亦属领先。由此表明，福建省的政府互联网服务智慧能力在全国范围内整体处于领先发展位置。

其次，从二级指标的得分情况来看。一方面，对比2020年报告与2021年报告的得分与得分率情况发现，福建省的政府互联网服务智慧能力的二级

图14 福建省宁德市办事诉求受理能力（"一件事"集成套餐服务）建设情况

资料来源：https：//zwfw.fujian.gov.cn/？type=1&siteUnid=FF6F84404BCF4EE6B68434FC69668ED3。

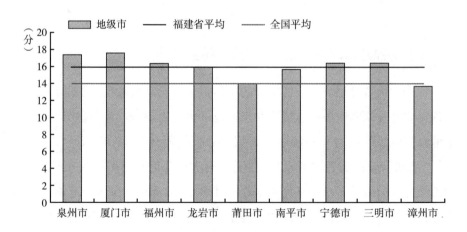

图15 福建省政府互联网服务智慧能力整体得分情况

指标得分相较上年有较大幅度的提升。其中，应用适配能力的平均综合得分由2020年的7.03分上升至7.21分；智能交互能力的平均综合得分由2020年的4.48分上升至6.35分；个性化服务能力平均综合得分由2020年的

1.92 分上升至 2.40 分。另一方面，对比省内各地级行政区得分情况有三点发现。一是，智慧能力领先的城市与供给能力领先城市、响应能力领先城市均一致，且其各项具体"智慧能力"发展均衡。如图 16 所示，厦门和泉州两市在其"智慧层面"的应用适配能力、智能交互能力及个性化服务能力 3 项二级指标中，得分均较为领先，在福建省内属服务智慧能力最强，即其服务智慧能力得分在福建省内排名位于前两位，这与其政府互联网服务能力总得分在福建省的排名一致。二是，具体"智慧能力"领先的城市有相近性，但也存在二级指标表现较优的城市。应用适配能力方面，福州市、泉州市及厦门市的得分比较靠前；智能交互能力方面，厦门市、泉州市以及福州市的得分比较靠前；个性化服务能力方面，泉州市、宁德市及三明市的得分比较靠前。三是，福建省各地级行政区在应用适配能力与智能交互能力的得分较为均等，在个性化服务能力的得分则相对失衡。根据评估计算，福建省各市的个性化服务能力得分的变异系数为 20%，远高于应用适配能力（8.72%）与智能交互能力（8.21%）。

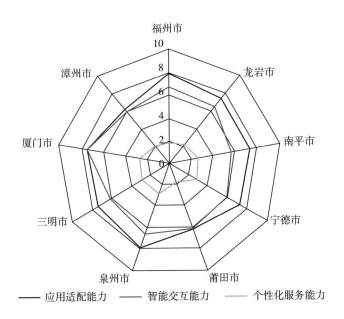

图 16　福建省政府互联网服务智慧能力二级指标得分情况（单位：分）

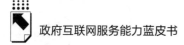

故于城市角度观之，福建省内政府互联网服务智慧能力较强的城市与政府互联网服务供给能力和政府互联网服务响应能力表现相同的是，其各项二级指标均基本呈现齐头并进的发展现状。同时，福建省政府互联网服务智慧能力相对较弱的城市在应用适配能力、智能交互能力及个性化服务能力三个维度均呈现一定弱势。

于分项能力角度观之，福建省各地级行政区未来可合理、循序地加强个性化服务能力建设，关注政务现实需要与群众切实需求，尝试打造具有城市特色的智慧性政务服务。

基于上述分析，聚焦福建省内各地级行政区的建设现状来看。在智能交互能力维度，厦门市得益于其智能搜索与智能问答两项内容的建设较优，评估得分 7.5 分，居福建省内首位且领先较多。由此，对厦门市的相关特色举措进一步探究如下。

福建省各地级行政区政府均能提供智能搜索，但厦门市的政府门户网站智能搜索功能实现效果更佳。如图 17 所示，就搜索结果排序方式、搜索关键词位置、二次搜索方式、搜索时间范围跨度等基础功能要求而言，厦门市政府的智能问答均能合理达成。同时，厦门市政府的智能问答能够针对近期群众搜索情况进行热搜词推荐并在界面展示，可支持市民一键搜索。

厦门市智能问答建设特色举措有二。首先，如图 18 所示，除在省级一体化政务服务平台设置了省级统筹的智能问答外，其政府门户网站亦自主设置了智能问答，设置在政府门户网站首页的"互动交流"专页。其次，如图 19 所示，厦门市人民政府网的智能问答能够通过知识库整合回应常见咨询、以办事服务等不同类型区分结果内容、梳理热门事项、提供"智能标签"一键输入、归纳热点问题、提供政务热线跳转链接等。同时，其答复内容能够通过寻求群众评价来纠错并丰富知识库。

三 案例启示

在 2021 年报告中，福建省政府的互联网服务能力较上年有稳定提升，

图 17　福建省厦门市人民政府网智能搜索建设情况

资料来源：http：//www. xm. gov. cn/smartSearch。

图 18　福建省厦门市政务服务平台智能搜索建设情况

资料来源：https：//zwfw. fujian. gov. cn/？type＝1&siteUnid＝8B843B8A862B176279921293FF24876A。

并有"均衡发展、领先发展"的亮眼表现。横向视角上从各分项指标得分来看，福建省在服务供给能力、服务响应能力与服务智慧能力三个一级指标维度均处于领先水平且较为均衡；纵向视角上从各地级行政区得分来看，福建省九市的政府互联网服务能力排名位次在全国具有一定优势。由此，以下对福建省政府互联网服务能力建设的相关路径与经验启示加以总结。

图19　福建省厦门市人民政府网智能问答建设情况

资料来源：http：//www. xm. gov. cn/hdjlzsk/。

（一）围绕核心战略加强顶层设计，统筹打造全维度、全覆盖的数字政府

福建省紧紧围绕"数字福建"战略，以整体思维谋篇布局。在时间序列上明确递进延续性的工作指导，在工作序列上保障全省各市有据可依、共同发力。

在时间序列上，自提出战略至今，福建省已发布4份"数字福建"五年专项规划和13份年度工作要点。一方面，从《数字福建"十五"建设规划》明确提及要"统筹规划，分步实施；应用主导，市场运作；互联互通，资源共享；技术创新，保障安全"，到"十一五"与"十二五"期间分别以"统筹规划、统一标准""统筹规划、协调发展"为"数字福建"建设的首

要遵循，再到强调"十三五"时期"数字福建"建设总体思路要注重"突出统筹协调、突出整合共享"，福建省的数字政府建设在每个重要阶段都始终以"统筹"为工作基本。另一方面，从《2009 年"数字福建"工作要点》中明确要"统筹规划建设电子政务基础网络"，到《2021 年数字福建工作要点》将"强化统筹协调"列为要点之一，提出"健全统筹协调机制""牢固树立全省一盘棋理念"，福建省的数字政府建设在每个重要一步亦都始终以"统筹"为工作之重。

在工作序列上，福建省在工作伊始就厘清"数字福建"的具象化内涵——"数字福建"是信息化的福建，是以福建省为对象的数字化、网络化、可视化和智能化，通过获取、集成与利用来自全省不同部门、行业、领域、的信息资源，最大限度地实现为全社会提供快捷、系统和简便的信息服务，促进国民经济良序发展和社会事业全面进步。可以说，"打通各职能部门、各城市地区及各业务类属"是"数字福建"一以贯之的工作要义。

（二）以需求为导向，深化"便民利企"意识，在供给侧做细做稳

我国的政务服务改革优化近年不断向更为便捷、更为便利的方向推进。2016 年 9 月 29 日，国务院印发《关于加快推进"互联网＋政务服务"工作的指导意见》，并在指导思想部分指出：最大程度利企便民，让企业和群众少跑腿、好办事、不添堵，共享"互联网＋政务服务"发展成果。2018 年 5 月 23 日，中共中央办公厅、国务院办公厅于印发了《关于深入推进审批服务便民化的指导意见》，明确主要任务之一是"创新便民利企的审批服务方式"。2020 年 9 月 29 日，国务院办公厅印发了《关于加快推进政务服务"跨省通办"的指导意见》，强调推进政务服务"跨省通办"的基本原则之一是"坚持便民高效"。

福建省在履行政府主体供给侧使命建设"数字福建"与提升政府互联网服务能力的过程中，兼顾供给与响应的职责，坚守"便民利企"意识，实现了工作的"细"与"稳"。

一是加强事项梳理与分类整合，做"细"政府互联网服务，让服务便

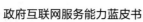

捷高效。福建省在"便民利企"上狠下功夫，注重加强清单建设、目录建设、重点领域建设、事项集成整合等。以"马上就办"建设为例，截至2020年6月，福建省级共开展18轮行政审批事项清理，相比2000年精简了85%的省级行政许可事项；保留了34项中介服务事项作为行政审批必要条件，仅占2015年的1/4。同时，对省级网上行政审批暨电子监察系统进行升级改造，建设"福建省网上办事大厅"，实现入驻政务事项23万项。全省依申请审批服务事项网上可办率达97.55%，"一趟不用跑"事项占59.3%。

二是加强渠道建设与功能呈现，做"稳"政府互联网服务，让办事更有保障。以政务服务新媒体渠道建设为例，福建省搭建的闽政通App不断优化服务供给与响应，让民众在移动端办事更舒心、更放心。截至2018年12月，闽政通App已接入省级网上办事大厅行政审批、公共服务事项超过16万项，整合便民服务事项489项，涵盖24个服务领域，实现了全国首次接入公安部交管12123App。2019年6月18日，闽政通App正式上线"网上自助刻章"和"省直公积金贷款预受理"等多项全新服务，更多事项可享受"一趟不用跑""最多跑一趟"。2020年2月14日，福建省依托闽政通App开发的"八闽健康码"服务上线，为全省企业复工复产、交通出行等领域提供便利服务。

（三）以创新为引领，深化"服务政府"意识，在供给侧做深做实

随着政务服务事项的不断完善和丰富，社会公众对于政务服务的渠道和方式赋予了更多期待，开始倾向于更加便捷化、智慧化的政务服务。2018年4月23日，福建省印发《关于推动新一代人工智能加快发展的实施意见》，明确要建设智能政务，将"依托省级政务部门和数字福建技术支撑单位，开展基于人工智能的公共管理和服务应用示范平台，改善政府决策与服务质量；推动多维度数据分析、感情识别等在公共需求预测、社会舆情分析中的应用，支撑政府科学化决策；推动自然语言处理、服务机器人在网上办事大厅、闽政通App、政府热线、门户网站、服务窗口的应用，提升政府公

共服务效能"。2019 年 3 月 20 日，福建省印发《2019 年数字福建工作要点》，明确提出要"着力推进经济社会的数字化、智能化转型，在更高起点上助推数字福建建设步伐"。

除统筹规范建设智能问答与智能搜索等基础动作外，福建省各地级行政区也在自主创新，不断拓宽提升智能化政务服务的可达边界与可达程度。以福州市在全省率先推出的行政审批事项智能化"秒批"服务为例，为减少疫情防控期间企业主体前往窗口办理业务的次数，并以审批提速服务企业复工复产，福州市在 2020 年开发智能审批系统，将企业办件量较大、涉及复工复产的行政审批事项纳入"秒批"范围。具体操作是首先由经办人员在网上系统提交事项材料，其次后台转交给"机器人"审批，如需证照材料，可由窗口免费寄送。智能化"秒批"服务的推出，大大加快了审批速度，群众也可以"一趟不用跑"。同时，智能化"秒批"对接省级统一的身份认定平台、省市场监管局企业信息库及福州市可信电子文件库等平台，可在企业身份认定、申请材料核对等环节，实现智能化判断，减少企业提交的材料数量。由此，基于事项梳理和智能化技术与智能化系统，福州市有效实现了"提交材料减少、审批速度加快"的智能化服务。

最新于 2021 年 5 月 26 日发布的《2021 年数字福建工作要点》明确指出，要实施"互联网＋社会服务"行动，要推动社会服务数字化、网络化、智能化，要打造一批具有全国影响力的"互联网＋社会服务"平台。未来，围绕新时代"数字福建"建设，福建省在政务服务领域将进行更多的创新深化与创新实践。

参考文献

戴圣良：《数字福建："互联网＋政务服务"背景下政府网站发展提升建议》，《三明学院学报》2020 年第 6 期。

李伟哲：《政策扩散视域下智慧城市的深化路径——以"数字福州"为例》，《闽江学院学报》2020 年第 4 期。

陈晓芳：《新时代我国电子政务建设的困境与出路——以福建省为中心》，《福建广播电视大学学报》2020 年第 3 期。

何桂洪：《"数字福建"建设中政府推进电子政务的注意力测量——基于福建省政府政策（2000—2018 年）的文本分析》，《石家庄铁道大学学报》（社会科学版）2019 年第 3 期。

李冰、章月萍：《技术驱动："数字中国"环境下创新政策扩散模式及其演进逻辑——基于福建省的政策文本主题模型（LDA）》，《北京印刷学院学报》2020 年第 10 期。

陈雅嫄：《"数字福建"背景下电子政务服务建设——以福州市为例》，《现代企业》2019 年第 8 期。

王岑：《创新引领"数字福建"高质量发展》，《中共福建省委党校学报》2018 年第 12 期。

董凌峰、李永忠：《基于云计算的政务数据信息共享平台构建研究——以"数字福建"为例》，《现代情报》2015 年第 10 期。

孟天广：《政府数字化转型的要素、机制与路径——兼论"技术赋能"与"技术赋权"的双向驱动》，《治理研究》2021 年第 1 期。

罗强强：《地方"数字政府"改革的内在机理与优化路径——基于中国省级"第一梯队"政策文本分析》，《地方治理研究》2021 年第 1 期。

赵岩、谭海波、何孟书：《地方政府互联网服务供给能力的影响因素及其组态——基于 27 省案例的定性比较分析》，《电子政务》2021 年第 4 期。

B.12
山东省政府互联网服务能力研究报告

韩啸 谈津 贾开*

摘　要：　随着信息技术逐步普及，互联网正在深刻改变着地方政府互联网服务模式。近年来，山东省政府持续推进"互联网＋政务服务"工作，切实提升本地政府互联网服务能力。本报告分析山东省及其下辖地级行政区政府互联网服务能力的亮点。经过对比分析发现，山东省地方政府互联网服务平均总得分为79.75分，位居31个省份第十名。下辖16个地级行政区政府互联网服务能力的评估数据显示，青岛市、济南市、烟台市和临沂市政府互联网服务能力得分排名位居全国优秀行列。山东省政府互联网服务能力的提升得益于四方面成功实践：一是坚持以人为本，打造"24小时不打烊"网上政府，做到政府公共服务在互联网上获取的便利化、均等化及普惠化；二是全面贯彻深入"互联网＋政务服务"，高质量建设一体化在线政府服务便民平台，推动线上线下深度融合；三是全面推动数据创新应用，统筹构建省市一体化大数据平台，搭建一批"数据可用不可见"的公共数据服务中台；四是全面夯实数字化基础支撑，实施数字政府"强基"工程，完善政务云网络布局，提升政府政务云的服务层次。

---

* 韩啸，电子科技大学公共管理学院讲师，研究方向为数字政府治理；谈津，电子科技大学公共管理学院，研究方向为数字政府治理；贾开，电子科技大学公共管理学院副教授，研究方向为人工智能治理和平台治理。

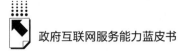
关键词： 互联网＋政务服务　山东省　供给能力　响应能力　智慧
能力

一　案例背景

山东省政府大力推行"互联网＋政务"，在技术应用、制度创新等方面展开积极探索，不断优化各级政务服务平台，实现省、市、县三级政务服务平台共联共通，推动政务数据共享、部门协同服务，让数据多跑腿和群众少跑路，办好事、服好务。参照国务院发布的"互联网＋政务服务"文件，山东省政府在2016年出台了《山东省人民政府关于印发"互联网＋"行动计划（2016—2018年）的通知》；2017年出台了《山东省人民政府办公厅关于印发山东省加快推进"互联网＋政务服务"工作方案的通知》等相关文件，强调政务服务要充分利用人工智能、物联网、云计算和大数据等新兴技术，实现互联网与政务服务深度融合，全面建设省级统筹、整体联动、部门协同、一网办理的"互联网＋政务服务"体系；2019年颁布《山东省人民政府办公厅关于印发山东省数字政府建设实施方案（2019—2022年）的通知》，该文件的出台标志着山东省在政府互联网服务能力建设上开启了"加速度"，山东省政府互联网服务能力已位于全国前列。下面就山东省在政府互联网服务的基础设施建设和管理制度建设两方面取得的成绩进行介绍。

在政府互联网服务基础设施建设方面，山东省下辖的济南市、青岛市、烟台市、临沂市和威海市等16个地级行政区，现已经形成"省—市—县—镇—村"的多级服务体系。各地政府建立统一身份认证、按需共享数据等工作机制，实现与山东省公共信用信息平台、公共资源交易平台等的前端整合，形成全省政府互联网服务建设的重要网络支撑。[①] 同时，加快优化网络基础设施建设，山东省固定宽带的家庭普及率达65％，互联网用户普及率

---

① 《山东省人民政府办公厅关于印发山东省加快推进"互联网＋政务服务"工作方案的通知》，http：//www.linyi.gov.cn/info/8225/293243.htm，2017年3月9日。

达70%，移动通信用户普及率达65%。山东省大力实施"千兆城市"建设，全面推进乡村光纤宽带网络覆盖比例提升和高带宽用户占比提升，大力开展"百兆乡村"搭建。加快IPv6规模性部署，统筹规划推进全省城域网、接入网、骨干网IPv6的升级，推动互联网数据中心、政务云平台与社会化云平台IPv6改造，全面支撑IPv6的移动和固定终端。在该搭建过程中，山东省政府各省、市、县部门汇集了充分的政务数据，初步实现了各部门间数据资源共享。截至目前，山东省推出了爱山东App，并且分别在微博、微信上架了政务服务页面，充分应用各个互联网平台与技术，加快推进"互联网+政务服务"。山东省政府服务网截至2021年9月底，实施主体达52831个，接入事项2676276项，已申请事项1729064项。仅2021年7月，1个月时间共处理22521990件政务服务，收到好评14759064个，差评整改率100%。①

在政府互联网服务管理体制和业务实现构建方面，山东省政府颁布了《山东省人民政府办公厅关于印发山东省数字政府建设实施方案（2019—2022年）的通知》，②文件提出"夯实数字政府建设基础，推进政府数字化转型"的建设方针，即统一建设互联互通的基础设施体系、汇聚融合的数据资源体系、先进适用的应用支撑体系、可管可控的安全保障体系、持续优化的标准规范体系。③在政务服务、公共服务、社会治理、区域治理四个方面实现数字化转型。加速推进政务服务机制创新，推动政府治理能力提升，实现多层级单向制政务管理向扁平化多向制政务协同转变，进一步建成整体、移动、协同、创新、阳光、集约、共享、可持续的服务型政府。打破原有各部门政务业务壁垒，重塑政务流程，提升跨部门政务协同水平，进一步完善"一网通办"互联网政务服务体系。

---

① 山东政务服务统一"好差评"栏目，http：//www. shandong. gov. cn/api－gateway/jpaas－jiq－web－sdywtb/front/item/goodBad_ rev。
② 《山东省数字政府建设实施方案（2019—2022 年）》http：//www. scio. gov. cn/xwfbh/xwbfbh/wqfbh/39595/40983/xgzc40989/Document/1659443/1659443. htm，2019 年 4 月 2 日。
③ 《山东省数字政府建设实施方案（2019—2022 年）》，http：//www. scio. gov. cn/xwfbh/xwbfbh/wqfbh/39595/40983/xgzc40989/Document/1659443/1659443. htm，2021 年 8 月 22 日。

表1 山东省提升政府互联网服务能力主要政策

序号	文件名称	年份
1	《山东省"互联网+"行动计划(2016—2018年)》	2016
2	《山东省政府办公厅关于印发山东省加快推进"互联网+政务服务"工作方案的通知》	2017
3	《青岛市加快推进"互联网+政务服务"工作方案》	2017
4	《烟台市加快推进"互联网+政务服务"实施方案》	2017
5	《山东省政府关于印发〈山东省加快推进一体化在线政务服务平台建设实施方案〉的通知》	2018
6	《山东省人民政府办公厅关于印发山东省数字政府建设实施方案(2019—2022年)的通知》	2019
7	《济南市人民政府关于深入推进四级政务服务体系建设的实施意见》	2019
8	《济南市人民政府办公厅关于印发济南市数字政府建设实施方案(2019—2022年)的通知》	2019
9	《济南市人民政府办公厅关于印发济南市提升网上政务服务能力推进"网上一窗""掌上一窗"工作方案的通知》	2019
10	《数字青岛发展规划(2019—2022年)》	2019
11	《关于印发数字青岛2020年行动方案的通知》	2020
12	《山东省人民政府办公厅关于印发山东省政务服务"一链办理"实施方案的通知》	2020
13	《关于印发数字青岛2021年行动方案的通知》	2021
14	《山东省人民政府办公厅关于加快推进政务服务"跨省通办"和"全省通办"的实施意见》	2021

二 案例分析

全国地方政府互联网服务能力评估使用三级指标体系,即一级指标——服务供给能力、服务响应能力、服务智慧能力,二级指标——目录覆盖能力、应用整合能力、服务贯通能力、服务诉求受理能力、办事诉求响应能力、互动诉求反馈能力、应用适配能力、智能交互能力、个性化服务能力,以及31项三级指标。采集了山东省下辖的济南市、青岛市、烟台市和威海市等 16 个地级行政区的相关数据。在此基础上，对山东省 16 个地级行政区的各项指标得分以及总得分进行计算和比较分析，进而评估山东省政府互联网服务供给能力、响应能力和智慧能力的发展状况。

（一）山东省政府互联网服务能力分析

评估数据显示，山东省有 4 个地级行政区（青岛、济南、烟台和临沂）互联网服务能力得分排名位居全国前列，这 4 个地级行政区政府的互联网服务水平说明山东省地级行政区政府互联网服务能力在全国处于优秀行列。在本报告评估的全国 4 个直辖市和 333 个地级行政区中，青岛市和济南市分别以总得分 87.73 分、86.87 分居全国第五位和第九位。山东省一半的地级行政区进入 100 强，青岛市、济南市、烟台市和临沂市进入全国前 20 强，展现了山东省各地级行政区政府互联网服务能力排名相较于全国其他地级行政区处于优势地位。

但也要清醒地认识到，除了领先的城市外，还有排名位于全国后部的菏泽市（全国排名 242 位）、聊城市（全国排名 252 位），它们连续两年排名下降；以及处于中后部的日照市、枣庄市、东营市、德州市与滨州市。根据木桶定律，决定一个区域治理水平、服务能力的不是最优秀、最具代表性的城市，而是"最短"木板，它拉低了整个区域的治理水平。因此，需要从整体性治理思维入手，跳出"抓亮点"的路径依赖，走向"补短板"的治理策略。找准上述地级行政区政府面临的具体问题、困境，努力推进山东全省互联网政务服务水平再上新台阶。

表2　山东省各地级行政区政府互联网服务能力排名年度对比

地级行政区	2021 年报告	2020 年报告	2019 年报告	2021 年较 2020 年排名变化	2021 年较 2019 年排名变化
青岛市	5	80	131	↑75	↑126
济南市	9	156	160	↑147	↑151
烟台市	11	218	64	↑207	↑53
临沂市	15	151	16	↑136	↑1

续表

地级行政区	2021 年报告	2020 年报告	2019 年报告	2021 年较 2020 年排名变化	2021 年较 2019 年排名变化
威海市	43	95	71	↑52	↑28
泰安市	49	23	44	↓26	↓5
潍坊市	52	60	14	↑8	↓38
淄博市	62	261	86	↑199	↑24
济宁市	107	73	109	↓34	↑2
日照市	165	130	204	↓35	↑39
枣庄市	168	120	32	↓48	↓136
东营市	178	174	91	↓4	↓87
德州市	179	110	158	↓69	↓21
滨州市	196	210	90	↑14	↓106
菏泽市	242	188	152	↓54	↓90
聊城市	252	118	100	↓134	↓152

2019 年报告中山东省地方政府互联网服务能力平均总得分位居参与评估的各省份第六名，2020 年报告中山东省地方政府互联网服务能力平均总得分位居参与评估各省份第九名。在 2019 年报告和 2020 年报告中，山东省排名全国前 10% 的地级行政区分别为 1 个和 3 个，2021 年报告评估中山东省有 4 个地级行政区进入全国前 10% 且有两个地级行政区位列全国前十，处于全国领先的地级行政区数量进一步增加。其中，烟台市 2021 年报告总得分与 2020 年报告相比排名上升最为显著，从全国 218 名上升到 11 名，提升 207 个位次。青岛市、济南市、临沂市、威海市、淄博市全国排名上升幅度较大，分别上升 75 个、147 个、136 个、52 个、199 个位次。泰安市、济宁市、日照市、枣庄市等位次与 2020 年报告相比有一定降低，但全省各地级行政区政府互联网服务能力整体发展态势向好。

从山东省地方政府互联网服务能力总体得分来看，山东省地方政府互联网服务平均总得分为 79.75 分，仍位居本报告 31 个省份第十名，领先全国地方政府互联网服务能力平均得分多达 4.36 分。山东省全部 16 个地级行政区中有 11 个得分都高于全国平均水平，表明山东省地方政府互联网服务能力水平远超全国地方政府互联网服务能力平均水平。与 2019 年报告相比，山东省地方政府互联网服务能力平均总得分增长近 9.5 分，山东省地方政府互联网服务供给能力两年内得到迅猛发展。与 2020 年报告相比，2021 年山东省地方政府互联网服务能力平均总得分增长 13.99%。山东省地方政府互联网服务水平与全国地方政府互联网服务平均水平的差距在进一步扩大，青岛市和济南市更是在本次地方政府互联网服务能力评估中位列全国前十位。

如表 3 所示，山东省 16 个地级行政区政府互联网服务供给能力、服务响应能力和服务智慧能力各项平均得分分别为 32.44 分、31.66 分和 15.65 分，全部高于全国平均水平，展现了山东省各地级行政区政府互联网服务较高的整体水平。其中，服务供给能力的得分率最高，服务智慧能力变异系数最小，分别为 81.10%、7.68%。一方面表明山东省通过持续建设，利用互联网为公众提供政务服务的能力达到较强水平，能够通过各类互联网平台为公众提供较为丰富的政务服务，具体表现在目录覆盖能力、应用整合能力和服务贯通能力方面；另一方面，较小的变异系数则表明山东省 16 个地级行政区之间政府互联网服务供给能力、响应能力和智慧能力的发展较为均衡。

表 3 山东省互联网服务能力一级指标（得分、得分率）

单位：分，%

一级指标	全国平均值	全国平均得分率	山东省平均值	山东省平均得分率	标准差	变异系数
服务供给能力	30.78	76.96	32.44	81.10	2.62	8.06
服务响应能力	30.62	76.56	31.66	79.15	3.43	10.83
服务智慧能力	13.98	69.91	15.65	78.25	1.2	7.68

（二）山东省政府互联网服务供给能力分析

本报告评估数据显示，2021 年山东省 16 个地级行政区政府互联网服务供给能力平均得分为 32.44 分，超过全国平均水平。与 2019 年和 2020 年相比分别增加了 5.22 分、2.1 分，在本报告评估的 31 个省份中位居第八。在本报告评估中，山东省共有 4 个地级行政区位居全国政府互联网服务供给能力前 10%，而 2019 年和 2020 年评估中，山东省分别只有 2 个和 1 个地级行政区位居全国政府互联网服务供给能力前 10%，2021 年增长幅度分别高达 100%、300%，表明山东省地方政府互联网服务供给能力在 2021 年得到了较大提升，并且进步程度在全国也处于领先水平。山东省各地级行政区政府互联网服务供给能力得分如表 4 所示。

表4 山东省各地级行政区政府互联网服务供给能力得分

单位：分，%

地级行政区	得分	得分率	全国排名
青岛市	35.74	89.35	12
济南市	36.02	90.05	7
烟台市	35.79	89.49	10
临沂市	33.63	84.08	46
威海市	32.62	81.56	91
泰安市	34.23	85.57	28
潍坊市	31.63	79.08	132
淄博市	33.35	83.37	49
济宁市	32.24	80.59	109
日照市	26.56	66.39	310
枣庄市	33.16	82.91	56
东营市	32.31	80.77	107
德州市	32.62	81.54	92
滨州市	31.86	79.65	124
菏泽市	30.08	75.19	220
聊城市	27.22	68.06	302

就政府互联网服务供给能力的二级指标（目录覆盖能力、应用整合能力、服务贯通能力）得分和排名而言，山东省 16 个地级行政区在目录覆盖能力、应用整合能力和服务贯通能力方面平均得分率分别为 82.52%、84.54%、77.45%，均领先于全国平均水平。在目录覆盖能力方面，山东省有 1 个地级

行政区得分位居全国前 10%。在应用整合能力方面，青岛市得分位居全国前十位，山东省共有 4 个地级行政区在此项能力评估中得分位居全国前 10%，相较于 2019 年和 2020 年报告都增加了 3 个地级行政区。在服务贯通能力方面，济南市得分位居全国第六名，山东省有 3 个地级行政区在此项能力评估中得分位居全国前 10%。相较于目录覆盖能力和服务贯通能力而言，山东省在应用整合能力方面的全国领先优势更加明显。山东省各地级行政区政府互联网服务供给能力二级指标得分如表 5、图 1 所示。

表 5 山东省各地级行政区政府互联网服务供给能力二级指标得分

单位：分，%

地级行政区	目录覆盖能力 A－1	得分率	应用整合能力 A－2	得分率	服务贯通能力 A－3	得分率
青岛市	24.75	82.5	29.46	98.2	35.14	87.86
济南市	27.67	92.24	25.77	85.9	36.61	91.52
烟台市	25.05	83.49	28.92	96.4	35.52	88.8
临沂市	24.84	82.81	27.12	90.4	32.11	80.28
威海市	23.35	77.82	27.75	92.5	30.46	76.16
泰安市	25.70	85.65	25.88	86.25	34.00	85
潍坊市	26.50	88.32	21.23	70.75	31.36	78.4
淄博市	26.64	88.8	24.81	82.7	31.92	79.8
济宁市	24.75	82.5	28.11	93.7	27.73	69.32
日照市	23.83	79.42	20.33	67.75	22.24	55.6
枣庄市	23.09	76.97	26.31	87.7	33.50	83.76
东营市	23.64	78.8	24.36	81.2	32.77	81.92
德州市	24.08	80.27	25.41	84.7	32.05	80.12
滨州市	24.54	81.8	25.43	84.75	29.68	74.2
菏泽市	23.85	79.5	24.98	83.25	26.37	65.92
聊城市	23.85	79.5	19.97	66.55	24.24	60.6

根据上面分析可知，山东省地方政府互联网服务供给能力的整体情况较好，其中最为突出的是济南市。济南市政府在互联网服务供给能力上得分 36.02 分，在山东省内居第一，在全国居第七。相较山东省内最低分（日照市）高出近 10 分。济南市政府建设的政务服务网站，通过数据共享、业务

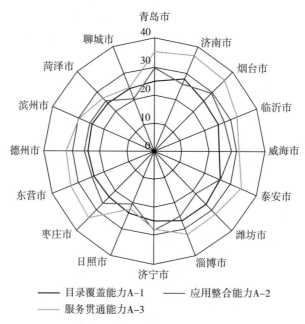

图1　山东省各地级行政区政府互联网服务供给能力
二级指标得分雷达图

系统、线上线下融合等措施，实现高频政务服务事项省内"一网通办"，只用一个搜索引擎提供海量服务。截至目前，共接入51个单位、可办理事项2153件、结果公示6241380件。济南市政府网上政务服务提供从热门搜索提示到行政层级、事项类型、个人办事、法人办事以及部门办事等多重分类选择。济南市人民政府官网如图2所示。从市级"一网通办"、全省通办，最后上升到跨省通办，直链省政府网站，方便市民跨市区甚至跨省解决问题。将政务微博、政务微信、泉城办App、12345政务热线等多种服务供给渠道整合到政务服务网站，真正做到高度整合各种应用，提供力所能及的服务，贯通服务职能，提升互联网时代老百姓的幸福感，建设共建、共治、共享的美好家园，使济南生活越来越丰富、交往越来越便利、归属感越来越强。

　　济南市政务服务网站开展政府服务"好差评"工作（见图3），总计评价5820061条，其中差评数3条，整改率100%。其中，独具特色的服务供给内容之一就是"服务清单"的建设，提供了如权责清单、"四办"清单、全城通办清单、掌上办清单、零跑腿清单、最多跑一次清单、高频事项清单、全程网办清单、帮办代办清单、秒批秒办清单、中介服务事项清单、收费清单、告知承诺事项清单、容缺受理事项清单、独任审批事项清单等26项清单内容。

图2 济南市人民政府官网

资料来源：http：//zwfw. jinan. gov. cn/jpaas－jiq－web－jnywtb/front/item/gr_ index？areaCode＝370100000000。

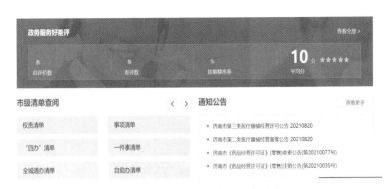

图3 济南市政务服务网服务清单

资料来源：http：//www. jinan. gov. cn/col/col57769/index. html？areaCode＝370100000000。

（三）山东省政府互联网服务响应能力分析

本报告评估的数据显示，山东省政府互联网服务响应能力平均得分为31.66分，在参与评估的31个省份中位列第15名。与2019年报告相比，得分

图4 济南市政务服务"一网通办"界面

资料来源：http：//www.jinan.gov.cn/col/col57769/index.html？areaCode＝370100000000。

增长2.55分；与2020年相比，得分增长6.11分。山东省地方政府互联网服务响应能力高于全国平均水平的有10个地级行政区，占全部地级行政区的62.5%，显示了山东省地方政府互联网服务响应能力发展水平保持全国领先。

表6 山东省各地级行政区政府互联网服务响应能力得分

单位：分，%

地级行政区	得分	得分率
青岛市	35.42	88.54
济南市	34.11	85.29
烟台市	33.39	83.47
临沂市	35.15	87.87
威海市	35.39	88.49
泰安市	33.58	83.95
潍坊市	34.12	85.29
淄博市	31.23	78.09
济宁市	32.63	81.58
日照市	35.93	89.83
枣庄市	28.97	72.44
东营市	27.78	69.44
德州市	26.80	66.99
滨州市	26.88	67.2
菏泽市	25.61	64.04
聊城市	29.56	73.9

根据本报告评估的山东省政府互联网服务响应能力得分和排名结果，山东省省内各地级行政区得分有 10 个高于全国平均水平，其中日照市和青岛市在该项上是全国排名最高的山东地级行政区，分别位居全国 20 名、26 名。山东省地方政府互联网服务诉求受理能力、办事诉求响应能力、互动诉求反馈能力各项指标平均得分分别为 25.54 分、31.57 分、22.04 分，领先全国平均水平。具体如表 7 和图 5 所示，在服务诉求受理能力方面，2019 年和 2020 年山东省内各地级行政区排名最高的分别是东营市、济南市，2021 年排名最高的则是威海市，表明山东省各地级行政区政府近年都在积极提升政府服务诉求受理能力；在办事诉求响应能力和互动诉求反馈能力方面，2021 年山东省内各地级行政区排名最高的分别是潍坊市、日照市，展现了潍坊市和日照市政府与公众政务需求间的良好互动。

表 7   山东省各地级行政区政府互联网服务响应能力二级指标得分情况

单位：分，%

地级行政区	服务诉求受理能力 B－1	得分率	办事诉求响应能力 B－2	得分率	互动诉求反馈能力 B－3	得分率
青岛市	28.8	96	32.93	94.1	26.81	76.6
济南市	26.1	87	33.78	96.5	25.41	72.6
烟台市	24.6	82	32.2	92	26.67	76.2
临沂市	27	90	29.58	84.5	31.29	89.4
威海市	30	100	33.78	96.5	24.71	70.6
泰安市	25.5	85	32.2	92	26.25	75
潍坊市	24.6	82	33.88	96.8	26.81	76.6
淄博市	23.1	77	29.58	84.5	25.41	72.6
济宁市	26.1	87	30.63	87.5	24.85	71
日照市	25.5	85	32.2	92	32.13	91.8
枣庄市	27.6	92	31.68	90.5	13.16	37.6
东营市	23.1	77	31.78	90.8	14.56	41.6
德州市	21.6	72	30.83	88.1	14.56	41.6
滨州市	22.5	75	31.68	90.5	13.02	37.2
菏泽市	25.5	85	25.38	72.5	13.16	37.6
聊城市	27	90	33.04	94.4	13.86	39.6

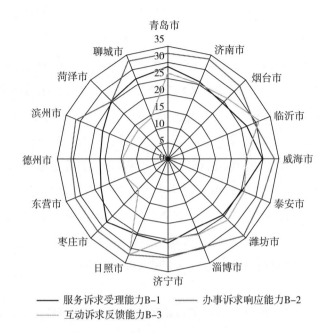

图5 山东省各地级行政区政府互联网服务响应能力
二级指标得分雷达图

日照市政府在互联网服务响应能力上得分位居全省地级行政区前列，选取日照市东港区为例进行案例分析如下。2013 年，日照市东港区创新了"零跑动"、"即刻办"等"互联网＋政务服务"举措。经近几年的不断发展，东港区逐渐形成完善的政务服务中心，进入网站就可以清晰地看见关于政务服务的所有信息，内容齐全、形式多样，包含政务公开、东港动态、政务服务、投资东港、互动交流、公共服务。用户可以根据自身的需要进入任意系统中，其中几乎囊括了企业、个人所需的全部公共服务事项。比如进入较为繁忙的"公共服务"系统，拥有企业服务、个人服务、便民服务、公共设施多项栏目，每一类又分为多个小类，细化到每一个具体的活动服务。东港区政务服务中心较好地运用了"互联网＋政务"，拥有"数、云、网、端"四大载体。"数"指数据库数据交换共享系统，"云"即政务服务云，"网"指门户网站，"端"为移动客户服务端。这四大载体分别扮演着重要的角色，数据采集与交换是政府互联网服务的基础，政务服务云、门户网站是服务的核心，移动客户服务端则是服务的关键。

（1）数据库数据交换共享系统。东港区政务服务中心一直坚持建设数据库数据交换共享系统，通过信息的获取、整合、交换，推动不同政务信息系统之间的数据快速共享，打通以往的"信息孤岛"，打造"一站式"服务平台。①

（2）跨部门协同的政务服务云。日照市东港区政务服务中心依托具有强大信息处理能力的云计算，以及其终端进行渠道分配，对政府职能进行重新的整合优化，例如在"个人服务"中就包括了医疗服务、就业服务、教育服务、交通服务、住房服务等数十项，实现业务之间共享互通，各部门之间云接头，并可以进行双向或单项的数据交互。

（3）一站式服务的门户网站。东港区政务服务中心的门户网站内容充实、设计合理、一目了然、操作简便；分多个模块，每个模块设置专门的审批和导航办事接口；同时，还设有搜索引擎，针对找不到项目的情况进行快速检索，以使线下办公厅和线上服务网站无缝衔接，方便公务人员办事，快速满足公众的需要。

（4）移动客户服务端。随着智能手机的发展和普及，移动客户服务端作为一种更加前沿、便捷的技术接口，通过手机 App、电脑网页等终端，将政务中心和公众联接在一起，使公众可以足不出户实现政务需要，解决了政务服务"最后一公里"的问题。

（四）山东省政府互联网服务智慧能力分析

本报告评估数据显示，山东省政府互联网服务智慧能力平均得分为15.65 分，排名在全国前 10% 的有 6 个地级行政区。与 2019 年和 2020 年报告相比，2021 年报告中排名在全国前 10% 的地级行政区数量增长达 100%。

---

① 《"互联网＋政务"的现实困境及其优化策略——以广东省为例》，《福建论坛》（人文社会科学版）2018 年第 2 期。

图6 日照市东港区政民互动官网窗口

资料来源：http：//www. rzdonggang. gov. cn/col/col31430/index. html。

在参与评估的 31 个省份中，山东省政府互联网服务智慧能力平均得分位居全国前十，展现了良好的服务智慧能力发展态势。

表8 山东省各地级行政区政府互联网服务智慧能力得分

单位：分，%

地级行政区	得分	得分率
青岛市	16. 57	82. 84
济南市	16. 74	83. 68
烟台市	17. 24	86. 22
临沂市	16. 50	82. 52
威海市	15. 17	75. 86
泰安市	15. 11	75. 54
潍坊市	16. 98	84. 89
淄博市	17. 70	88. 49
济宁市	14. 97	74. 86
日照市	13. 49	67. 45
枣庄市	13. 79	68. 93
东营市	15. 14	75. 7
德州市	15. 76	78. 81
滨州市	15. 64	78. 18
菏泽市	15. 54	77. 70
聊城市	14. 07	70. 36

就山东省政府互联网服务智慧能力的二级指标得分而言，如表9所示，在应用适配能力和个性化服务能力方面，山东省内排名最靠前的都是淄博市，在智能交互能力方面，排名最靠前的是烟台市和潍坊市。山东省各地级行政区政府互联网智慧能力得分最高的也是淄博市，位居全国第三。

表9 山东省各地级行政区政府互联网服务智慧能力二级指标得分

单位：分，%

地级行政区	应用适配能力 C‑1	得分率	智能交互能力 C‑2	得分率	个性化服务能力 C‑3	得分率
青岛市	37.44	93.61	35	87.5	10.4	52
济南市	37.08	92.71	30.7	76.75	15.9	79.5
烟台市	37.02	92.55	37.5	93.75	11.7	58.5
临沂市	37.12	92.79	35	87.5	10.4	52
威海市	36.96	92.4	35	87.5	3.9	19.5
泰安市	36.94	92.34	28.2	70.5	10.4	52
潍坊市	36.99	92.47	37.5	93.75	10.4	52
淄博市	39.39	98.46	33.2	83	15.9	79.5
济宁市	31.36	78.41	28.9	72.25	14.6	73
日照市	31.25	78.13	25.8	64.5	10.4	52
枣庄市	36.83	92.08	28.2	70.5	3.9	19.5
东营市	37.1	92.75	28.2	70.5	10.4	52
德州市	37.11	92.77	30	75	11.7	58.5
滨州市	37.08	92.7	30.7	76.75	10.4	52
菏泽市	31.2	78	33.2	83	13.3	66.5
聊城市	31.26	78.15	33.9	84.75	5.2	26

淄博市政府互联网服务智慧能力得分位列全国第三，得益于淄博市政府对互联网政府建设的高度重视。淄博市为了推进"数字政府"建设、提供优质智慧政务，进行了大量努力和工作，具体如下。

第一，重视技术支撑。促进数字政府建设的协同化、集约化、智慧化，推动政府权力运行信息公开化、数据流程标准化、办理网络化电子化、监督实时化。在硬件设施上，淄博市利用阿里云技术搭建云计算服务中心，为全市政府各个层级部门提供云服务。当前，淄博市任何部门信息化构建只需到

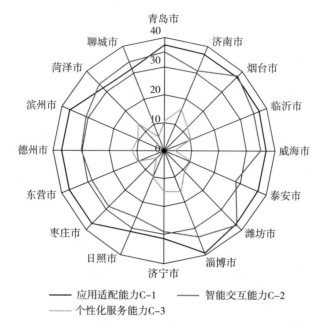

**图7 山东省各地级行政区政府互联网服务智慧能力
二级指标得分雷达图**

相关信息主管部门办理本市云计算中心入驻和使用手续，审批后即可将各自的政务信息与平台主动与其实现对接，使用政府统一购买的云计算中心各项服务。借此，淄博市逐步实现电子政务的集约化、协同化、智慧化，使行政成本大大降低。

第二，优化制度构架。开展数据共享、整体信息化规划以及业务整合，实现全市统筹、上下联动。淄博市政府对"互联网＋政务服务"项目的组织管理、总体规划、财政支持、实施步骤、监督评估等做出明确规定，并将推进"互联网＋政务服务"列入政府重点工作之一。目前，淄博市"互联网＋政务服务"统筹协调、上下联动的长效机制已初步形成，有关政务平台的建设规范、技术标准陆续颁布实施，之前分散在五区三县的电子资源正在整合之中，初步实现了网上政务服务导航、申报、认证、查询、支付、互动、评价各个环节的一体化，网上政务服务实现同城通办、就近办理。同时，淄博市还建立了完整的"互联网＋政务服务"绩效考核机制，将网上审批系统与市级部门专网互联共通、推行网上办理。建立"五级联动"政务服务体系，以此作为部门考核的重要保障。

第三，推进内容建设。政府治理从传统治理向电子政务转变，在提高行政效率的同时，更提高了公共服务的质量，实现了真正意义上的便民利民，体现了政府"以人为本"的善治思想。淄博市主动适应大数据时代的变化，积极推进政府治理互联网创新，以信息化改善民生，以智慧化提升服务。进一步明确了改革新方向和目标，按照"虚实一体，应上尽上，全程在线"的目标原则，以数据对接的方式全力推进市直各部门以及五区三县政府各部门事项上网，实现全市各级行政许可事项100% 进入网上办事大厅，实现线下政务大厅和网上办事大厅深度融合、无缝衔接。全面统筹线上线下服务资源，推进各级业务数据的交互共享，实行省、市、县、镇、村五级业务联动，推进基层审批事项网上办理和代办，促使网上政务服务向镇（街道）延伸，服务群众"最后一公里"。至此，淄博市项目审批时限由过去的平均12.75 天压缩到2.61 天。淄博市在线政务服务窗口如图8 所示。

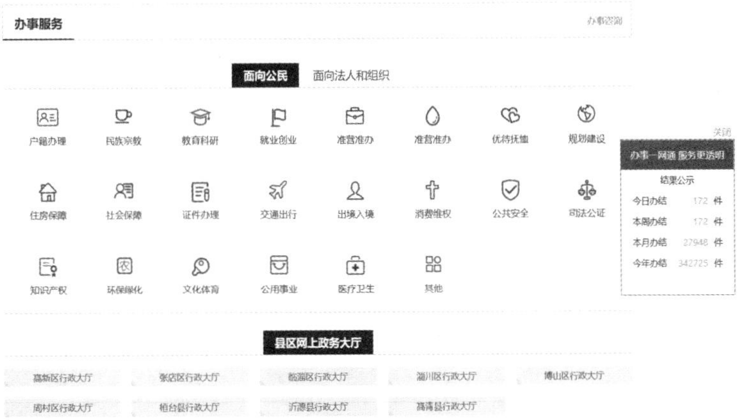

图8　山东省淄博市在线政务服务窗口

资料来源：http：//www.zibo.gov.cn/col/col7/index.html。

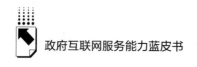

三 案例启示

自 2016 年国务院出台《关于加快推进"互联网＋政务服务"工作的指导意见》后，山东省高度重视"互联网＋政务服务"建设。以《国务院办公厅关于印发〈"互联网＋政务服务"技术体系建设指南〉的通知》为蓝本，2017 年山东省人民政府办公厅出台了《山东省加快推进"互联网＋政务服务"工作方案》并作为纲领性文件。在此背景下，山东省政府及其下辖地级行政区政府在互联网政务服务能力建设方面取得优异成绩和工作经验，总结为以下主要的四项。

（一）重视规范政务服务事项，全面推进清单制管理

首先，加强政务服务事项目录清单管理。全省各级全面梳理行政权力事项、公共服务事项，编制形成政务服务事项目录清单。按照统一标准、自上而下的原则，强化省级统筹，加强政务服务事项目录清单要素规范，实现同一政务服务事项在纵向不同层级、横向不同区域间相关要素相对统一。其次，编制梳理政府服务事项的实施清单。在目录清单基础上，做到全省"同一事项、同一标准、同一编码"，以政务服务平台为依托，建设全省统一的政务服务事项动态管理运行系统，形成全省目录清单、实施清单一体化的政务服务事项管理体系。最后，全面公开政务服务信息。在 2017 年底前，山东省所有县级以上政府门户网站和政务服务大厅公示政务服务事项清单，集中全面公开政务服务相关法律法规、政策文件、通知公告、办事指南、审查细则、常见问题、监督举报方式和网上可办理程度，以及行政审批涉及的中介服务事项清单、机构名录等信息，并实行动态调整，确保线上线下信息内容准确一致。

（二）坚持优化政务服务，利用互联网进行创新

第一，推进公共服务事项网上完成。依托政务服务平台，继续强化行政

许可事项网上运行，推进行政处罚等其他行政权力事项及具备条件的公共服务事项上网运行，[①] 实现与企业、居民等密切相关的服务事项全面网上受理、网上办理、网上反馈，做到政务服务事项"应上尽上、全程在线"。[②] 第二，简化网上办事流程。推进办事材料目录化、标准化、电子化，开展在线填报、在线提交和在线审查。[③] 建立完善网上预审机制，及时推送预审结果，对需要补正的材料一次性告知。建立协同办理工作机制，实现统一收件、联合办理、一次审结，建立政务服务咨询、投诉和满意度评价常态化机制，促进服务质量提升。第三，创新网上服务模式。加快政府数据开放平台建设，推动政府数据开放，充分依托社会力量开发多级、多层、跨领域的公共应用，提供多样化、创新性的便民服务。[④] 推进政务服务大数据应用，开展政务服务信息资源跨领域、跨渠道综合分析，贴近服务需求，提供智能化、个性化精准服务，提高主动服务水平。

（三）融合升级政务服务平台，多样满足社会服务需求

第一，整合形成统一政务服务门户。加快省政府门户网站整合升级工作，依托县级以上政府门户网站，建立本行政区域统一的政务服务门户。强化省级统筹，加强门户间联动，实现"进一扇门、办全部事"。做好移动端统一政务服务门户的规范整合。第二，提升网上政务服务平台支撑能力。继续完善全省政务服务平台功能，推进政务服务数据在省级集中，实现政务服务数据的互通共享，做到"单点登录、一次认证、全网通办"，切实提高政务服务事项在线办理程度。第三，提高线上线下融合发展水平。适应"互

---

① 《各省从三方面加快推进"互联网＋政务服务"》，http：//www. e－gov. org. cn/article－164889. html，2021 年 8 月 22 日。

② 《国务院关于加快推进"互联网＋政务服务"工作的指导意见》，http：//www. mofcom. gov. cn/article/b/g/201701/20170102500956. shtm。

③ 《国务院关于加快推进"互联网＋政务服务"工作的指导意见》，http：//www. mofcom. gov. cn/article/b/g/201701/20170102500956. shtm。

④ 叶鑫、董路安、宋禹：《基于大数据与知识的"互联网＋政务服务"云平台的构建与服务策略研究》，《情报杂志》2018 年第 2 期。

联网＋政务服务"发展需要，进一步规范各级实体政务服务大厅建设和管理，实现与网上政务服务平台的深度融合。为群众提供项目齐全、标准统一、便捷高效的政务服务。第四，推动政务服务向基层延伸。建设全省统一的政务服务代办系统，加强乡镇（街道）、村居（社区）便民服务点建设，进一步发挥基层代办人员的作用，实现乡镇（街道）和村居（社区）基本覆盖，方便基层群众获得高效、优质的网上办事服务。①

（四）夯实支撑基础，全面建强数字政府根本

第一，推进政务信息资源共享。按照《政务信息资源共享管理暂行办法》（国发〔2016〕51号）和《山东省政务信息资源共享管理办法》（鲁政办发〔2015〕6号）要求，制定实施细则，加快梳理部门数据资源，推进政务信息资源共享目录编制和保障体系建设，完善省级政务信息资源共享交换平台，打通"信息孤岛"，促进跨地区、跨层级、跨部门政务信息资源按需共享、交换、互认，充分发挥信息资源对"互联网＋政务服务"的支撑作用。

第二，加快新型智慧城市建设。大力实施"互联网＋城市"行动，加强体制机制创新和城市资源整合，着力解决城市病、民生领域突出问题，提高惠民服务能力和均等普惠水平，提升政府社会治理能力，打造全天候、多渠道的惠民服务体系和透明高效的政府治理体系，因地制宜积极探索新型智慧城市建设运营模式。②

第三，建立健全制度标准规范。根据《"互联网＋政务服务"技术体系建设指南》（国办函〔2016〕108号），进一步完善全省政务服务平台建设标准规范体系，以信息共享、业务协同和服务提升为重点，着力做好政务服务应用框架、数据共享交换及政务服务质量考核指标体系等标准规范的制定

---

① 《深化放管服改革推进政府职能转变的实践与思考》，http：//www. fx361. com/page/2018/0323/3290790. shtml。

② 《山东省加快推进"互联网＋政务服务"工作方案》，http：//www. gov. cn/zhengce/2017－05/15/content_ 5194117. htm。

与完善工作。

第四，完善电子政务基础设施。进一步规范省电子政务外网建设和管理，完善外网公共服务域，优化网络结构，扩大网络覆盖面，丰富网络应用，推动部门业务专网整合和应用迁移，强化安全管理，完善监管措施，为"互联网＋政务服务"体系建设提供支撑。[1]

第五，完善公共网络基础设施。在推进"全光网省"的基础上，继续深化光纤接入网建设，提高城域网和骨干网出口带宽，降低上网资费水平。在行政村光纤已通达的基础上，推进 20 户以上自然村光纤通达和升级改造。加快 4G 高速无线宽带网络建设，完成全省 16 个设区市城区、县城区域、行政村 4G 网络的全覆盖。

参考文献

江小涓：《以数字政府建设支撑高水平数字中国建设》，《中国行政管理》2020 年第 11 期。

汤志伟、张龙鹏、李梅、张会平：《地方政府互联网服务能力及其影响因素研究——基于全国 334 个地级行政区的调查分析》，《电子政务》2019 年第 6 期。

孙宗锋、姜楠：《政府部门回应策略及其逻辑研究：以 J 市政务热线满意度考核为例》，《中国行政管理》2021 年第 5 期。

郑磊：《城市数字化转型的内容、路径与方向》，《探索与争鸣》2021 年第 4 期。

张勇进、章美林：《政务信息系统整合共享：历程、经验与方向》，《中国行政管理》2018 年第 3 期。

翟云：《基于"互联网＋政务服务"情境的数据共享与业务协同》，《中国行政管理》2017 年第 10 期。

陈涛、董艳哲、马亮等：《推进"互联网＋政务服务"提升政府服务与社会治理能力》，《电子政务》2016 年第 8 期。

韩啸、吴金鹏：《治理需求、政府能力与互联网服务水平：来自中国地方政府的经验证据》，《情报杂志》2019 年第 3 期。

---

[1] 《山东省加快推进"互联网＋政务服务"工作方案》，http：//www.gov.cn/zhengce/2017 - 05/15/content_ 5194117. htm。

B.13
北京市政府互联网服务能力
研究报告

杨柳 任洋 蔡运娟*

摘　要： 北京市政府互联网服务能力全国领先，2021年报告数据显示，北京市政府互联网服务能力得分为89.71分，位列全国直辖市和地级行政区第一。其中，服务供给能力、服务响应能力、服务智慧能力得分分别为36.13分、36.81分和16.77分，相应的得分率分别为90.33%、92.03%和83.85%。北京市高水平的政府互联网服务能力得益于以下三点：①利用大数据和区块链技术，推动政务信息共享开放；②优化营商环境，增强市场主体的获得感；③利用政务新媒体，打造政府服务为民的新形象。北京市优秀的政府互联网服务发展经验可为其他地区提供很好的启示和借鉴。

关键词： 北京市 "互联网+政务服务" 首都之窗

一　案例背景

为响应《国务院关于加快推进"互联网+政务服务"工作的指导意见》

---

* 杨柳，电子科技大学公共管理学院讲师，研究方向为公共治理与数字乡村；任洋，电子科技大学公共管理学院副教授，研究方向为政府治理与公共管理；蔡运娟，电子科技大学公共管理学院讲师，研究方向为信息资源管理。

（国发〔2016〕55 号）的要求，北京市早在 2017 年 5 月便制定了《北京市加快推进"互联网＋政务服务"工作方案》。该方案中明确提出优化再造政务服务、融合升级平台渠道、夯实支撑基础、组织保障的发展目标，旨在切实提高政务服务质量与实效。

为更好地推进"互联网＋政务服务"工作，北京市在 2018 年 7 月发布了《北京市推进政务服务"一网通办"工作实施方案》。该方案推出后，北京市便持续推进政务服务"一网通办"，并在 2018 年 11 月明确提出，为解决企业、群众网上办事重复注册登录问题，将在全市搭建统一的互联网政务服务总门户，并持续推动各区各部门的互联网办事系统与市网上政务服务大厅的单点登录对接，力争在年底使全市网上办理事项比例达到 90% 以上。通州区在当年 10 月已经率先完成该目标，海淀区也创新地运用区块链等新技术进行了数据梳理。

为了使企业群众办事像"网购"一样方便，北京市在 2019 年围绕"放管服"改革、优化营商环境等重点工作，大力推进政务服务"一网通办"，通过深化改革、优化服务、完善"好差评"制度等多项措施，不断提升网上政务服务能力，促使企业群众获得感持续提升。其中，通过深化改革措施，市区两级依申请材料减少超 2 万份，市级行政许可事项平均跑动次数降到 0.3 次以下。通过优化服务措施，北京市完善了"首都之窗"网上服务总门户，用户可通过 8 种方式登录网上政务服务大厅，并可根据实际需求选择"我的定制服务"，实现个性化精准服务。同时，"首都之窗"上线了"办好一件事"专栏，58 个"办好一件事"主题让市民办事更便利。通过完善"好差评"制度，办事市民能够对政务服务各环节进行评价，能够有效地促进规范政务服务行为、提升政务服务水平。

在 2020 年抗击疫情的关键阶段，北京市大力推行"互联网＋政务服务"，并在 2 月 7 日印发了《北京经济技术开发区管理委员会关于支持中小企业抗疫情云办公稳发展的若干措施》（京技管〔2020〕12 号），鼓励中小企业创新生产经营模式，以弹性办公、网络云办公等方式减轻疫情对生产经营的影响。

北京市以"互联网＋"改革为牵引，通过持续推出"互联网＋政务服务"多项举措、统筹推进一系列信息化项目、深入推进一体化大数据应用、探索推进前沿技术应用研究、积极推进"金民工程"试点对接、扎实推进安全保障工作，为"民政为民"配置了"金钥匙"，谱写了民生领域信息化工作新篇章，也为其他地区发展"互联网＋政务服务"提供了良好的经验。

二 案例分析

2021年报告数据显示，北京市互联网服务能力得分为89.71分，位列全国直辖市和地级行政区第一。其中，服务供给能力、服务响应能力、服务智慧能力得分分别为36.13分、36.81分和16.77分，相应的得分率分别为90.33%、92.03%和83.85%（见表1）。数据表明，北京市互联网服务能力中服务响应能力最强，服务供给能力紧随其后，最后为服务智慧能力。

表1　北京市互联网服务能力得分情况

单位：分，%

项目	2021 年报告	
	得分	得分率
服务供给能力	36.13	90.33
服务响应能力	36.81	92.03
服务智慧能力	16.77	83.85

（一）北京市政府互联网服务供给能力分析

2021年报告数据显示，北京市政府互联网服务供给能力得分为36.13分，排名全国直辖市和地级行政区第4位。服务供给能力各维度中，目录覆盖能力、应用整合能力和服务贯通能力的得分分别为28.72分、25.88分和35.73分，相应的得分率分别为95.73%、86.27%和89.33%，分别在全国直辖市和地级行政区排第4位、第72位和第10位。这表明，北京市的目录覆盖能力和服务贯通能力较全国其他地区而言水平较高，而应用整合能力仍具备一定的提升潜力。

1. 目录覆盖能力分析

在目录覆盖能力分项指标中，北京市的政府信息公开目录获得了满分，权责清单和公共服务清单得分率分别为 94.00% 和 92.8%。这表明北京市在政府信息公开目录方面表现优异，在权责清单和公共服务清单方面仍有提升空间。

北京市人民政府网上端设置了"政务公开"和"政务服务"板块（见图1）。其中，"政务公开"板块中包含"市领导"、"机构职能"、"政策公开"、"政策解读"、"回应关切"、"决策公开"和"专题公开"内容，同时该网站还在显著位置设置了"重点领域信息公开"板块，可供公众便捷地获取政府信息公开目录。

图1　北京市人民政府网目录覆盖功能展示

资料来源：http://www.beijing.gov.cn/gongkai/。

同样,"政务服务"板块中也包含多项服务内容,包括"个人服务"、"法人服务"、"部门服务"、"便民服务"、"利企服务"、"投资项目"、"中介服务"和"阳关政务"内容,如图2所示。点击"政务服务"板块可跳转到相应的服务页面,不但包括上述的政务服务板块,还可以通过页面中的"热点服务"、"常用查询"和"个人消息"对相应的服务进行查询,方便公众快捷地获取相应的服务内容。

图2 北京市人民政府网公共服务功能

资料来源:http://banshi.beijing.gov.cn/。

针对权责清单内容,如图1所示,北京市人民政府网右侧设置了专门的"权责清单"栏目,点击该栏目,可以进入权责清单界面(见图3),公众可以方便地获取"北京市权力清单"、"北京市行政处罚权力清单"以及"北京市政府部门行政职权运行通用责任清单"。

2. 应用整合能力分析

在应用整合能力的分项指标中,北京市的平台应用能力得分率最高,为92.50%,其次为数据开放,得分率为80.00%,而平台整合能力得分率最低,为75.00%。这表明北京市的平台应用能力水平较高,但是数据开放和平台整合能力仍有一定提升空间。

在平台应用能力方面,北京市人民政府网在显著位置设置了"重点领域信息公开"板块(见图1),涵盖权责清单、疫情防控、优化营商环境、

图3　北京市人民政府网权责清单

资料来源：http：//www. beijing. gov. cn/gongkai/qlqd/。

财政和审计、财政资金直达基层、安全生产、重大建设项目、环保、食品药品安全、公共资源配置、建议提案、政府采购、双公示、双随机、行政执法公示、社会公益事业、稳岗就业、养老服务、教育、扶贫等内容，可供公众了解重点领域的公开信息。除此之外，北京市人民政府网在首页底部提供了政务服务热线、客服信箱、微信公众号和政务微博（见图4），给公众获取政府服务提供了多种可选择的渠道。

图4　北京市人民政府网应用功能展示

资料来源：http：//www. beijing. gov. cn/。

在数据开放方面，北京市人民政府网在右侧栏提供了"数据公开"板块，点击可进入数据公开界面（见图5），查看相应的数据公开信息。该界面包含"数据解读""月/季度数据""年度统计公报""统计年鉴""北京市宏观数据库""数读"板块，还在显著位置设置了"数据资源"板块，并可按主题和按部门对公开数据进行查询。除此之外，该界面还在底部提供了"最新数据"、"最热数据"、"最热接口"和"最热应用"栏目，公众可便捷地查询到相关信息。

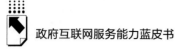

图5 北京市人民政府网数据开放界面

资料来源：http://www.beijing.gov.cn/gongkai/shuju/。

在平台整合能力方面，北京市人民政府网首页涵盖了"要闻动态"、"政务公开"、"政务服务"、"政民互动"和"人文北京"等多项内容（见图1）。首先，公众可在该网站上便捷地查阅要闻和国务院信息，并通过旁边的搜索栏查找相关政策。其次，公众可以通过"个人办事""企业办事""办事热点"板块便捷地办理自己所需事项（见图6）。再次，"优化营商环境"和"政府信息公开"板块给公众了解营商环境政策条例、办理营商事宜、获取政府公开信息等提供了便捷的渠道。最后，该网页还展示了目前大家都在问的问题，方便公众及时获取相关社会热点信息，并可以通过右侧的"12345网上接诉即办""咨询""征集""调查""建议""举报"板块及时办理相关事务。

图6　北京市政府平台整合能力展示

资料来源：http：//www.beijing.gov.cn/。

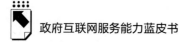
3. 服务贯通能力分析

北京市政府的服务贯通能力分项指标中，就业领域、住房领域、交通领域、企业经营纳税指标均获得了满分，紧随其后的是企业开办变更指标，得分率为98.00%，医疗领域和社会信用指标的得分率均为90.00%，教育领域指标得分率为84.00%，创新创业领域指标的得分率为80.00%，企业注销领域指标的得分率为74.00%，社保领域指标的得分率为72.00%。数据表明，北京市政府的服务贯通能力整体水平较高，但各分项指标间仍然存在差异。

北京市人民政府网首页在"个人办事"板块（见图6）中，提供了"生育收养""户籍办理""住房保障""社会保障""交通出行""出境入境""就业创业""证件办理"服务，致力于"关心您生活的每一个细节，倾力为您提供优质的个人办事管家式服务"。在"企业办事"板块（见图6）中，提供了"设立变更""知识产权""资质认证""税收财务""交通运输""投资审批""准营准办""年检年审"服务，致力于"陪伴企业成长的每一个环节，全力打造一网通办服务平台"。除此之外，北京市人民政府网便民服

图7 北京市人民政府网便民服务功能

资料来源：http://www.beijing.gov.cn/fuwu/bmfw/。

务网页设置了"教育服务""交通出行""住房服务""社会保障""卫生服务""培训就业""婚育收养""居民生活"板块（见图7），并在该界面显著位置提供了"推荐服务"和"实用查询"板块，在实现服务功能有效贯通的同时，方便公众及时获取所需服务。

（二）北京市政府互联网服务响应能力分析

2021年报告数据显示，北京市政府互联网服务响应能力得分为36.81分，在全国直辖市和地级行政区中排名第8位。在服务响应能力的各细分维度中，服务诉求受理能力获得了满分，其次为互动诉求反馈能力，得分率为94.20%，办事诉求响应能力得分率最低，为83.00%。

1. 诉求受理能力分析

在服务诉求受理能力的各分项指标中，互动诉求受理能力和办事诉求受理能力均获得了满分，这表明北京市政府的诉求受理能力水平很高。

北京市人民政府网首页设置了"政民互动"板块，旨在实现"我们关心您工作生活中遇到的问题，我们重视您每一点诉求和建议"。同时，点击北京市人民政府网首页上端的"政民互动"条目，可进入政民互动界面。如图8所示，进入政民互动界面，首先映入眼帘的是"12345网上接诉即办""我要咨询""我要建议""我要举报""我要查信"板块，给公众提供了便捷的反映诉求的渠道。除此之外，该界面还在显著位置设置了"信件选登"板块，可供公众查阅感兴趣的信件及相应回复内容。接下来的"征集调查"和"在线访谈"板块也为公众参与北京市相关调查和观看在线访谈视频提供了便利。同时，该界面底部还提供了"人民建议征集""网上调查""党风政风行风热线""市长信箱"等选项，这些都为公众反映诉求提供了便捷渠道。

2. 办事诉求响应能力分析

北京市政府办事诉求响应能力各分项指标中，办事服务渠道建设、办事服务便利程度、办事服务效果评价的得分率分别为90.00%、80.00%、80.00%。

北京市人民政府网在显著位置提供了便捷的服务查询功能，公众可以

图8 北京市人民政府网政民互动界面

资料来源：http：//www.beijing.gov.cn/hudong/。

在北京市政务服务网下的搜索框中查询所需服务。同时，为了使公众可以便利地获取所需服务，该网站还在网页上端对不同服务进行了划分，包括"个人服务""法人服务""部门服务""便民服务""利企服务""投资项目""中介服务""阳光政务"，方便公众根据所需选择服务类型。例如，点击"个人服务"选项可以进入"北京市个人服务"界面，该界面将个人服务按照"热门分类""主题分类""部门分类""人群分类""生命周期分类"进行了划分，方便个人便捷地查询到所需服务。该界面右侧的条形框中，还对相应服务设置了"实景引导""在线导办""网上留言""进度查询""移动端""互动区"等选项，为公众及时获取所需服务提供了引导和指示。

公众除了可以在北京市人民政府网上便捷获取相关服务之外，还可以对相应服务进行评价，北京市政府会将评价结果进行公开展示，方便公众参考。如图10所示，以"中等职业学校教师资格认定"为例，该服务界面提供了网上办理的基本信息、办理流程、申请材料、结果名称及样本、设定依

图9 北京市人民政府网个人服务板块

资料来源：http：//banshi. beijing. gov. cn/pubtask/grhot. html？locationCode＝110000000000。

基本信息

基本编码	000105013000	事项编码	11110000000268338200010501 3000	**服务承诺**
业务办理项编码	11110000000268338200010501 300004	事项类型	行政许可	
实施主体	北京市教育委员会	服务对象	自然人	
办理时间	工作日上午09:00-12:00，下午13:30-17:00			

服务承诺	
办件类型	承诺件
即办件次数	1次
法定办结时限	30〔工作日〕
承诺办结时限	20〔工作日〕
承诺办结依据说明	∨

显示更多 ∨

办理流程　　　　　　　　　　　　查看流程图

办理环节	办理步骤	办理时限	办理人员	审查标准	办理结果
申请受理	受理	5个工作日	综窗人员	核对申请人材料是否完备、真实并符合认定条件：1.本人身份证：真实有效 2.本人户籍证明/北京市居住证/北京市全日制高校在读证明：（1）户籍证明：户口簿真实有效，属于北京市户籍；（2）北京市居住证：真实有效；（3）北京市全日制高校在读证明：真实有效。3.学历证明：本科及以上毕业或本科应届、…【展开】	符合认定要求的受理
审查与决定	决定	20个工作日	首席代表或部门负责人	与受理现场审查同步	领取《教师资格证书领取回执》
领证与送达	发证	5个工作日	综窗人员	结果名称 1. 教师资格证书	

送达方式：☑ 窗口领取 ☑ 邮件寄送

咨询方式

咨询电话：
(010)82089117

投诉监督方式　∧

投诉监督电话：
(010)12345

常见问题　查看全部

服务评价

非常满意	▬▬▬ 100.00%
满意	0%
基本满意	0%
不满意	0%
非常不满意	0%

图10 中等职业学校教师资格认定办事指南

资料来源：http：//banshi. beijing. gov. cn/pubtask/task/1/110000000000/eed25e3f － 02e7 －
4b7a － 8306 － defb4788bd6c. html？locationCode＝110000000000&serverType＝1001。

据、收费标准及依据，方便公众及时查阅中等职业学校教师资格认定的相关
材料，并可以在网上申请办理该项服务。同时，该界面还在右侧提供了相关

的服务承诺、咨询方式、投诉监督方式、常见问题以及服务评价。由图10可知，公众对中等职业学校教师资格认定的服务评价全部为"非常满意"，可见北京市政府该项服务获得了公众很高的认可。

3. 互动诉求反馈能力分析

北京市政府互动诉求反馈能力各分项指标中，诉求回复响应能力获得了满分，主动感知回应能力得分率为98.00%，诉求结果应用能力得分率为80.00%。

北京市人民政府网政民互动界面设置了"信件选登"栏目（见图8），展示了公众对政府和社会问题的建议、咨询、投诉和举报，以及相应条目的答复时间，公众如果对相关主题感兴趣，可以点击查看。在"信件选登"栏目底部，公示了上一季度共计接收的公众来信数量以及办结信件数量。以"增加公交站"建议为例（见图11），公众通过"首都之窗"提出了增加公交站的建议，公交集团公司针对该问题在第二天就进行了及时的回复，在该回复底部还展示了公众针对该回复进行的评价。

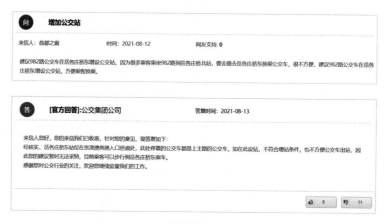

图11　"信件选登"详细信息

资料来源：http://www.beijing.gov.cn/hudong/hdjl/com.web.suggest.suggesDetail.flow?originalId = AH21081200365。

除此之外，该界面还在显著位置设置了"政策性文件意见征集"板块（见图8），公开征求意见，收集各界建言。点击进去，可以看到"最新征集"和"最新反馈"的政策性文件（见图12），公众可以根据自己的兴趣进行查看。

图12　政策性文件意见征集界面

资料来源：http://www.beijing.gov.cn/hudong/gfxwjzj/index.htm。

（三）北京市政府互联网服务智慧能力分析

2021年报告数据显示，北京市政府互联网服务智慧能力得分为16.77分，得分率为83.85%，在全国直辖市和地级行政区排名第16位。在服务智慧能力的细分维度中，应用适配能力、智能交互能力、个性化服务能力得分率分别为93.18%、93.75%、45.50%。该数据表明，北京市政府互联网服务智慧能力整体水平较高，其中的应用适配能力和智能交互能力表现较好，但个性化服务能力仍有待提高。

1.应用适配能力分析

北京市政府互联网服务应用适配能力的分项指标中，功能适配度获得了满分，应用拓展度得分率为80.53%，表明北京市政府互联网服务在功能适配度方面处于全国领先水平。

北京市人民政府网除了可以用电脑端的多种浏览器进行浏览外，还在首页提供了移动版和无障碍的浏览选择（见图13）。点击其中的"移动版"，可以进入相应的移动版浏览界面（见图14）。在移动版中，公众可以通过三种途径访问北京市人民政府网，分别为直接访问首都之窗网站、通过首都之窗官方微信关注、通过新媒体阵营关注。

图13　北京市人民政府网功能适配度展示

资料来源：http：//www.beijing.gov.cn/。

图14　北京市人民政府网移动版选择

资料来源：http：//www.beijing.gov.cn/shouye/zdxx/ydb/。

点击北京市人民政府网的"无障碍"浏览，便在网页上展示无障碍浏览的多种选择（见图15）。公众可以根据需求对声音、语速、阅读方式、配色、鼠标样式等进行选择，还可以设置页面为"读屏专用"，方便阅读屏幕文字，这些功能可以满足公众的多种需求，真正实现无障碍浏览。

2. 智能交互能力分析

北京市政府互联网服务智能交互能力各分项指标中，智能搜索指标获得

图 15　北京市人民政府网无障碍浏览展示

资料来源：http：//www. beijing. gov. cn/。

了满分，智能问答的得分率为 87.50% 。这表明北京市政府互联网服务的智能搜索功能已经处于全国领先水平。

在北京市人民政府网的搜索框中输入"居住证"（见图 16），页面便可以显示 "《北京市居住证》办理使用指南"，相应的政策法规、办事指南以及可以办理居住证的派出所等信息，方便公众及时办理相应手续。同时，该界面的右侧还提供了"北京市居住证服务平台"的系统入口，并链接了办理居住证的相关机构"北京市公安局"。为更好地对应公众的需求，还对 "居住证"的相关词进行了智能推荐，方便公众及时查阅相关信息。该界面

图 16　北京市人民政府网智能搜索功能展示

资料来源：http：//www. beijing. gov. cn/so/s？tab = all&siteCode = 1100000088&qt = %E5%B1%85%E4%BD%8F%E8%AF%81。

的最右侧还设置了"搜索反馈"板块，公众可以对搜索结果进行评价，方便政府网站进行及时调整和改进。通过这些功能展示，可以看出北京市人民政府网不仅能够精准识别公众所搜索的词语，还能够对相关信息进行精准推送，方便公众搜索和办理相关事项。

北京市人民政府网首页的顶端提供了"智能问答"选项（见图13），点击该选项可以进入智能问答界面（见图17）。该界面提供了"京京智能问答""写信咨询""电话咨询""京京移动端""疫情防控智能问答"多种选项，公众可以根据需求选择不同的问答渠道。在该界面也可以直接进行智能咨询，以"居住证如何办理?"为例在该界面进行咨询，京京会根据搜索需求对应到"北京市来京人员申领《北京市居住证》类业务"，并提供可以办理居住证的相应市公安局供选择。由此可见，北京市人民政府网的智能问答功能较好。

图17　北京市政府网站智能问答展示

资料来源：http://www.beijing.gov.cn/jj/。

3. 个性化服务能力分析

北京市政府互联网服务个性化服务能力各分项指标中，定制服务得分率为 70.00%，未有智能推送服务。

北京市人民政府网首页顶端提供了"登录个人中心"的选项（见图13），公众可以点击该选项进入北京市统一身份认证平台进行注册，注册成功后可登录到个人中心界面（见图18）。该界面在左侧栏提供了多个"专属栏目"，包括"办事管家"、"政民互动"、"信息服务"以及"政务公开"。该界面上端，根据生命周期对个人所需服务进行了分类，方便公众及时选择所需服务。同时，该界面设置了"我的订阅"板块，公众可以根据需求对相应的便民服务、政务公开、要闻动态、政策法规信息进行订阅。位于"我的订阅"板块右侧的"办事管家"，设置了"我的申报""我的预约""我的物流""办事专区"模块，可供公众查阅相应信息。除此之外，该界面还设置了"我的信件"、"智能推荐"和"奖品兑换"板块，为公众提供了诸多便利。值得一提的是，在"智能推荐"板块右侧，该界面还提供了"服务定制"功能，可以根据需求定制所需的服务，满足公众的个性化需求。

图 18　北京市人民政府网政民互动个人中心界面

资料来源：http：//www.beijing.gov.cn/hudong/yonghu/uSpace/myCenter。

三 案例启示

北京市政府互联网服务能力位列全国直辖市和地级行政区第一，在"互联网＋政务服务"方面进行了很多新的探索和尝试，为其他地区提升政府互联网服务能力提供了很好的借鉴和启示。

（一）利用大数据和区块链技术，推动政务信息共享开放

中共中央办公厅、国务院办公厅于 2018 年 5 月 23 日印发的《关于深入推进审批服务便民化的指导意见》中明确提出，打破信息孤岛，统一明确各部门信息共享的种类、标准、范围和流程，加快推进部门政务信息联通共用。在该指导意见印发后，北京市充分运用大数据和区块链技术，积极推动政务服务的信息共享。2019 年 6 月，北京市海淀区首次应用区块链技术推进政务信息共享，率先推出"不动产登记＋用电过户"同步办理的新举措。通过信息共享，海淀区打通了政务服务和公共服务两个领域，在推动数据跑路的基础上实现了群众办事"只需跑一次"的目标，为北京市全面推行"一网通办"进行了很好的探索。2019 年，北京市面向社会征集大数据应用试点示范项目，海淀区"区块链＋不动产交易"和通州区"城市大脑·生态环境"平台等一批项目脱颖而出，北京市的大数据产业规模和企业数量也居全国前列。① 2020 年 5 月，为了优化营商环境建设，加快推进"一网通办"的改革实施，大兴区政务服务局会同区经信局，推动了"区块链＋电子证照"在政务服务综合窗口的应用落地，提高了企业和群众的办事效率。② 大数据和区块链技术的充分运用推动了北京市互联网政务服务的发展，越来越多的事项实现"一网通办"，服务效率也越来越高，群众满意度也显著提升。

---

① 《北京海淀首次利用区块链技术打破信息壁垒》，《计算机与网络》2019 年第 14 期。
② 《北京多区智慧政务建设提速》，《计算机与网络》2020 年第 23 期。

（二）优化营商环境，增强市场主体的获得感

世界银行发布的《全球营商环境报告 2020》显示，中国的营商环境较上一年排名提升 15 位，排名全球第 31 位。在优化营商环境方面，北京市一直在全国各城市中名列前茅。2019 年 9 月，国务院办公厅印发了《关于做好优化营商环境改革举措复制推广借鉴工作的通知》，将北京市作为优化营商环境的典范，推广给其他城市进行学习和借鉴。在优化营商环境举措方面，北京市实行了制度创新和政务服务标准化相结合的方式。在制度创新方面，北京市人民代表大会常务委员会于 2020 年 4 月 1 日发布了《北京市优化营商环境条例》。该条例在抗击新冠肺炎疫情与复工复产的背景下产生，受到了社会较高的关注。该条例包含市场环境、政务服务、监管执法、法治保障四方面的内容，主要亮点是在实践中探索构建的五大制度创新，包括以告知承诺为基础的审批制度、以信用为基础的监管制度、以标准化为基础的政务服务制度、以区块链等新一代信息技术为基础的数据共享和业务协同制度、以法治为基础的政策保障制度。[①] 在政务服务标准化方面，北京市重点推进政务服务标准化办理，编制并公布全市统一的政务服务事项目录及其办事指南，推行政务服务事项在政务服务大厅或者站点统一办理，为市场主体就近办事、多点办事、快速办事、随时办事提供便利。北京市通过优化营商环境，有效增强了市场主体的获得感，为其他地区优化营商环境提供了很好的借鉴。

（三）利用政务新媒体，打造政府服务为民的新形象

政务新媒体近年来获得了较大的发展，逐渐成为群众与政府互动、政府开展网络问政的主要渠道。2020 年 7 ~ 10 月，国务院办公厅政府信息与政务公开办公室对各地区、各部门政府网站和政务新媒体及其相关监管工作进行了检查，北京市的政务新媒体合格率达到 100%，表明北京市的政务新媒

---

① 陈秋圆：《北京上海比拼"优化营商环境"》，《小康》2020 年第 15 期。

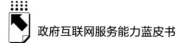
体发展水平较高。北京市通过政务微博、微信公众号和手机客户端等,既拓展了政府舆情监测及舆情应对渠道,又为公众参与治理提供了便捷。① 例如,北京市政府新闻办官方微博"北京发布"通过政务信息公开、政策解读和政务服务等工作,进一步推进政务公开,强化解读回应和政民互动,创新社会治理,为公众提供优质便捷的信息服务和办事指引。"首都之窗"微信公众号则致力于展示首都形象、发布各类权威政务信息,提供公共信息服务,促进政民互动。北京市利用政务新媒体,既拓宽了政民互动渠道,又为政府打造了为民服务的新形象,为其他地区发展政务新媒体提供了较好的启示。

参考文献

贺勇:《北京海淀首次利用区块链技术打破信息壁垒》,《计算机与网络》2019 年第 14 期。

方彬楠:《北京多区智慧政务建设提速》,《计算机与网络》2020 年第 23 期。

陈秋圆:《北京上海比拼"优化营商环境"》,《小康》2020 年第 15 期。

郑伟:《创新思路 打造服务为民的政务新媒体形象——以"北京政法"微博运维情况为例》,《卫星电视与宽带多媒体》2019 年第 4 期。

佘惠灵:《互联网背景下政务微博对政府形象的构建传播——以"平安北京"为例》,《新媒体研究》2018 年第 12 期。

---

① 郑伟:《创新思路 打造服务为民的政务新媒体形象——以"北京政法"微博运维情况为例》,《卫星电视与宽带多媒体》2019 年第 4 期;佘惠灵:《互联网背景下政务微博对政府形象的构建传播——以"平安北京"为例》,《新媒体研究》2018 年第 12 期。

B.14
成都市政府互联网服务能力
研究报告

罗燕 张芮*

摘　要：　在2021年全国地方政府互联网服务能力评估中，成都市以
87.46分的成绩位列全国地级行政区第四。报告数据显示，成
都市政府互联网服务供给能力、服务响应能力和服务智慧能
力得分分别为35.72分、35.96分和15.78分，相应的得分率分
别为89.30%、89.90%、78.90%。成都市秉持"以用户为中
心"的政府互联网服务模式，以成都市政府门户网站为总入
口，推进网络理政体制机制创新，统筹规划统一信息资源
库，构建形成面向市民、企业和社会组织的一站式、个性化
和高效透明的智能网上政务服务平台，满足市民、企业和社
会组织通过政府门户网站获取政府信息、享受办事服务、参
与社会治理的需求，可为其他地区提供借鉴。

关键词：　成都市　政府门户网站　成都政务服务　网络理政

一　案例背景

近年来，成都市按照管理集约化为统领、平台集约化为支撑、服务集约

---

* 罗燕，成都市经济发展研究院智慧治理研究所研究员，研究方向为电子政务、政府网站、大
数据分析、政务新媒体；张芮，成都市经济发展研究院智慧治理研究所研究员，研究方向为
政府治理、政务公开。

化为目标的思路，探索出了一条业务引领、门户统筹、内容共享的政府网站建设模式。全面完成政府网站集约化平台建设，依托成都市政府门户网站，积极打造网络理政总入口总门户，围绕社会诉求"一键回应"、政务服务"一网通办"、城市治理"一网统管"等重点工作，优化社会诉求平台、理政办公平台、行政审批服务平台、便民服务平台、综合行政执法平台、信息公开发布平台六大应用功能平台，统筹规划信息资源，实现成都市政府门户网站与各平台、各子站的资源共享、服务联动。构建政务云平台、大数据中心、政务外网三大技术支撑，全面夯实诉求办理、办事服务、沟通互动、信息公开、数据分析、解读回应机制与评估考核 7 项网络理政机制，切实提升政务服务水平，推动政府决策科学化、社会治理精准化、公共服务高效化、社会监督透明化。① 为给"互联网＋政务服务"提供良好的制度保障，成都市先后出台《成都市人民政府关于印发成都市加快推进"互联网＋政务服务"工作方案的通知》（成府发〔2018〕2 号）、《成都市人民政府办公厅关于印发成都市推进政务服务"仅跑一次"改革工作方案的通知》（成办函〔2018〕14号）、《成都市人民政府办公厅关于印发成都市政务服务"蓉易办"（一网通办）工作实施方案的通知》（成办发〔2019〕36 号）、《成都市人民政府关于印发成都市智慧城市建设行动方案（2020—2022）的通知》（成府发〔2020〕25 号）等政策文件，形成了较为完善的政务服务建设体制机制保障。

二 案例分析

2021 年报告数据显示，成都市政府互联网服务能力得分为 87.46 分，在 337 个地方政府中位列第 6 名，在 333 个地级行政区中位列第 4 名。其中，服务供给能力、服务响应能力和服务智慧能力得分分别为 35.72 分、35.96 分和 15.78 分，相应的得分率分别为 89.30%、89.90%、78.90%。

---

① 《完成政府网站集约化平台建设 打造"11637"网络理政框架体系》，《成都日报》2019 年12 月 8 日。

数据显示，在 2021 年评估中，成都市政府互联网服务响应能力和服务供给能力较强。

综合 2018 年至 2021 年报告数据，成都市政府互联网服务能力总分呈持续上升态势，历次上涨率分别为 2.86%、1.26%、2.30%，在 333 个地级行政区中历年排名保持在第 3 至第 5 名之间，其中 2021 年报告较 2020 年报告上升 1 名，位列第四（见表 1）。从分项得分来看，各项分值在历年呈现不同程度高低变化，与 2020 年报告相比，2021 年报告服务响应能力、服务智慧能力获得提升，得分分别提升 12.27%、5.20%。

表 1 成都市政府互联网服务能力年度比较

单位：分，%

项目	2021 年报告		2020 年报告		2019 年报告		2018 年报告	
	得分	得分率	得分	得分率	得分	得分率	得分	得分率
服务供给能力	35.72	89.30	38.45	96.14	33.90	84.74	33.20	83.00
服务响应能力	35.96	89.90	32.03	80.07	34.45	86.13	33.30	83.25
服务智慧能力	15.78	78.90	15.00	75.02	16.08	80.41	15.58	77.90
总分	87.46	87.46	85.49	85.49	84.43	84.43	82.08	82.08
地级行政区排名	4		5		3		3	

（一）成都市政府互联网服务供给能力分析

2021 年报告数据显示，成都市政府互联网服务供给能力得分为 35.72 分，在 333 个地级行政区中排名第 13 位。服务供给能力的细分维度中，目录覆盖能力、应用整合能力和服务贯通能力的得分分别为 10.67 分、12.00 分、13.04 分，对应的得分率分别为 88.92%、100%、81.50%，其中应用整合能力得分与 2020 年报告相比无变化。从排名上看，在 333 个地级行政区中应用整合能力排名全国第一，目录覆盖能力排名第 38 位，服务贯通能力排名第 88 位。

1. 目录覆盖能力分析

在目录覆盖能力的分项指标中，成都市权责清单、政府信息公开目录、公共服务清单得分分别为 3.32 分、4.12 分、3.24 分，得分率分别为 79.05%、

98.10%、90.00%。成都市政府信息公开目录按照规范设置政府信息公开指南、政府信息公开制度、法定主动公开内容等板块，并按照市政府部门和区（市）县公开各层级、各单位政府信息公开目录，形成了市、区（市）县、乡镇（街道）三级一体的政府信息公开目录体系，公开要素全面、翔实，能有效满足公众和企业查询政府信息的需求（见图1）。同时，成都市还建成公共企事业单位办事公开目录和基层公开综合服务监管平台，全面覆盖市、区（市）县、乡镇（街道）、村（社区），形成全市统一的政务公开网络大集成体系。

图1　成都市政府信息公开目录

资料来源：http：//gk. chengdu. gov. cn/govInfo/。

成都市在政府网站政务公开频道醒目位置设置了行政权力清单和责任清单，方便公众查阅，其中行政权力清单直接链接到四川政务服务网，并按照类别和部门进行详细分类（见图2），为公众有效查阅信息提供了便捷渠道。

成都市公共服务事项清单与权责清单同步公开，并按照市级部门分类，涵盖教育、医疗、住房等民生领域。成都市还集中公开收费清单、中介服务清单以及特色清单（见图3），实现各类目录清单的一站式查询，为公众查询公共服务事项提供便捷指引。

图 2　四川政务服务网—成都市权力清单

资料来源：http：//www. sczwfw. gov. cn/jiq/front/item/qlqd? areaCode = 510100000000。

2. 应用整合能力分析

在应用整合能力的分项指标中，成都市平台整合能力、平台应用能力、数据开放得分分别为 3 分、7.2 分、1.8 分，得分率均为 100%，继 2020 年获得该项满分后，继续在全国保持领先地位。

在平台整合能力方面，成都市政府门户网站聚合了成都市政府信息公开目录、四川政务服务网成都站点、成都市网络理政平台、成都市数据开放平台和政务新媒体服务渠道，在网站频道导航、首页显著位置设置各平台入口，着力将成都市政府门户网站打造成为成都市网络理政的"总入口"，推进各个平台的数据融通、服务融通、应用融通，构建形成面向市民、企业和社会组织的一站式、个性化和高效透明的智能网上政务服务。

在平台应用能力方面，成都市全面融入四川政务服务网，推动全部审批服务事项"网上可办"，积极推进政务服务"全域通办"，持续提升审批服

图3 四川政务服务网成都市权责清单和公共服务事项清单集中公开

资料来源：http：//cds.sczwfw.gov.cn/col/col15393/index.html？areaCode＝510100000000。

务效率。四川政务服务网成都站点纵向覆盖成都市本级和区（市）县、乡镇（街道）、村（社区），四级一体行政权力事项全部在四川政务服务网成都站点公示，实现政务服务事项同源发布。

成都市依托12345市长公开电话平台，完成81条市级非紧急救助类政务服务热线整合，实现12345"一号通"。依托12345市长公开电话平台、市长信箱系统，搭建集市长公开电话、网络信箱、短信、微信、移动客户端的"五位一体"受理体系和市、区（市）县、乡镇（街道）三级办理体系，通过打造全市统一的群众诉求受理平台、业务办理平台、数据共享平台、行政效能投诉平台，最终实现集多元化受理、分层级办理、全过程监督、大数据分析等功能于一体的 12345 "一号通",成都市人民政府网络理政社会诉求平台应用能力展示如图 4 所示。①

图4 成都市人民政府网络理政社会诉求平台应用能力展示

资料来源:http://12345.chengdu.gov.cn/index。

成都市建成"成都市公共数据开放平台",截至 2020 年 8 月 25 日,该平台已归集 60 个部门、2739 个开放目录,开放 3372 个数据集、12984 个数据文件、633 个 API 接口、14 个 App 应用,共计开放 1.44 亿条数据(见图

① 《成都 12345 一部热线电话温暖一座城》,四川新闻网,https://xw.qq.com/amphtml/20210401A01LD000,2021 年 4 月 1 日。

5）。平台按照主题、部门、区县、行业、领域对数据分类展现，覆盖教育文化、安全生产等21个主题，生态、农业、人口库信息等14个领域，市民和企业可以按主题或者部门名称查看开放数据资源，并使用平台提供的数据预览、下载、图表分析、评论等功能，其中数据下载提供json、csv、xml等多种格式供用户选择。通过全市统一数据开放平台的建设和使用，成都市实现了数据资源开发利用方式的创新，推进了数据合法有序契约开放，推动了数据资源社会化开发与利用。

图5　成都市公共数据开放平台

资料来源：http://www.cddata.gov.cn/oportal/index。

3.服务贯通能力分析

在服务贯通能力的分项指标中，成都市在住房领域获得满分，教育、医疗、企业开办、社会信用等领域得分率在90%以上，企业经营纳税、创新创业、企业注销等领域得分率在80%以上，社保、就业、交通领域得分率在60%～65%，表明成都市服务贯通能力在不同领域存在较大差异。

成都市政府门户网站联动成都市住房保障信息网（见图6），面向公众提供全面的住房保障线上服务，公众可查看房源公示、项目公示、办事指南、保障政策、资格公示，还可以使用资格在线申请、补贴申请等线上服务，享受集政策发布、项目公示、在线办理于一体的住房保障网上服务。

图6 成都市住房保障信息网

资料来源：http：//cdzj. chengdu. gov. cn/cdzj/zfbzz/zfbz. shtml。

成都市融入四川政务服务网，依托四川省企业开办"一窗通"网上服务平台面向企业提供服务（见图7）。该平台一次性采集办照、刻章备案、办理社保所需材料，同步办理相关审批、备案，实现"一次提交、同步办理、信息共享、限时办结"，对于无前置审批，提交材料齐全、符合法定形式的企业，开办时间压缩至5个工作日，申请人可以随时查询办件进展。①平台按照有无名称开办企业、申报名称、开办分支机构等情形分类细化办理场景，为不同类型的办理对象提供针对性服务。平台数据显示，截至2021

①《四川省企业开办"一窗通"平台上线 办企业只需5个工作日》，四川省政府网，http：//www. sc. gov. cn/10462/10464/10797/2019/1/11/d81be84bc61b4369ad53d59bd01094ab. shtml。

年 8 月 25 日，已累计办理营业执照 366144 项、刻制公章 167821 次、涉税事项 41345 次、社保 424 项。

图 7　四川省企业开办"一窗通"网上服务平台

资料来源：http：//182.131.3.112：9001/yct/？areaCode=510000000000。

（二）成都市政府互联网服务响应能力分析

2021 年报告数据显示，成都市政府互联网服务响应能力得分为 35.96 分，在 333 个地级行政区中排名第 19 位，与 2020 年报告排名保持一致，得分率上升 9.83 个百分点，这说明全国各地方政府互联网服务响应能力整体有所提升。服务响应能力的细分维度中，服务诉求受理能力、办事诉求响应能力、互动诉求反馈能力的得分分别为 9.84 分、12.88 分、13.24 分，对应的得分率分别为 82.00%、92.00%、94.57%。与 2020 年报告相比，服务诉求受理能力得分涨幅最高，为 86.36%，其次为办事诉求响应能力，得分上涨 0.82%。从排名上看，服务诉求受理能力在 333 个地级行政区中排名第 150 位，较 2020 年报告排名（第 187 位）上升 37 个位次，得分率上升 38.00 个百分点；办事诉求响应能力在 333 个地级行政区中排名第 25 位，较 2020 年报告排名（第126位）上升101个位次，得分率上升0.75个百分点。

1. 服务诉求受理能力分析

在服务诉求受理能力的分项指标中，成都市互动诉求受理能力、办事诉求受理能力得分分别为4.8分、5.04分，得分率分别为80.00%、84.00%，较2020年报告分别上涨35.00个、41.00个百分点。

成都市政府门户网站开设"网络理政"频道（见图8），搭建互动交流统一平台，聚合成都市网络理政平台、成都面对面、意见征集、网上调查等诉求渠道，实现政府与公众交流互动的多渠道、全方位开展。其中，成都市网络理政平台开通市委书记信箱、市长信箱、市政府部门信箱、区（市）县政府信箱、服务企业信箱等多个互动诉求渠道，方便公众根据具体诉求细化选择咨询对象。平台提供信件回复查询功能，发布具有针对性的回应关切的信息，建立诉求提交、回复查询、关切回应全流程闭环。成都市全面整合电话热线、政务微信、政务微博服务大厅等互动渠道，解决诉求渠道分散、重复提交、多头受理等问题。通过在政务新媒体端引入网络理政平台在线写信、信件查询、回复公开等互动功能，拓展网络理政平台诉求覆盖度，实现互动渠道的统一性、权威性，促进提升政民互动响应回复效率和互动质量。

图8 成都市政府门户网站"网络理政"频道

资料来源：http：//www.chengdu.gov.cn/chengdu/wllz/index.shtml。

在办事诉求受理能力方面，成都市政府门户网站联动四川政务服务网办事资源，面向公众提供咨询、建议投诉渠道。在线咨询渠道与具体事项相关联，方便公众在浏览事项办理指南时便捷提交相关疑问。同时，该平台及时公开咨询回复、建议回复和投诉回复，实现诉求回复的公开发布，为群众了解参考相关办事流程、办件方式提供便捷，有效提升办事服务效率。

在移动客户端平台，成都市也实现了办事咨询渠道的统一覆盖。成都在全省一体化政务服务平台框架体系下，结合成都市政务服务需求，建成"天府蓉易办"平台。该平台利用四川省一体化政务服务平台提供的基础和共性支撑能力，面向公众提供咨询、建议及投诉渠道，并同步公开诉求回复（见图9）。

图9 "天府蓉易办"移动客户端提供办事咨询渠道

资料来源：http：//www.sczwfw.gov.cn/。

2. 办事诉求响应能力分析

成都市在办事诉求响应能力的分项指标中，办事服务渠道建设、办事服务便利程度、办事服务效果评价得分分别为3.36分、5.32分、4.20分，得分率分别为 80.00%、95.00%、100%，与 2020 年报告相比，办事服务便利程度上涨 10.00 个百分点，办事服务效果评价得分率保持不变。

成都市政府门户网站依托四川政务服务网统一平台提供办事服务，实现门户网站与省政务服务网平台的数据同源、入口统一、服务一体化，发布成都市政务服务事项目录，集中提供在线服务如图 10 所示。四川政务服务网成都站点不仅按照个人和法人分类提供生育收养、设立变更等主题服务，还按照初来蓉城、在蓉生活、离开蓉城的生命周期阶段划分，提供不同阶段的针对性服务。针对新冠肺炎疫情防控、农民工就业、复工复产等领域，四川政务服务网成都站点通过整合相关政策文件、机构名录、服务指南，提供办事套餐服务，实现相关事项的集成式办理。

图 10　四川政务服务网成都站点提供办事套餐和生命周期服务

资料来源：http://cds.sczwfw.gov.cn/? areaCode = 510100000000。

四川政务服务网成都站点以助推成渝地区双城经济圈建设、成德眉资同城化发展为目标，通过与重庆及德眉资三市联动合作，推出成渝通办服务专区、成德眉资通办服务专区，实现证照、交管、社保、公积金、税务等领域服务通办（见图 11），实现政务服务互享、互通、互办。

为提升办件公开透明度，主动接受群众监督，四川政务服务网成都站点

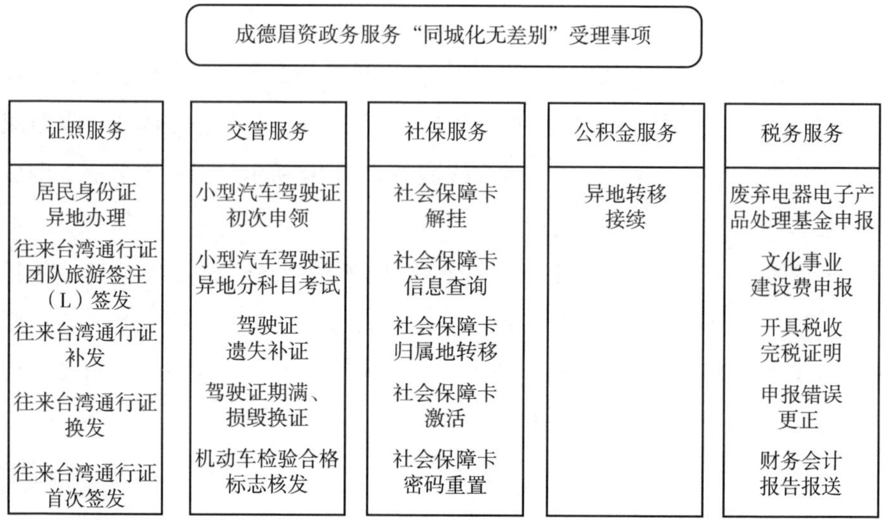

图11　四川政务服务网成都站点提供成德眉资同城化通办服务

资料来源：http://cds.sczwfw.gov.cn/col/col49116/index.html。

开辟结果公开专区，实时公开各部门办件状态，办事群众不仅能查询自身办件进度，而且能随时查看平台整体办件进展。为持续优化群众办事体验，四川政务服务网成都站点设置"评价全渠道、范围全覆盖、数据全汇聚"的"好差评"专区（见图12），打通政务服务网、天府通办、办事大厅、短信、服务热线等多个评价渠道，汇集公开评价数据，并详细公开各部门、区（市）县"好差评"数据，让群众满意度情况一目了然，有效促进政务服务质量的进一步提升。[①]

3. 互动诉求反馈能力分析

在互动诉求反馈能力的分项指标中，成都市诉求回复响应能力、诉求结果应用能力、主动感知回应能力得分分别为4.90分、2.80分、5.54分，得分率分别为100%、80.00%、98.93%，与2020年报告相比，诉求回复响应

[①] 《四川政务服务网全新改版上线 政务服务"一网通办"企业和群众办事像网购一样方便》，《四川日报》2019年11月12日。

图12　四川政务服务网成都站点"好差评"专区

资料来源：http：//hcp. sczwfw. gov. cn/evaluateArea/evaluateIndex？ areaCode = 510000000000。

能力得分率保持不变。

成都市政府门户网站基于成都市网络理政平台，推进诉求反馈回应的实时公开透明。成都市网络理政平台及时公开市民来电来信的内容、办理流程节点、办理结果等，并将评价全流程、全要素向来电来信人本人公开，市民可随时随地查看诉求回应进展，使群众反映诉求像网上购物后查看物流一样方便。平台还定期公开诉求数据分析，对接件量、诉求分布、诉求办理效果等数据进行公布，有效保障群众的知情权和监督权（见图13）。

成都市政府门户网站开设"回应关切""政策解读"专栏。"回应关切"专栏通过分析研判群众热点诉求，主动感知公众关注，及时发布回应信息，有效提升公众诉求回应的及时性、精准度。"政策解读"专栏集中发布政策文本解读、时政热点新闻发布会解读、在线访谈解读、专家及媒体解读等，并与市级部门联动开展图说图解，实现了各类解读信息的集中发布和统一展现（见图14）。值得一提的是，成都市首创"政策解读人"制度，在公开规范性文件的同时，同步公开文件的具体解读处室、解读人、联系方式并实时更新，确保老百姓在政策的有效期内能够准确找得到人、联系得

图13 成都市网络理政平台公布办件数据

资料来源：http：//12345. chengdu. gov. cn/situation？ month = 21_ 6。

上，解得了疑、答得了惑，同时也为政策文件的实施效果、存在的问题、改进方向提供了及时反馈渠道。[①]

成都市政府门户网站围绕政府规章制定、重大行政决策确定、民生关注热点等方面，开展立法征集、意见征集、网上调查等形式多样的互动活动，为公众提供线上发表意见的便捷通道（见图15）。成都市在微信微博等政务新媒体渠道同步联动传播，扩大互动活动的覆盖面，提升公众参与度。征集活动结束后，成都市政府门户网站及时公开群众意见建议采纳结果反馈，有效促进政民双向互动，让公众意见建议落到实处。

（三）成都市政府互联网服务智慧能力分析

2021 年报告数据显示，成都市政府互联网服务智慧能力得分为 15. 78 分，在 333 个地级行政区中排名第 56 位，较 2020 年报告排名（第 95 位）上升 39 个位次，得分率上升 3. 88 个百分点。服务智慧能力的细分维度中，应用适配能力、智能交互能力、个性化服务能力的得分分别为 7. 46 分、6. 50 分、1. 82

---

① 《成都市以公开和数字赋能为抓手 强化网站建设管理》，中国政府网，2020 年 12 月 17 日。

图 14　成都市政府门户网站"政策解读"栏目

资料来源：http://www.chengdu.gov.cn/chengdu/c131029/zcwj_list.shtml。

图 15　成都市政府门户网站开展民意征集活动

资料来源：http://www.chengdu.gov.cn/chengdu/home/yjzj.shtml。

分，对应的得分率分别为 93.25%、81.25%、45.50%。与 2020 年报告相比，应用适配能力得分上涨 28.07%。从排名上看，应用适配能力在 333 个地级行政区中排名第 31 位，较 2020 年报告排名（第 291 位）上升 260 个位次，得分率上升 20.44 个百分点；智能交互能力在 333 个地级行政区中排名第 71 位，个性化服务能力在 333 个地级行政区中排名第 82 位。

1. 应用适配能力分析

在应用适配能力的分项指标中，功能适配度、应用拓展度得分分别为 5.20 分、2.26 分，得分率分别为 100%、80.71%，与 2020 年报告相比，得分率分别上涨 25.00 个、11.97 个百分点。

在功能适配度方面，成都市政府门户网站采用互联网新技术应用，实现在不同移动终端的网页自适应，面向用户提供访问终端响应式体验。网站在首页显著位置设置了微博、微信、App 等移动端访问渠道，实现移动端渠道与网站数据同源发布、数据共享；针对公众关注的重点信息公开、办事服务、疫情防控等热点服务，在移动端同步整合提供 PC 端服务入口，并在醒目位置进行重点推荐，提升热点服务的可及性，便于公众通过移动设备随时随地获取相应信息。

此外，成都市政府门户网站还提供了无障碍浏览功能（见图 16），针对视觉、听觉、肢体障碍以及老年人等弱势群体提供无障碍服务功能，让弱势群体能够在引导下顺畅获取网站服务。

图 16　成都市政府门户网站提供无障碍浏览服务

资料来源：http://www.chengdu.gov.cn/toolbar/。

成都市政府门户网站通过标签优化、关键词优化等方式，实施搜索引擎可见性优化，强化网站对搜索引擎抓取内容的支撑，从而提升网站内容可见性，使政策文件、办事服务、互动征集等政府信息资源更容易为公众所获取。目前百度搜索引擎共收录成都市政府网站网页约1980万个。

2. 智能交互能力分析

在智慧交互能力的分项指标中，智能搜索、智能问答得分分别为4.00分、2.50分，得分率分别为100%、62.50%，与2020年报告相比，智能搜索得分率无变化。

在智能搜索方面，成都市政府门户网站提供按时间、按相关度、按信息类型、按格式等多种方式筛选的智能搜索功能，并按照搜索关键词汇总、聚合相关信息和服务，按照政策、解读、办事、应用、查询等分类，汇聚成为场景化主题化的搜索聚合结果页面，实现了"搜索即服务"，让公众可以快速、准确地获取所需内容。例如搜索"疫情防控"，在搜索结果中可一键查询相关政策文件、疫情数据、并快速直达同乘接触者查询、核酸检测机构查询等查询服务（见图17）。此外，成都市还实现了集约化站群的一站式搜索，提供基于一个平台的多个站点服务调用，在成都市政府门户网站即可搜索区（市）县、市级部门网站内容，简称高效便民的智能搜索应用。

在智能问答方面，成都市政府门户网站提供"智小熊"智能问答应用，根据公众自主输入内容自动反馈智能回复，对一般性常识问题提供在线回答，对办事服务类问题提供网站相应办事服务板块入口，引导用户点击查看。此外，该应用具备关键字联想功能，能根据问题关键字向用户推送热点问答，以便用户快速发送问题、获得回复。

3. 个性化服务能力分析

在个性化服务能力的分项指标中，定制服务得分为1.82分，得分率为70.00%，智能推送未获得得分。

成都市政府门户网站构建了用户管理体系，为用户打造个人和企业专属主页，提供个性化服务。用户注册登录后，可进入"用户中心"，查看个人

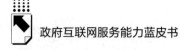

图17 成都市政府门户网站提供智能搜索服务

资料来源：http：//www. chengdu. gov. cn/guestweb4/s？siteCode = 5101000028&searchWord = %E7%96%AB%E6%83%85%E9%98%B2%E6%8E%A7。

访问历史记录、收藏记录（见图18），并可使用账户信息修改、密码修改等账户设置功能。

三 案例启示

（一）统一标准规范，提升资源利用运转效率

对于提升政府互联网服务能力而言，政务服务标准化建设是基础。由于我国条块分割的行政管理体制和技术壁垒等，"互联网＋政务服务"的信息资源在开发利用上缺乏统一标准，大量的信息资源在数据标准、格式和架构上存在诸多差异，进而导致部门间、系统间的数据互通难、共享难、利用

图18 成都市政府门户网站提供用户中心服务

资料来源：http：//www.chengdu.gov.cn/ucapMembers/user/main.do？type＝6。

难，数据价值很难充分发挥。① 为此，成都市建立了电子政务数据资源交换共享平台，涵盖了公民信息库、地理信息库和企业信用库等，通过对数据资源的标准统一完善，为各部门开展政务服务工作提供数据支撑，推动构建信息完整、管理精细、共建共享的"互联网＋政务服务"管理模式，有力提升行政效率。②

为让百姓少跑腿、数据多跑路，成都市积极部署推进政务服务标准化建设。建立"两张清单"，按照"三级四同"标准，省、市、县三级统一事项名称、编码、法定依据、流程，规范市、区（市）县行政权力事项和公共服务事项目录，形成标准化、规范化目录清单；按照"操作简单、利企便民"原则，梳理简化政务服务流程，形成规范化、电子化、目录化的政务服务事项实施清

① 蔡旭：《以"互联网＋政务服务"推动政府治理现代化》，《党政论坛》2019年第12期。
② 谢小芹：《"互联网＋政务服务"：成绩、困境和建议》，《电子政务》2019年第6期。

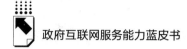
单。凡是能通过网络共享复用的材料和环节，不得要求企业和群众重复提交。

目前，随着政府网站集约化发展的不断深入，政府业务信息资源的持续沉淀，如何进一步实现服务集约共享是政府部门需要进一步探索的问题。建立集约化平台进行资源调度管理、统一业务规范标准、统一元数据，将有助于推动各地政府门户网站与部门、区（市）县子站的资源协同联动，提升政府服务供给能力。

（二）推动跨界协同，发挥区域优势带动作用

要提升智慧服务水平就要打通底层数据通道，让数据有效汇聚与联通，并在此基础上实现数据的应用与开发，各地区、各层级、各部门之间应加强数据的共享和协作，让数据为提升公共服务能力、城市治理效能服务。[①] 成都市着力推动政务数据资源有效整合和共享开放，实现部门业务系统与一体化政务服务平台的互联互通、无缝对接，推动互联网与政务服务深度融合，政务服务事项可全部实现网上办理，政务服务智慧化水平大幅提升。

在协同办理方面，2018年初，成都市在《加快推进"互联网＋政务服务"工作方案》中明确提出推行政务服务事项"全域通办"，针对企业和群众常办理的政务服务事项，制定"全域通办"事项目录，统一办理标准，实现事项数量、名称、办事指南"三统一"。成都市依托四川政务服务网，积极推进政务服务市内全域通办，公布通办事项清单，实现社会保障、证件办理、出境入境、国土和规划建设、档案文物等主题事项跨域通办，推动政务服务由"分区域、分层级、分部门、分行业"的分散模式向"跨地域、跨层级、跨部门、跨行业"的一体化模式转变，实现网上"受理、办理、反馈"的线上服务和实体大厅线下服务的密切配合，打通了便民服务"最后一公里"，有效化解了企业和群众"办事难"等问题。[②]

2020年，国家提出要推动成渝地区双城经济圈建设，为推动成渝两地

---

① 张淼、关庆珍：《成都智慧城市视野下的公共服务建设研究》，《科技创新与应用》2020年第6期。

② 谢小芹：《"互联网＋政务服务"：成绩、困境和建议》，《电子政务》2019年第6期。

政务服务一体化建设,成都与重庆两市联合打造"互联网＋政务服务"平台,推出成渝通办专区,提供跨域通办服务,加强数据共享利用,推进线上"一网通办",突出成都、重庆 2 个中心城市的协同带动作用,展现区域优势和特色,为成渝两地协同联动发展提供有力支撑。①

(三)深化数据分析,实现民意导向共建共治

政府互联网服务能力建设的最终目标是以人为本、惠民便民,只有充分听民意、察民情,才能切实提高政府互联网服务能力建设的民众满意度。成都市网络理政平台不仅是成都市民和企业的诉求办理平台,也是民情民意大数据的来源支撑。成都市在《加快推进"互联网＋政务服务"工作方案》中提出要深入推进网络理政,继续完善全市统一的网络理政平台功能和民生诉求办理机制,强化大数据分析,从网络理政的大数据中解读和破译民生"密码",汇集民意民智,提出科学有效的对策建议,促进各级政府部门满足群众热点、难点诉求,不断提升民生诉求办理效率和质量,发挥政府决策参考辅助作用。

开展对社会诉求数据的分析与应用,有利于及时准确发现市民、企业反映的共性问题,有利于精准研判政府管理的短板和政府服务的盲区。成都市建立了健全的大数据辅助科学决策和社会治理机制,充分运用大数据挖掘分析、地理信息系统时空分析等现代技术方法,开展网络理政数据分析研究,及时研究分析政府管理中的难点、痛点、堵点,研判社情民意动向和经济社会发展趋势,综合分析风险因素,提高对风险因素的感知、预测、防范能力,为加强管理、优化服务、科学决策、精准施政提供服务,推进政府管理和社会治理模式创新。② 成都市政府门户网站坚持对网站运行访问情况进行大数据分析,研判用户的关注热点、使用喜好和潜在需求,形成网站数据监测分析报告,用以指导服务内容的及时聚合、推荐,提升用户使用

① 叶美怡:《成渝府际协同治理下"互联网＋"政务服务一体化平台优化研究》,《中小企业管理与科技》2021 年第 7 期。
② 《成都市网络理政见成效 群众满意率达 82.89%》,成都全搜索新闻网,2018 年 9 月 10 日。

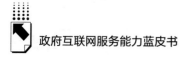

体验。①

在大数据、云计算等信息技术不断发展的今天，海量的民生诉求数据为政府开展大数据分析、提升精准化供给能力起到了有力的支撑作用。政府部门应建立政务服务智能挖掘和分析预测模型，把握和预判公众办事需求、互动诉求，不断调整优化工作方式方法，提供智能化、个性化服务，变被动服务为主动服务，致力于提升网上服务精准化水平。②

参考文献

翟云：《"互联网＋政务服务"推动政府治理现代化的内在逻辑和演化路径》，《电子政务》2017年第12期。

叶美怡：《成渝府际协同治理下"互联网＋"政务服务一体化平台优化研究》，《中小企业管理与科技》2021年第7期。

张森、关庆珍：《成都智慧城市视野下的公共服务建设研究》，《科技创新与应用》2020年第6期。

蔡旭：《以"互联网＋政务服务"推动政府治理现代化》，《党政论坛》2019年第12期。

谢小芹：《"互联网＋政务服务"：成绩、困境和建议》，《电子政务》2019年第6期。

---

① 《成都市以公开和数字赋能为抓手 强化网站建设管理》，中国政府网，2020年12月17日。
② 翟云：《"互联网＋政务服务"推动政府治理现代化的内在逻辑和演化路径》，《电子政务》2017年第12期。

附 录

Appendices

B.15
中国地方政府互联网服务能力
评价（2021）指标与权重

表 14 政府互联网服务能力评价指标与权重

单位：%

一级指标	权重 a	二级指标	权重 b	三级指标	权重 c	综合权重 a×b×c
服务供给能力（A）	40	目录覆盖能力（A-1）	30	权责清单（A-1-1）	35	4.2
				政府信息公开目录（A-1-2）	35	4.2
				公共服务清单（A-1-3）	30	3.6
		应用整合能力（A-2）	30	平台整合能力（A-2-1）	25	3.0
				平台应用能力（A-2-2）	60	7.2
				数据开放（A-2-3）	15	1.8
		服务贯通能力（A-3）	40	社保领域（A-3-1）	10	1.6
				教育领域（A-3-2）	8	1.3
				医疗领域（A-3-3）	8	1.3
				就业领域（A-3-4）	8	1.3
				住房领域（A-3-5）	8	1.3
				交通领域（A-3-6）	8	1.3
				企业开办变更领域（A-3-7）	10	1.6

续表

一级指标	权重a	二级指标	权重b	三级指标	权重c	综合权重 a×b×c
服务供给能力（A）	40	服务贯通能力（A-3）	40	企业经营纳税领域（A-3-8）	10	1.6
				创新创业领域（A-3-9）	10	1.6
				企业注销领域（A-3-10）	10	1.6
				社会信用领域（A-3-11）	10	1.6
服务响应能力（B）	40	服务诉求受理能力（B-1）	30	互动诉求受理能力（B-1-1）	50	6.0
				办事诉求受理能力（B-1-2）	50	6.0
		办事诉求响应能力（B-2）	35	办事服务渠道建设（B-2-1）	30	4.2
				办事服务便利程度（B-2-2）	40	5.6
				办事服务效果评价（B-2-3）	30	4.2
		互动诉求反馈能力（B-3）	35	诉求回复响应能力（B-3-1）	35	4.9
				诉求结果应用能力（B-3-2）	25	3.5
				主动感知回应能力（B-3-3）	40	5.6
服务智慧能力（C）	20	应用适配能力（C-1）	40	功能适度（C-1-1）	65	5.2
				应用拓展度（C-1-2）	35	2.8
		智能交互能力（C-2）	40	智能搜索能力（C-2-1）	50	4.0
				智能问答能力（C-2-2）	50	4.0
		个性化服务能力（C-3）	20	定制服务能力（C-3-1）	65	2.6
				智能推送能力（C-3-2）	35	1.4

B.16
中国地方政府互联网服务能力
评价（2021）指标含义与解释

一　服务供给能力

服务供给能力是评价政府通过互联网主动提供服务的能力，包括政府各目录清单的覆盖程度、办事服务的贯通能力以及各互联网服务平台的整合效果。

（一）目录覆盖能力

目录覆盖能力是基于国家相关政策法规要求界定服务的边界与范围，评价政府互联网服务供给的完备度、准确度。其评价点位为权责清单、政府信息公开目录、公共服务清单。

1. 权责清单：依据《国务院办公厅关于印发国务院部门权力和责任清单编制试点方案的通知》（国办发〔2015〕92号）等文件要求，对各地权责清单的编制与公布情况进行评价，包括是否按要求公开标准化权责清单，是否按要求公开事项名称、设定依据等要素，以及查询的便利度等进行评价。

2. 政府信息公开目录：依据2019年修订的《中华人民共和国政府信息公开条例》（国务院令第711号）、《国务院办公厅政府信息与政务公开办公室关于规范政府信息公开平台有关事项的通知》（国办公开办函〔2019〕61号）要求，对各级政府编制和公布政府信息公开目录、公开指南等情况进行评价。

3. 公共服务清单：依据《国务院关于印发"十三五"推进基本公共服

务均等化规划的通知》（国发〔2017〕9号），中办国办印发的《关于建立健全基本公共服务标准体系的指导意见》等文件要求，对各级政府推进落实、公布基本公共服务清单情况进行评价，包括是否公布公共服务清单，是否按标准公布服务项目、服务对象、责任单位等要素进行评价，并围绕《国务院办公厅关于做好证明事项清理工作的通知》（国办发〔2018〕47号），以及国务院和各省、市对中介服务事项清理和公布的要求，对证明服务事项清单和中介服务事项清单的公布情况进行评价。

（二）应用整合能力

应用整合能力是在政府互联网服务平台集约化的趋势下，基于政府内部服务资源的调配、共享与应用，评价政府各互联网服务平台的整合程度和应用效果。评价点位为平台整合能力、平台应用能力和数据开放。

1. 平台整合能力：依据《国务院办公厅关于印发政务信息系统整合共享实施方案的通知》（国办发〔2017〕39号）、《国务院办公厅关于印发政府网站发展指引的通知》（国办发〔2017〕47号）、《国务院关于加快推进全国一体化在线政务服务平台建设的指导意见》（国发〔2018〕27号）、《进一步深化"互联网+政务服务"推进政务服务"一网、一门、一次"改革实施方案》（国办发〔2018〕45号）、《国务院办公厅政府信息与政务公开办公室关于规范政府信息公开平台有关事项的通知》（国办公开办函〔2019〕61号）、《国务院办公厅关于推进政务新媒体健康有序发展的意见》（国办发〔2018〕123号）、《国务院关于在线政务服务的若干规定》（国务院令第716号）、《国务院办公厅关于进一步优化地方政务服务便民热线的指导意见》（国办发〔2020〕53号）等文件要求，对各地方政府信息公开、政务服务、互动交流和政务新媒体等互联网服务平台的整合情况进行评价。

2. 平台应用能力：根据"平台整合能力"所述各相关文件要求，基于各地政府互联网服务平台的整合情况，对各地方政府重点领域公开抽查情况，政务服务一体化平台的区域纵向延伸（街道/乡镇、社区/村），政务咨询应用和掌上通办建设情况等进行评价。

3. 数据开放：依据《国务院关于印发促进大数据发展行动纲要的通知》（国发〔2015〕50号）、《国务院办公厅关于印发政务信息系统整合共享实施方案的通知》（国办发〔2017〕39号）、《国务院办公厅关于印发政府网站发展指引的通知》（国办发〔2017〕47号）等文件要求，对各地方政府互联网数据开放平台的建设情况，包括数据开放行业领域覆盖度、数据开放技术应用便利度和实现度等进行评价。

（三）服务贯通能力

服务贯通能力是在清晰的服务框架下，评价政府基于公众需求通过互联网对特定领域各类服务资源供给的整合度、贯通度。评价点位为社保、教育、医疗、就业、住房、交通、企业开办变更、企业经营纳税、创新创业、企业注销、社会信用共11个公众和企业关注度较高的专项领域及部分重点服务事项。

1. 社保领域：从公众实际需求出发，对各地社保领域的互联网服务贯通能力进行评价，包括是否涵盖养老保险、工伤保险和社会保障卡办理等具体点位服务，是否融合贯通政策、办事、沟通交流等各类服务内容。

2. 教育领域：从公众实际需求出发，对各地教育领域的互联网服务贯通能力进行评价，包括是否涵盖小学入学、小升初等具体点位服务，是否融合贯通政策、办事、沟通交流等各类服务内容。

3. 医疗领域：从公众实际需求出发，对各地医疗领域的互联网服务贯通能力进行评价，包括是否涵盖看病就医、疫苗接种等具体点位服务，是否融合贯通政策、办事、沟通交流等各类服务内容。

4. 就业领域：从公众实际需求出发，对各地就业领域的互联网服务贯通能力进行评价，包括是否涵盖失业登记、人才档案等具体点位服务，是否融合贯通政策、办事、沟通交流等各类服务内容。

5. 住房领域：从公众实际需求出发，对各地住房领域的互联网服务贯通能力进行评价，包括是否涵盖公租房申请、公积金办理等具体点位服务，是否融合贯通政策、办事、沟通交流等各类服务内容。

6. 交通领域：从公众实际需求出发，对各地交通领域的互联网服务贯通能力进行评价，包括是否涵盖机动车检验、机动车驾驶证等具体点位服务，是否融合贯通政策、办事、沟通交流等各类服务内容。

7. 企业开办变更领域：从企业实际需求出发，对各地企业开办变更领域的互联网服务贯通能力进行评价，包括是否涵盖名称预先核准、证照办理、登记注册等具体点位服务，是否融合贯通政策、办事、沟通交流等各类服务内容，是否针对企业注册开办全程网办要求，将工商注册登记、刻制印章、申领发票、用工信息登记等服务办理环节全部纳入。

8. 企业经营纳税领域：从企业实际需求出发，对各地企业经营纳税领域的互联网服务贯通能力进行评价，包括是否涵盖税务登记、税收优惠、工程建设领域审批等具体点位服务，是否融合贯通政策、办事、沟通交流等各类服务内容。

9. 创新创业领域：从企业实际需求出发，对各地创新创业领域的互联网服务贯通能力进行评价，包括是否涵盖项目申报、资金支持等具体点位服务，是否融合贯通政策、办事、沟通交流等各类服务内容，是否建立涉企优惠政策库专栏为企业提供一站式的优惠政策服务。

10. 企业注销领域：从企业实际需求出发，对各地企业注销领域的互联网服务贯通能力进行评价，包括是否涵盖注销登记等具体点位服务，是否融合贯通政策、办事、沟通交流等各类服务内容，是否按照企业注销办理流程简化要求实现企业注销"一网通办"。

11. 社会信用领域：从公众和企业实际需求出发，对各地社会信用领域的互联网服务贯通能力进行评价，包括社会信用网站建设情况、信用承诺制度推进情况、信用监管信息公示情况、信用主体权益保护情况、信用应用情况等，具体包括是否涵盖"信用承诺""双公示""异议处理""信用信息服务修复""信易+"应用等。

二 服务响应能力

服务响应能力是基于政府互联网诉求提交渠道建设运行情况，评价政府线上诉求回应能力和线下服务办理能力，包括政府依托互联网对公众服务诉求的受理能力，办事诉求响应能力和互动诉求反馈能力。

（一）服务诉求受理能力

服务诉求受理能力是评价公众通过互联网向政府提交诉求的便捷度和顺畅度。2020 年末出台的《国务院办公厅关于进一步优化地方政务服务便民热线的指导意见》（国办发〔2020〕53 号），对进一步优化地方政务服务便民热线，提高政府为企便民服务水平提出了明确要求。评价点位为互动诉求受理能力和办事诉求受理能力。

1. 互动诉求受理能力：评价公众通过网上政务服务便民热线（12345平台）、政务服务咨询平台、企业诉求平台、政务新媒体平台等政府互联网互动平台提交诉求的便捷度和顺畅度，包括有无提交引导、填写指南，有无微博、微信、移动客户端等多渠道受理等。

2. 办事诉求受理能力：评价公众通过互联网向政府提交办事诉求的便捷度和政府互联网办事服务平台受理的规范度，包括有无提交引导、流程图，是否公布咨询回复情况，是否可通过掌上通办平台、微博、微信和移动客户端等进行多渠道受理等。

（二）办事诉求响应能力

办事诉求响应能力是评价政府对公众办事诉求的响应能力。《优化营商环境条例》（国务院令第 722 号）、《国务院关于在线政务服务的若干规定》（国务院令第 716 号）、《国务院办公厅关于印发"互联网 + 政务服务"技术体系建设指南的通知》（国办函〔2016〕108 号）、《进一步深化"互联网 + 政务服务"推进政务服务"一网、一门、一次"改革实施方案》（国办发〔2018〕45 号）、《国务院办公厅关于建立政务服务"好差评"制度 提高政务服务水平的意见》（国办发〔2019〕51 号）、《国务院办公厅关于加快推进政务服务"跨省通办"的指导意见》（国办发〔2020〕35 号）等文件对公众和企业办事诉求响应提出明确要求。本评价依据相关文件要求，基于政

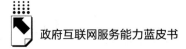
务服务一体化平台的前端办事渠道、中端服务办理和后端办事效果，将办事诉求响应能力评价指标转化为办事服务渠道建设、办事服务便利程度和办事服务效果评价。

1. 办事服务渠道建设：基于政务服务渠道建设的要求，对各地方政府政务服务一体化平台建设情况，包括服务供给展示、功能建设等进行评价。

2. 办事服务便利程度：基于政务服务便利化办理的要求，对各地方政府基于政务服务一体化平台开展事项办理的便捷程度，包括对公积金提取、驾驶证换领、就业登记三个公民服务事项的跑动次数和"一网通办"情况，对企业开办、工程建设和企业注销三个法人服务事项的"主题式、集成式"服务情况等进行评价。

3. 办事服务效果评价：基于建立政务服务"好差评"制度要求，对各地方政府基于政务服务一体化平台的"好差评"机制开展的网上服务"一事一评"、社会各界"综合评价"和政务服务评价数据公开情况等进行评价。

（三）互动诉求反馈能力

互动诉求反馈能力是评价政府对公众互动诉求提交的反馈能力。《国务院办公厅关于进一步优化地方政务服务便民热线的指导意见》（国办发〔2020〕53号）要求各地政务服务热线优化流程和资源配置，实现热线受理与后台办理服务紧密衔接，确保企业和群众反映的问题和合理诉求及时得到处置和办理，使政务服务便民热线接得更快、分得更准、办得更实；《国务院办公厅关于进一步加强政府信息公开回应社会关切提升政府公信力的意见》（国办发〔2013〕100号）要求政府应通过互联网响应公众咨询投诉、建言献策、反映情况；《国务院办公厅关于在政务公开工作中进一步做好政务舆情回应的通知》（国办发〔2016〕61号）对政府做好舆情回应提出了明确要求，提出进一步明确政务舆情回应责任，提高政务舆情回应实效；《国务院办公厅关于印发2020年政务公开工作要点的通知》（国办发〔2020〕17号）也明确提出围绕突发事件应对加强公共卫生信息公开。本评价将互动诉求反馈能力评价指标转换为诉求回复响应能力、诉求结果应用能力和主动感知能力。

1. 诉求回复响应能力：基于政府互动渠道运行机制，评价政府回复公众互动诉求的时效性、准确性。

2. 诉求结果应用能力：基于政府互动渠道功能设置，评价政府对公众诉求意见和处理结果的整合度、应用度。

3. 主动感知回应能力：基于政府回应能力建设，评价政府对热点舆情、热点问题和重大事件回应的及时性、有效性和全面性，主要包括政府是否通过专栏回应热点舆情，是否开展多种方式的政策解读，是否针对围绕地方"十四五"规划开展重大决策的前期征集，包括征集的发布渠道、时间要求、内容公开和采纳回应等。

三　服务智慧能力

服务智慧能力是评价政府基于公众多元化需求与体验，依托互联网、大数据、人工智能、云计算等信息技术提供个性化、精准化服务的能力。

（一）应用适配能力

应用适配能力评价政府各互联网平台的技术应用能力和适配效果。评价点位为功能适配度和应用拓展度。

1. 功能适配度：评价政府各互联网平台对于公众访问的适配程度，主要包括评价政府各互联网平台对电脑端、手机端、平板端等不同终端的适配情况；评价网站端和移动端对不同浏览器的兼容情况；评价针对视觉障碍等人群提供无障碍功能的适配情况。

2. 应用拓展度：评价政府各互联网平台在其他渠道的传播拓展度，主要包括评价各政府互联网平台页面在百度、360、搜狗等国内主流搜索引擎的收录量和可见度；评价各互联网平台通过二维码、分享按钮等实现政府权威信息的新媒体分享与传播的能力。

（二）智能交互能力

智能交互能力是评价政府利用人工智能等技术提供响应式交互服务的能力与实际应用效果。评价点位为智能搜索和智能问答。

1. 智能搜索能力：评价政府各互联网平台搜索功能的智慧化程度，包括实现搜索结果智能排序、智能筛选、自定义设置等。

2. 智能问答能力：评价政府各互联网平台人工智能对话交流功能的智慧化程度，包括通过预设不同问题评价人工智能对话的准确度、全面度等，以考量其学习能力、分析能力、应答能力和服务能力。

（三）个性化服务能力

个性化服务能力评价政府依托互联网大数据和云计算等技术，基于人群画像和行为分析等提供自动化、细分化、精准化服务的能力。评价点位为定制服务和智能推送。

1. 定制服务能力：依据《全国互联网政务服务平台检查指标》和个性化服务对用户注册信息的分析需求，评价政府各互联网平台对平台用户（会员）管理功能的建设和应用情况，包括在线注册、用户管理、个性化定制等。

2. 智能推送能力：评价政府基于大数据技术，根据公众实际需求通过互联网精准、定向推送服务的能力。

B.17

中国地方政府互联网服务能力
评价（2021）监测数据采集点位

表15 中国地方政府互联网服务能力（2021）评价监测数据采集点位

单位：个

一级指标	二级指标	三级指标	技术采集点	人工采集点	采集点总数
服务供给能力（A）	目录覆盖能力（A-1）	权责清单（A-1-1）	14	0	14
		政府信息公开目录（A-1-2）	0	17	17
		公共服务清单（A-1-3）	0	9	9
	应用整合能力（A-2）	平台整合能力（A-2-1）	0	4	4
		平台应用能力（A-2-2）	0	12	12
		数据开放（A-2-3）	2	3	5
	服务贯通能力（A-3）	社保领域（A-3-1）	17	0	17
		教育领域（A-3-2）	11	0	11
		医疗领域（A-3-3）	10	0	10
		就业领域（A-3-4）	7	0	7
		住房领域（A-3-5）	9	0	9
		交通领域（A-3-6）	9	0	9
		企业开办变更领域（A-3-7）	11	1	12
		企业经营纳税领域（A-3-8）	7	3	10
		创新创业领域（A-3-9）	7	4	11
		企业注销领域（A-3-10）	4	2	6
		社会信用领域（A-3-11）	0	11	11
服务响应能力（B）	服务诉求受理能力（B-1）	互动诉求受理能力（B-1-1）	0	4	4
		办事诉求受理能力（B-1-2）	0	5	5
	办事诉求响应能力（B-2）	办事服务渠道建设（B-2-1）	3	3	6
		办事服务便利程度（B-2-2）	0	6	6
		办事服务效果评价（B-2-3）	0	3	3
	互动诉求反馈能力（B-3）	诉求回复响应能力（B-3-1）	0	3	3
		诉求结果应用能力（B-3-2）	0	1	1
		主动感知回应能力（B-3-3）	3	9	12

续表

一级指标	二级指标	三级指标	技术采集点	人工采集点	采集点总数
服务智慧能力（C）	应用适配能力（C-1）	功能适配度（C-1-1）	0	4	4
		应用拓展度（C-1-2）	7	0	7
	智能交互能力（C-2）	智能搜索能力（C-2-1）	0	4	4
		智能问答能力（C-2-2）	0	5	5
	个性化服务能力（（C-3）	定制服务能力（C-3-1）	0	7	7
		智能推送能力（C-3-2）	0	1	1
合计			121	121	242

B.18

中国地方政府互联网服务能力评价（2021）直辖市与地级行政区总排名

表17 政府互联网服务能力评价直辖市总排名[①]

单位：分

排名	直辖市	总分	服务供给能力	服务响应能力	服务智慧能力
1	北京市	89.71	36.13	36.81	16.77
2	上海市	89.58	35.32	37.35	16.91
3	重庆市	83.39	31.40	34.34	17.66
4	天津市	79.67	31.58	34.96	13.13

表18 政府互联网服务能力评价地级行政区总排名

单位：分

排名	地级行政区	所属省级行政区	总分	服务供给能力	服务响应能力	服务智慧能力
1	深圳市	广东省	88.98	36.52	37.93	14.53
2	广州市	广东省	88.50	34.66	37.12	16.72
3	青岛市	山东省	87.73	35.74	35.42	16.57
4	成都市	四川省	87.46	35.72	35.96	15.78
5	泉州市	福建省	87.36	33.21	36.72	17.42
6	贵阳市	贵州省	87.27	35.75	35.06	16.46
7	济南市	山东省	86.87	36.02	34.11	16.74
8	烟台市	山东省	86.43	35.79	33.39	17.24
9	湛江市	广东省	86.43	33.98	35.74	16.71
10	永州市	湖南省	86.17	35.06	34.41	16.70
11	厦门市	福建省	86.10	33.27	35.24	17.58
12	滁州市	安徽省	85.49	32.81	37.22	15.46

[①] 本报告中的数值是基于原始采集数据统计，标准化处理后的数值，得分采用四舍五入，保留小数点后两位，下同。

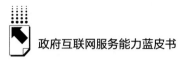

续表

排名	地级行政区	所属省级行政区	总分	服务供给能力	服务响应能力	服务智慧能力
13	临沂市	山东省	85.28	33.63	35.15	16.50
14	宜宾市	四川省	85.23	34.36	36.00	14.87
15	宜昌市	湖北省	84.79	35.48	33.07	16.24
16	杭州市	浙江省	84.77	35.95	32.89	15.93
17	中山市	广东省	84.73	34.02	35.57	15.14
18	雅安市	四川省	84.50	32.59	36.67	15.23
19	苏州市	江苏省	84.42	34.50	32.67	17.25
20	台州市	浙江省	84.26	33.85	35.13	15.28
21	佛山市	广东省	84.19	32.67	33.68	17.84
22	惠州市	广东省	84.08	33.71	33.96	16.41
23	福州市	福建省	83.99	33.14	34.48	16.37
24	黄山市	安徽省	83.99	33.04	36.10	14.85
25	淮北市	安徽省	83.98	34.06	36.38	13.54
26	宿州市	安徽省	83.79	30.81	37.92	15.07
27	淮南市	安徽省	83.76	31.47	36.32	15.97
28	娄底市	湖南省	83.69	32.51	34.77	16.41
29	常州市	江苏省	83.63	36.04	31.85	15.74
30	淮安市	江苏省	83.63	35.30	32.49	15.84
31	南京市	江苏省	83.60	32.34	35.65	15.61
32	阳江市	广东省	83.59	34.13	34.13	15.33
33	湘潭市	湖南省	83.56	31.80	35.15	16.61
34	广元市	四川省	83.54	32.89	35.70	14.95
35	宁波市	浙江省	83.46	33.28	34.57	15.60
36	合肥市	安徽省	83.44	31.30	35.26	16.88
37	黔南布依族苗族自治州	贵州省	83.42	33.77	34.72	14.92
38	亳州市	安徽省	83.42	31.17	36.27	15.98
39	泰州市	江苏省	83.21	36.32	32.85	14.04
40	威海市	山东省	83.19	32.62	35.39	15.17
41	宿迁市	江苏省	83.10	36.03	32.83	14.24
42	长沙市	湖南省	83.09	31.43	35.40	16.26
43	长治市	山西省	83.01	34.16	33.54	15.31
44	阜阳市	安徽省	83.00	30.95	36.88	15.17
45	大同市	山西省	82.93	34.51	33.21	15.21
46	泰安市	山东省	82.92	34.23	33.58	15.11

续表

排名	地级行政区	所属省级行政区	总分	服务供给能力	服务响应能力	服务智慧能力
47	安庆市	安徽省	82.91	31.98	35.20	15.73
48	丽水市	浙江省	82.84	33.78	33.60	15.46
49	潍坊市	山东省	82.73	31.63	34.12	16.98
50	温州市	浙江省	82.67	33.92	34.05	14.69
51	珠海市	广东省	82.67	34.18	33.06	15.42
52	北海市	广西壮族自治区	82.63	33.26	34.39	14.98
53	柳州市	广西壮族自治区	82.59	35.48	34.49	12.61
54	湖州市	浙江省	82.55	34.02	32.89	15.64
55	广安市	四川省	82.48	33.14	34.75	14.60
56	桂林市	广西壮族自治区	82.46	33.97	33.91	14.57
57	三亚市	海南省	82.39	32.95	31.28	18.15
58	海口市	海南省	82.30	34.91	32.36	15.02
59	淄博市	山东省	82.28	33.35	31.23	17.70
60	蚌埠市	安徽省	82.15	32.66	34.59	14.90
61	巴中市	四川省	82.10	31.39	36.02	14.69
62	德阳市	四川省	82.10	32.77	36.02	13.31
63	六安市	安徽省	82.05	32.38	34.79	14.88
64	嘉兴市	浙江省	82.03	34.11	34.33	13.58
65	汕头市	广东省	81.96	33.03	34.15	14.79
66	东莞市	广东省	81.91	32.92	32.84	16.14
67	武汉市	湖北省	81.89	33.03	33.71	15.15
68	攀枝花市	四川省	81.86	35.85	32.45	13.56
69	绍兴市	浙江省	81.74	31.73	33.80	16.21
70	泸州市	四川省	81.73	32.99	33.85	14.89
71	龙岩市	福建省	81.67	31.86	33.84	15.97
72	南充市	四川省	81.66	30.47	37.22	13.97
73	郴州市	湖南省	81.64	31.79	33.26	16.59
74	达州市	四川省	81.49	30.47	36.45	14.57
75	河源市	广东省	81.36	32.17	33.60	15.59
76	遵义市	贵州省	81.35	32.74	33.30	15.30
77	无锡市	江苏省	81.32	36.75	32.38	12.19
78	郑州市	河南省	81.30	32.96	31.46	16.87
79	常德市	湖南省	81.20	31.34	34.00	15.86
80	岳阳市	湖南省	81.12	33.14	32.85	15.12

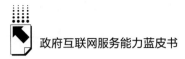

续表

排名	地级行政区	所属省级行政区	总分	服务供给能力	服务响应能力	服务智慧能力
81	肇庆市	广东省	81.12	31.02	32.88	17.22
82	太原市	山西省	81.09	30.96	35.00	15.13
83	潮州市	广东省	81.09	31.68	33.38	16.03
84	眉山市	四川省	81.02	31.20	35.21	14.61
85	钦州市	广西壮族自治区	81.02	33.06	33.79	14.17
86	汕尾市	广东省	80.90	32.94	33.68	14.28
87	莆田市	福建省	80.90	32.85	34.00	14.06
88	防城港市	广西壮族自治区	80.83	33.58	34.56	12.69
89	马鞍山市	安徽省	80.76	33.16	30.46	17.14
90	池州市	安徽省	80.74	32.83	31.42	16.48
91	西安市	陕西省	80.68	33.13	32.08	15.47
92	忻州市	山西省	80.61	32.43	33.34	14.84
93	六盘水市	贵州省	80.52	31.09	34.12	15.30
94	安顺市	贵州省	80.42	32.84	33.19	14.39
95	金华市	浙江省	80.41	32.89	31.79	15.73
96	长春市	吉林省	80.37	31.36	33.09	15.92
97	许昌市	河南省	80.30	31.47	34.91	13.92
98	十堰市	湖北省	80.28	31.51	33.81	14.96
99	黔西南布依族苗族自治州	贵州省	80.25	31.37	33.58	15.29
100	徐州市	江苏省	80.23	33.85	32.67	13.72
101	呼和浩特市	内蒙古自治区	80.18	29.63	35.43	15.12
102	崇左市	广西壮族自治区	80.16	32.35	35.00	12.81
103	南宁市	广西壮族自治区	79.98	32.17	34.88	12.93
104	济宁市	山东省	79.84	32.24	32.63	14.97
105	梅州市	广东省	79.62	35.16	28.11	16.35
106	鄂州市	湖北省	79.59	31.21	33.81	14.57
107	南平市	福建省	79.53	30.71	33.12	15.70
108	襄阳市	湖北省	79.30	30.27	33.24	15.80
109	楚雄彝族自治州	云南省	79.29	33.71	33.08	12.50
110	乐山市	四川省	79.28	29.99	35.22	14.08
111	南阳市	河南省	79.23	31.16	34.75	13.32
112	运城市	山西省	79.18	32.79	31.64	14.76
113	芜湖市	安徽省	79.16	30.24	33.24	15.67
114	宣城市	安徽省	79.13	32.21	33.27	13.66

续表

排名	地级行政区	所属省级行政区	总分	服务供给能力	服务响应能力	服务智慧能力
115	贵港市	广西壮族自治区	78.92	31.58	34.02	13.32
116	包头市	内蒙古自治区	78.81	31.04	35.32	12.46
117	益阳市	湖南省	78.70	31.05	32.42	15.24
118	黔东南苗族侗族自治州	贵州省	78.68	35.08	28.40	15.20
119	宁德市	福建省	78.62	31.94	30.27	16.40
120	晋城市	山西省	78.60	32.56	30.99	15.05
121	茂名市	广东省	78.59	33.04	29.46	16.09
122	昆明市	云南省	78.54	32.34	32.87	13.33
123	衡阳市	湖南省	78.54	31.19	31.76	15.59
124	开封市	河南省	78.52	32.18	32.64	13.70
125	沈阳市	辽宁省	78.49	32.91	32.54	13.04
126	河池市	广西壮族自治区	78.47	32.11	33.46	12.89
127	咸宁市	湖北省	78.45	28.78	34.47	15.20
128	新余市	江西省	78.32	32.31	29.99	16.02
129	阳泉市	山西省	78.26	31.15	32.04	15.07
130	来宾市	广西壮族自治区	78.22	31.99	33.42	12.81
131	银川市	宁夏回族自治区	78.19	30.30	34.64	13.24
132	怀化市	湖南省	78.16	30.47	31.00	16.70
133	大连市	辽宁省	78.08	31.65	30.19	16.24
134	韶关市	广东省	78.08	31.48	31.81	14.80
135	乌鲁木齐市	新疆维吾尔自治区	78.02	31.38	35.11	11.53
136	随州市	湖北省	77.88	28.99	33.24	15.65
137	江门市	广东省	77.76	32.90	30.02	14.84
138	九江市	江西省	77.69	31.75	32.87	13.07
139	内江市	四川省	77.67	30.12	35.31	12.24
140	吐鲁番市	新疆维吾尔自治区	77.59	30.20	33.96	13.43
141	黄石市	湖北省	77.42	32.85	28.80	15.78
142	铜仁市	贵州省	77.41	30.48	33.02	13.91
143	扬州市	江苏省	77.21	33.94	31.06	12.21
144	鹤壁市	河南省	77.18	30.19	33.30	13.69
145	儋州市	海南省	77.06	32.27	28.38	16.41
146	焦作市	河南省	76.88	30.60	31.11	15.16
147	玉林市	广西壮族自治区	76.81	30.39	33.60	12.82
148	三明市	福建省	76.81	33.16	27.20	16.45

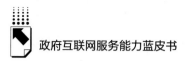
续表

排名	地级行政区	所属省级行政区	总分	服务供给能力	服务响应能力	服务智慧能力
149	双鸭山市	黑龙江省	76.79	31.30	34.12	11.37
150	连云港市	江苏省	76.75	35.06	26.58	15.11
151	贺州市	广西壮族自治区	76.72	29.26	33.35	14.11
152	保山市	云南省	76.68	31.98	31.45	13.25
153	清远市	广东省	76.63	31.22	29.23	16.18
154	阿克苏地区	新疆维吾尔自治区	76.60	29.33	33.89	13.37
155	黄冈市	湖北省	76.45	30.21	32.32	13.92
156	抚州市	江西省	76.41	31.18	31.65	13.57
157	哈尔滨市	黑龙江省	76.29	33.62	27.86	14.80
158	舟山市	浙江省	76.26	30.92	32.51	12.83
159	梧州市	广西壮族自治区	76.16	31.40	31.89	12.87
160	拉萨市	西藏自治区	76.11	33.15	26.76	16.20
161	日照市	山东省	75.98	26.56	35.93	13.49
162	衢州市	浙江省	75.93	32.73	30.01	13.19
163	揭阳市	广东省	75.93	32.71	28.08	15.14
164	枣庄市	山东省	75.92	33.16	28.97	13.79
165	商丘市	河南省	75.84	25.23	33.78	16.83
166	昌吉回族自治州	新疆维吾尔自治区	75.82	30.52	31.75	13.55
167	绵阳市	四川省	75.66	30.90	30.90	13.86
168	孝感市	湖北省	75.65	26.92	34.56	14.17
169	南昌市	江西省	75.49	31.29	28.61	15.59
170	汉中市	陕西省	75.44	28.38	31.60	15.46
171	本溪市	辽宁省	75.34	29.63	32.86	12.85
172	上饶市	江西省	75.25	30.90	28.34	16.02
173	盐城市	江苏省	75.23	32.23	31.51	11.49
174	东营市	山东省	75.22	32.31	27.78	15.14
175	德州市	山东省	75.18	32.62	26.80	15.76
176	西宁市	青海省	75.13	31.14	34.43	9.56
177	南通市	江苏省	74.98	34.57	27.76	12.65
178	荆门市	湖北省	74.90	30.07	30.49	14.34
179	云浮市	广东省	74.89	32.73	27.50	14.66
180	巴彦淖尔市	内蒙古自治区	74.82	27.81	34.51	12.50
181	红河哈尼族彝族自治州	云南省	74.81	31.34	30.98	12.49
182	资阳市	四川省	74.81	33.09	30.30	11.42

续表

排名	地级行政区	所属省级行政区	总分	服务供给能力	服务响应能力	服务智慧能力
183	阿坝藏族羌族自治州	四川省	74.79	30.54	29.69	14.55
184	昭通市	云南省	74.74	30.71	32.26	11.77
185	德宏傣族景颇族自治州	云南省	74.62	31.31	31.94	11.38
186	呼伦贝尔市	内蒙古自治区	74.54	29.10	31.64	13.81
187	漳州市	福建省	74.51	32.20	28.62	13.69
188	濮阳市	河南省	74.45	29.40	31.01	14.05
189	甘孜藏族自治州	四川省	74.40	30.38	30.25	13.77
190	毕节市	贵州省	74.39	31.43	27.73	15.23
191	中卫市	宁夏回族自治区	74.38	27.07	34.16	13.15
192	滨州市	山东省	74.37	31.86	26.88	15.64
193	乌海市	内蒙古自治区	74.30	30.57	30.61	13.11
194	延安市	陕西省	74.17	31.21	28.24	14.72
195	铁岭市	辽宁省	74.17	28.68	30.41	15.08
196	大兴安岭地区	黑龙江省	74.06	30.47	31.45	12.14
197	鹰潭市	江西省	74.05	30.02	30.83	13.21
198	邯郸市	河北省	73.95	28.72	30.16	15.08
199	百色市	广西壮族自治区	73.95	31.16	31.11	11.68
200	固原市	宁夏回族自治区	73.85	26.13	34.56	13.15
201	张家口市	河北省	73.83	28.76	31.09	13.98
202	石家庄市	河北省	73.80	31.02	27.30	15.48
203	哈密市	新疆维吾尔自治区	73.78	31.37	29.94	12.47
204	抚顺市	辽宁省	73.70	28.14	33.10	12.46
205	保定市	河北省	73.65	32.57	31.00	10.08
206	湘西土家族苗族自治州	湖南省	73.64	30.99	27.84	14.81
207	临夏回族自治州	甘肃省	73.62	27.85	32.64	13.13
208	自贡市	四川省	73.59	30.72	30.18	12.68
209	周口市	河南省	73.58	26.78	32.83	13.96
210	朔州市	山西省	73.41	30.76	28.09	14.56
211	兰州市	甘肃省	73.41	32.57	28.31	12.54
212	株洲市	湖南省	73.17	28.15	30.79	14.23
213	鄂尔多斯市	内蒙古自治区	73.04	31.60	26.31	15.13
214	承德市	河北省	72.99	27.91	30.72	14.36
215	兴安盟	内蒙古自治区	72.90	28.52	28.44	15.94
216	铜川市	陕西省	72.87	28.23	29.28	15.36

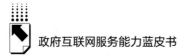

续表

排名	地级行政区	所属省级行政区	总分	服务供给能力	服务响应能力	服务智慧能力
217	平顶山市	河南省	72.80	29.11	30.13	13.55
218	丹东市	辽宁省	72.66	33.26	26.50	12.90
219	通辽市	内蒙古自治区	72.51	30.95	27.67	13.89
220	齐齐哈尔市	黑龙江省	72.51	31.67	28.99	11.84
221	怒江傈僳族自治州	云南省	72.45	29.22	31.15	12.09
222	吉林市	吉林省	72.44	29.52	28.51	14.40
223	邵阳市	湖南省	72.33	24.53	32.99	14.81
224	衡水市	河北省	72.30	27.03	31.17	14.09
225	镇江市	江苏省	72.21	30.95	28.30	12.96
226	吴忠市	宁夏回族自治区	72.16	26.42	33.56	12.19
227	锡林郭勒盟	内蒙古自治区	72.16	28.83	30.21	13.12
228	晋中市	山西省	72.00	29.50	29.45	13.04
229	凉山彝族自治州	四川省	71.99	32.32	29.26	10.41
230	安康市	陕西省	71.99	27.67	30.83	13.49
231	遂宁市	四川省	71.88	28.50	29.23	14.15
232	普洱市	云南省	71.81	30.39	30.88	10.55
233	和田地区	新疆维吾尔自治区	71.70	29.17	30.51	12.02
234	阿里地区	西藏自治区	71.70	28.41	30.36	12.94
235	葫芦岛市	辽宁省	71.57	24.17	31.28	16.12
236	临沧市	云南省	71.42	30.64	27.26	13.52
237	安阳市	河南省	71.38	32.51	25.38	13.49
238	菏泽市	山东省	71.23	30.08	25.61	15.54
239	张家界市	湖南省	71.06	29.33	26.99	14.74
240	吕梁市	山西省	70.86	28.88	27.43	14.55
241	聊城市	山东省	70.85	27.22	29.56	14.07
242	海东市	青海省	70.84	29.52	31.37	9.94
243	大理白族自治州	云南省	70.71	30.32	26.62	13.77
244	辽源市	吉林省	70.66	29.34	25.64	15.68
245	佳木斯市	黑龙江省	70.60	30.04	26.22	14.33
246	秦皇岛市	河北省	70.57	28.96	29.67	11.93
247	驻马店市	河南省	70.54	29.11	28.98	12.45
248	铜陵市	安徽省	70.52	29.32	29.25	11.96
249	邢台市	河北省	70.51	27.82	29.18	13.51
250	信阳市	河南省	70.42	27.27	29.65	13.50

续表

排名	地级行政区	所属省级行政区	总分	服务供给能力	服务响应能力	服务智慧能力
251	昌都市	西藏自治区	70.39	27.46	28.96	13.98
252	白银市	甘肃省	70.39	28.65	31.35	10.39
253	唐山市	河北省	70.31	27.54	29.95	12.81
254	天水市	甘肃省	70.19	26.38	29.21	14.59
255	白山市	吉林省	70.12	24.82	29.62	15.68
256	廊坊市	河北省	69.93	30.32	25.94	13.68
257	临汾市	山西省	69.89	30.79	26.15	12.95
258	漯河市	河南省	69.86	31.59	25.60	12.68
259	博尔塔拉蒙古自治州	新疆维吾尔自治区	69.65	31.42	25.97	12.25
260	恩施土家族苗族自治州	湖北省	69.47	27.65	26.90	14.91
261	白城市	吉林省	69.37	29.52	25.51	14.35
262	丽江市	云南省	69.27	32.21	26.87	10.19
263	乌兰察布市	内蒙古自治区	69.25	30.47	25.28	13.49
264	沧州市	河北省	69.17	29.94	25.91	13.32
265	牡丹江市	黑龙江省	69.03	31.13	26.53	11.38
266	宜春市	江西省	68.90	31.29	23.82	13.79
267	洛阳市	河南省	68.87	30.19	24.11	14.57
268	宝鸡市	陕西省	68.82	25.60	28.70	14.51
269	文山壮族苗族自治州	云南省	68.81	32.40	25.92	10.49
270	西双版纳傣族自治州	云南省	68.53	30.70	24.38	13.44
271	定西市	甘肃省	68.48	25.13	28.68	14.68
272	海北藏族自治州	青海省	68.37	28.99	26.48	12.90
273	塔城地区	新疆维吾尔自治区	68.34	30.87	25.37	12.10
274	玉溪市	云南省	68.33	29.93	25.60	12.80
275	新乡市	河南省	68.33	28.11	27.38	12.84
276	鞍山市	辽宁省	68.13	29.73	24.27	14.14
277	榆林市	陕西省	68.06	24.83	28.15	15.08
278	庆阳市	甘肃省	67.96	22.98	29.35	15.63
279	武威市	甘肃省	67.94	29.10	26.63	12.20
280	石嘴山市	宁夏回族自治区	67.75	26.63	28.36	12.76
281	松原市	吉林省	67.74	30.48	22.90	14.36
282	嘉峪关市	甘肃省	67.73	27.65	28.42	11.66
283	阜新市	辽宁省	67.68	25.77	30.61	11.30
284	陇南市	甘肃省	67.65	27.74	25.86	14.05

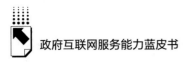
续表

排名	地级行政区	所属省级行政区	总分	服务供给能力	服务响应能力	服务智慧能力
285	阿勒泰地区	新疆维吾尔自治区	67.23	29.42	23.85	13.95
286	喀什地区	新疆维吾尔自治区	67.03	29.43	25.79	11.81
287	林芝市	西藏自治区	67.01	27.65	26.23	13.14
288	赤峰市	内蒙古自治区	66.97	28.25	26.60	12.13
289	盘锦市	辽宁省	66.77	29.35	24.73	12.69
290	鹤岗市	黑龙江省	66.76	28.85	25.62	12.28
291	通化市	吉林省	66.71	24.08	28.26	14.37
292	荆州市	湖北省	66.65	26.11	26.73	13.81
293	酒泉市	甘肃省	66.60	25.67	30.16	10.77
294	赣州市	江西省	66.52	29.11	22.12	15.29
295	锦州市	辽宁省	66.47	30.72	23.80	11.94
296	巴音郭楞蒙古自治州	新疆维吾尔自治区	66.45	29.44	25.12	11.90
297	咸阳市	陕西省	66.34	25.26	26.58	14.49
298	吉安市	江西省	66.18	31.91	22.95	11.32
299	黑河市	黑龙江省	66.13	28.78	26.62	10.72
300	伊犁哈萨克自治州	新疆维吾尔自治区	66.04	29.40	23.13	13.51
301	绥化市	黑龙江省	65.96	27.28	27.63	11.05
302	克孜勒苏柯尔克孜自治州	新疆维吾尔自治区	65.78	28.34	24.57	12.87
303	四平市	吉林省	65.72	28.89	22.26	14.56
304	商洛市	陕西省	65.58	26.19	27.24	12.16
305	阿拉善盟	内蒙古自治区	65.58	23.70	29.66	12.22
306	金昌市	甘肃省	65.51	27.75	24.34	13.42
307	三门峡市	河南省	65.22	27.68	26.53	11.01
308	那曲市	西藏自治区	65.13	27.67	26.26	11.20
309	萍乡市	江西省	65.12	28.86	24.42	11.84
310	伊春市	黑龙江省	65.03	29.73	23.09	12.20
311	渭南市	陕西省	64.50	29.53	25.28	9.69
312	大庆市	黑龙江省	64.25	29.22	23.86	11.17
313	景德镇市	江西省	64.22	29.66	22.38	12.18
314	曲靖市	云南省	64.06	29.67	22.83	11.56
315	鸡西市	黑龙江省	64.05	28.15	25.51	10.39
316	玉树藏族自治州	青海省	64.01	26.64	27.10	10.27
317	日喀则市	西藏自治区	63.97	24.93	26.23	12.81
318	山南市	西藏自治区	63.79	25.74	26.23	11.82

排名	地级行政区	所属省级行政区	总分	服务供给能力	服务响应能力	服务智慧能力
319	营口市	辽宁省	63.55	30.15	24.13	9.27
320	黄南藏族自治州	青海省	62.91	26.50	27.96	8.46
321	朝阳市	辽宁省	62.25	30.42	22.53	9.30
322	辽阳市	辽宁省	62.15	27.75	23.46	10.93
323	延边朝鲜族自治州	吉林省	62.13	26.85	21.25	14.02
324	七台河市	黑龙江省	62.00	27.29	23.13	11.58
325	张掖市	甘肃省	61.88	25.22	24.16	12.49
326	海西蒙古族藏族自治州	青海省	61.31	26.49	24.06	10.76
327	甘南藏族自治州	甘肃省	61.10	25.75	26.52	8.83
328	果洛藏族自治州	青海省	60.82	25.61	25.46	9.76
329	克拉玛依市	新疆维吾尔自治区	60.60	30.30	18.14	12.16
330	海南省藏族自治州	青海省	59.43	28.11	26.47	4.84
331	迪庆藏族自治州	云南省	59.27	28.22	20.84	10.21
332	平凉市	甘肃省	55.65	23.51	23.86	8.29
333	三沙市	海南省	48.39	18.92	16.41	13.06

B.19
中国地方政府互联网服务能力评价
（2021）监测数据采集与应用技术说明

一　数据采集时间

数据首次采集时间在 2021 年 5 月，考虑到网站变动导致的波动等情况，分别在 2021 年 6 月、7 月、8 月进行了多轮数据采集和校验，最终以 8 月采集的数据作为最终采集版本。本报告采集数据日期为 2021 年 5 月至 2021 年 8 月，其间共通过政府互联网服务能力评估系统开展 4 次数据采集，平均每次数据采集 1300 余万个网站页面；通过上海星鸟网络科技有限公司数据采集系统，于 2021 年 7 月至 2021 年 8 月对政务新媒体数据点位进行专项精准采集。

数据采集系统经过多次采集和学习，基于互联网采集技术和性能优化，已能够在 7 日内完成所有各地方政府网站、政务服务一体化平台和信用网站等数据采集，生成新的数据资源。系统数据采集实现了自动化、标准化、快速化生成，并可实现原始数据回溯和数据对比，做到可查询、可追溯、可验证。

二　数据采集范围

（一）数据采集特点

本报告评价主要面向全国直辖市和地级行政区政府网站、政务服务一体化平台和信用网站，以及相关政务微博、微信、小程序、客户端以及搜索引擎等渠道。体现出以下几个特点。

一是泛互联网采集，不局限在网站领域，将可能成为服务窗口的各类各级政府网站、政务服务一体化平台、信用网站、微博、微信、客户端、小程序等均纳入评价体系。

二是全数据量采集，不采用数据抽样分析，实施泛互联网数据全样本抓取。此次支撑报告的数据，共分析网站页面数据 1300 余万条、微博、微信、小程序、客户端 App 等政务新媒体内容 100 余万条。保证了从全互联网角度来评价政府服务能力。

三是专项采集通道，通过技术接入和平台合作的形式，获取各相关政务新媒体和搜索引擎的原始数据。

（二）数据采集范围

一是政务网站。涵盖各地方政府的政府网站（含下属部门、区县）、政务服务一体化平台、信用网站等。

二是政务新媒体。涵盖各地方政府的微博、微信、小程序、客户端等。

三是搜索引擎。采集涉及各地方政府政务服务的百度搜索、360 搜索、搜狗搜索的相关数据。

三　数据采集方法

一是人工智能工具。针对政府互联网服务内容层级较深、内容较分散的情况，使用人工智能工具，辨别分析服务内容，自动选取最完整、全面的模块进行评分，确保数据采集的客观、准确。

二是分布式采集技术。为避免影响网站访问，并确保数据客观性，在数据采集中采取了分布式数据采集，即实现随机选取时间段对网站内容进行抓取。

三是深度采集。为保障数据采集的全面、完整，本报告采用了 10 + 层网页深度采集数据，高于国办要求的网页 4 层架构，同时对文章列表模块则采用全遍历模式。实现网站内容抓取无遗漏，数据完整性高达95%以上。

四是图片识别技术。针对部分政府网站、政务服务一体化平台采用图片形式设计网站栏目框架、展示服务内容，采用传统的数据采集方式易出现遗漏，本报告使用了QCR图片识别技术用于数据采集中，可实现图片上文字内容的无差别采集，保障了数据采集的全面性。

四　数据采集点位

本报告采用互联网全量数据抓取，根据全量数据进行具体点位的检索、判断、计算等逻辑，根据"数据有无""数据量""数据集合度""数据有效性"等评价标准，形成121个技术采集点位，共采集了110872个对应采集点位的样本数据，实现采集点位与评价对象的完整匹配。

五　原始数据清洗

本报告数据清洗主要使用NLP技术，依据关键词智能发现无关内容并进行自动清洗。包括通过页面标题、网页正文提取、格式清洗、网页去重、分页内容合并等技术获取网页中的文本内容等信息，以及通过无效信息过滤、干扰内容清洗、文本分类等对文本内容进行提纯再处理，从而得到用于后续文本分析及文本展示的原始数据内容。

数据清洗工作遵循严格、可用的标准，既能够清洗出高质量的数据，也避免过度清洗带来的数据价值流失。

六　算法设计应用

算法应用主要在数据采集和结果导出方面，采用了专业技术工具与科学计算方法，保障评价结果的客观、准确。

一是采用分治法，缩小评估点位的单元，以小单元进行统计运算，再进行大单员回归计算，可更客观、准确地反映实际情况。

二是采用递归法，在数据采集中，采用递归计算方法反复加强计算能力和效率，从多个渠道得来的海量数据中识别最优结果并予以应用。

三是数据点位技术采集算法模型简要说明。对于具体点位的计算，根据点位跟点位关键词之间的关系，技术采集将算法模型抽象成如下的关系：

	点位关键词1	点位关键词2	点位关键词3
一级点位	组件1	组件2	组件3
二级点位1	组件1.1		组件3
三级点位1	组件1.2	组件2	组件3
三级点位2	组件1.2	组件2	
一级点位2	组件1.1		组件3

图1　技术采集点位算法模型示意

每个横向的点位跟纵向的点位关键词定义一个计算单元，这个计算单元也是控制计算逻辑的最小单元。在纵向上，每一类型的点位关键词构成一个计算组件，该组件完成特定的计算单元上的任务。如果需要定制特殊的计算逻辑，可采用派生组件，如上图组件1.1、组件1.2。在横向上，每一个点位都会包含若干类型的点位关键词，它们之间存在依赖关系，并且后续的计算单元会对前置的计算结果产生影响，如下所示。

前置过程的输出会作为后置过程的输入，在②处会产生一个备选 URL 列表以及一个命中 URL，作为后置过程，即③的输入，以此类推，直至管道的尽头计算流会原路返回，此时前置过程可以看到后置过程的计算结果，如⑧可以拿到结果⑦。然后根据后置过程的结果对前置过程的结果进行调整，重新设置命中 URL（如果有）。不同点位层级之间构成一棵树，父节点

291

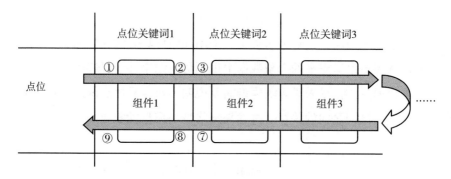

图2 点位关键词与采集计算关系示意

的结果会分发到子节点。计算流采用递归计算，一级点位得到一个备选 URL 之后，会将每一个 URL 都传到二级点位逐个递归，一级点位根据每一个备选 URL 的结果选出一个最优的结果。然后拿着这个最优结果继续往下递归计算。总结来说，父级点位的计算结果会受子级点位的结果影响，保证选出最好的结果。

七 多维数据印证

评价数据经过采集、清洗、计算、导出、分析等过程后得出评价的最终结果，但原始数据量大，运算过程多，分析点位复杂，存在数据不准确的可能性。为保障评价结果的客观、公正，本报告应用多种技术和人工手段对数据结果进行多维度验证。

一是人工智能回溯验证。本报告共采集了 4 次完整数据，且数据均在云端进行存储，可随时调用回溯。通过人工智能技术对每次采集的数据进行全面对比、分析，排查出异常、冗余、缺失的数据，可为人工验证数据采集风险点提供点位，也可为采集系统完善提供支撑。

二是多维数据对比验证。本报告数据采集运用多个平台的数据验证工具进行结果比对、排查和分析，从逆向计算，分地域校验，转化爬取规则等多个维度，对数据进行对比校验。

三是专业人员人工验证。本报告共采用两轮人工验证工作，第一轮是由成都市经济发展研究院组成的验证团队进行集中校验，主要从采集的完整性、准确性出发，并对不准确的点位进行讨论和修正。第二轮是委托本报告的专家顾问和第三方机构专家学者进行分析验证，主要从数据合理性、算法科学性等方面进行验证，并提出修改建议。

Abstract

The government's Internet serviceability refers to the comprehensive ability of the government to apply the Internet, big data, cloud computing, artificial intelligence and other new-generation information technologies to achieve scientific decision-making, precise governance, efficient services, and enhance the people's sense of gain and happiness. This book establishes an evaluation system of government Internet service ability from three aspects: supply ability, response ability and intelligence ability. The system contains cognition, evaluation and orientation, aiming at building online government, improving the level of digital government construction and enhancing the ability of government to perform its duties on the Internet. Through overall evaluation, performance of the three abilities, thematic research and regional analysis, this book reflects the current situation and trend of the development of local government Internet service ability in China.

From 2020 to 2021, in the context of China makes efforts to promote "Internet plus government services", optimize the business environment and strengthen infrastructure for smart governance, local governments will vigorously promote the development and innovation of Internet services. Generally speaking, "palm work" and "fingertips work" services have become standard components of government services, and "one network handling" and "remote handling" services have become a growing trend. Market entities and the public have a growing sense of fulfillment and satisfaction, and local governments have made good progress in developing their Internet service abilities.

General Report is based on the three-level index system of government Internet service ability, uses big data and artificial check to evaluate the Internet service capacity of 4 province-level municipalities and 333 prefectural-level cities. According to the evaluation score, it can be divided into four types: leading development, positive development, steady development and need to development. The evaluation results show that: over the past year, the Internet service capacity of local governments has steadily improved into a sustainable development trend; The regional gap in Internet service capacity of local governments is further narrowing. Digital transformation boosts the Internet service capacity of local governments; The multi-channel supply of local government Internet services has been gradually improved; The intelligent service of local government Internet service capacity is still being explored.

In Sub-capbility Reports, this book analyzes the overall performance, regional differences and detailed indicators of The Internet service supply capacity, response capacity and intelligence capacity of Local governments in China respectively, and expounds the development status and characteristics of each capacity. In Special Reports, this book researches the current situation and enlightenment of the development of government Internet service capacity, through the research on 6 hot fields of public participation in the administrative decision-making, business environment construction, social credit system construction, the development of new media for government affairs, platform construction of "one network handling" and data opening platform construction, combined with index performance and case analysis. In Regional Reports, this book focuses on the development status of government Internet service ability in Fujian province, Shandong province, Beijing and Chengdu, and provides reference experience for other regions in China by analyzing and sorting out specific data and typical cases from these four regions.

Keywords: Modernization of Governance; Governance; Digital Government; Government Internet Service Ability

Contents

I General Report

B. 1 Evaluation of Internet Service Capability of Local
Governments in China in 2021
Xu Ji, Wang Mengsen, Zhang Huiping, Chen Liangyu,
Tang Zhiwei and Li Jinzhao / 001

Abstract: This report elaborates the connotation and composition of Internet
Service Capacity of local government , as well as the design of evaluation index
system for government's Internet service capacity, data sources and collection, data
calculation methods, etc. , and presents results, findings and analysis of
development trend in the future. The report shows that the overall development of
China's local government Internet service capacity has been improved significantly
and regional differences have narrowed. There are three significant trends in the
future development: firstly, local government Internet service capability puts
forward higher requirements for provincial government service platforms;
secondly, in the context of improving the business environment, the government's
services for enterprises will show a deepening trend; thirdly, the deep integration
of new government media has become an important trend in the development of
government Internet service capabilities.

Keywords: Modernization of Governance; Governance; Digital Government;
Goveruwent Internet Service Ability

II   Sub-capbility Reports

B. 2   Analysis Report on Local Government Internet Service Supply

Capacity in China in 2021

Zhang Longpeng, Wu Kexu and Jiang Guoyin / 026

Abstract: This report analyzes the development tendency of Internet service supply capacity of local governments in China form three dimensions: overall performance, regional gaps, and itemized capacity. In terms of overall performance, the service supply capability basically reaches the "passing line" standard, and after one year of development, the service supply capability has made significant progress, while the difficulty of assessment increases, the overall score of local governments still maintains an upward trend and moves towards a higher goal. In terms of regional differences, the gap between the northeast and the eastern region of the service supply capacity is large, the western service supply capacity building has achieved significant results, and provincial administrative regions such as Jiangsu, Guizhou, Fujian and Guangxi have made faster progress.

In terms of itemized capacity, the catalogue coverage capability, service penetration capability and application integration capability have gradually declined, the open catalogue of government information has entered a mature stage, the construction on data opening has been relatively slow, and the service penetration capacity in the fields of education, medical care, business start-up change, business operation and taxation, innovation and entrepreneurship, business cancellation, social change, etc. continues to be enhanced.

Keywords: Service Supply Capacity; Catalogue Coverage Capacity; Application Integration Capacity; Service Penetration Capacity

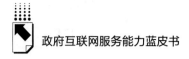

B.3　Analysis Report on Local Government Internet Service

Response in China in 2021

Feng Xiaodong, Wang Chaorui and Gao Tianpeng / 037

Abstract：This report analyzes the development trendency of Internet service response capability of local government in China from three dimensions：overall performance, regional gaps, and itemized capabilitity. The data show that on account of the adjustment of the index system and the stricter evaluation criteria of service response capability evaluation, the overall response ability of Internet service is on the rise. In terms of regional gaps, the regional gap of Internet service response capacity is larger than that of service supply capacity, and the provincial gap in service response still exists, but the gap is decreasing overall, but there is still an imbalance in development between provincial-level administrative regions.

From the point of view of itemization ability, the ability to respond to requests for handling affairs performs well, the overall level of demand acceptance capability has increased compared with the previous year, the ability to respond to interactive appeals has also shown an increase, and the ability to response to appeals, the ability to apply and the ability of active perception have all increased slightly.

Keywords：Internet add Government Service；Service Response；Government Response；Active Perception

B.4　Analysis Report on Local Government Internet Service

Intelligence Capability in China in 2021

Guo Yuhui, Luo Yihan and Wu Jiehao / 047

Abstract：This report analyzes the growing trend of local government internet service intelligence capability in China through three divisions which are overall performance, regional difference and analytical capability. The data show that local government internet service intelligence capability has been steadily improved and itemized intelligent interaction ability has improved significantly. In the area, overall service intelligence capability and segmentation ability scoring rate of municipality has distinctive development advantage whose the average is higher than prefectural district. The gap between western and eastern area has been narrowing in government internet service intelligence capability, yet the gap between northeastern, central and eastern has remained stable. Besides, the gap of service intelligence ability, between the prefectures, has been closing. The service intelligence ability among local government is moving towards a more equal development direction. In term of itemized ability, overall development of application adaptability remains stable, still keeping relatively high level; although intelligent interaction ability shows certain regional differences, the progress of middle and low-end cities exhibit remarkable; The development of personalized service capability lags behind and there is still a large space for development.

Keywords: Service Intelligent Capability; Intelligent Technology; Government Internet Service

Ⅲ　Special Reports

B.5　Development Status and Thinking of "Internet Plus Public

Participation" in Major Administrative Decisions

Feng Yi, Wang Xinying and Li Yun / 059

Abstract: *interim regulations on major administrative decisions procedure* clearly demand that making major administrative decisions should follow the principle of democratic decision through the way which is easily known by public, such as government websites、new government affairs media and so on, at the same time, disclose the decision information and listen to opinions from all sides. Along with rapid development of internet era, the public participation in the implement of major administrative decisions through internet has become an integral part of construction of local government internet service ability in China and also an important manifestation of digital government development level. In order to fully play a crucial part of internet in asking advice from public, China's compilation of 14th Five-year plan firstly collected advice and opinions of people in public in 2020, and obtained remarkable effect. This report researches the advice and opinions of compilation of 14th Five-year plan collected online by 337 local governments, finding that local government had an overall comparatively good performance in disclosure of decision information, however the convenience and standardization of collected online about public advice and opinion and responsibility of local government still need to improve. According to that, it is suggested that local government should strengthened conformability of decision and publicity of collected information furthermore, enhance transmissibility and understand of information, promote convenient level of advice and opinions from public using internet and focus on the feedback of solicited results, consequently, the quality and efficiency of major administrative decisions can be improved more effectively relying on internet.

Keywords: Major Administrative Decisions; Internet; Local Government

B.6 Development Status and Analysis of China's Local Government Internet Service Ability From the Business Environment Perspective　　*Wang Sha, Dang Zhengyang and Dong Liang* / 079

Abstract: Government service ability is the key factor that affecting local business environment. Keeping improving local government internet service ability is the important handle which could speed up forging market-based, legal-based and international business environment. This report chooses enterprise registration, enterprise business tax, innovation and entrepreneurship and enterprise cancellation filed indicators in government internet service ability assessment system as internet service capability evaluation standards in the field of government business environment to discuss. Firstly, it analyzes development status of 337 local government in China in these four fields above. Afterwards, significant cases are selected to show the main achievements made by local government in improving internet service ability of business environment the field of one-stop service, integrated platform and big data application. Finally, generalize and summarize highlights, characteristics and development trend from this assessment to provide experiences for development of other areas, forward improving government internet service ability from business environment perspective, speeding up propelling the progress of optimization and reform of China's business environment and the construction of government internet service ability.

Keywords: Business Environment; Government Internet Service Ability; Government Service

B.7 Present Situation of Development and Enlightenment of Local Government Internet Service Capability in the Field of Social Credit *Zhang Haixia, Tang Jing* / 096

Abstract: During the "14th Five-Year Plan" period, the construction of China's social credit system is moving towards a new stage of high-quality development, and propelling the high-quality development of social credit system is an important starting point to create a good credit environment and improve the level of social governance. The report sets social credit indicators to assess the Internet service capability in the ken of social credit across 337 local governments in China. Firstly, it demonstrates the overall situation of related field of vision through the general performance, each point performance and performance of different types of cities and provinces; Secondly, it analyzed specific performance of different dimensions in related field of vision; It is found that there are some phenomena of some local governments that not providing classified inquiry in the credit commitment column publicity, insufficient standardization of the content of "double publicity", poor fusion between the platforms that provide credit products and services for benefit the masses of people and enterprises, the ways of credit subjects' right relief for handling process and handling online are not in place; And explain the finding and enlightenment of using Internet to strengthen construction of social credit system through four aspects: Building synergistic interaction pattern under the guidance of the government, forming the dynamic mechanism at the base of quantitative indicator, strengthening the identification for classification of credit information and sharing publicity, providing customized precision service at the use of new information technology.

Keywords: Social Credit; Credit Commitment; the Application of Credit; the Protection of the Right and Interests of Credit Subjects

B.8 Special Analysis Report on Innovative Media of Government Affairs *Lei Hongzhu, Cheng Hui and Luo Yi* / 119

Abstract: This report analyzes the overall and development situation of new media in government in detail across 337 local governments in China, combining with outstanding local cases, through the four aspects: Investigation and analysis of the availability of the way to new media construction for local government affairs, the innovation of policy interpretation, the accessibility of services of handling affairs, and the participation of proposal collection. The study found that at present China's new media for government affairs in general show a vigorous development trend, the opening situation of new media channels for local government affairs is generally better, but there is still exist a large space for development in terms of innovation in policy interpretation, accessibility of handling affairs services and participation in the collection of proposals, and putting forward that the future development of new media for government affairs should be based on functional positioning, improve service quality, optimize service supply, mobilize public participation, and achieve the normative development, integration and innovation of new media, let the public have more sense of gain and happiness in share the

achievements of the development of the Internet.

Keywords: New Media of Government Affairs; Mobile Client; Government Affairs WeChat; Government Affairs Weibo

B.9 Current Situation and Reflection on the Construction and Function Integration of "Palm Ambassador" Platform for Government Services *Yin Lina, Jian Qing* / 138

Abstract: The national "14th Five-Year Plan" proposes to "strengthen the construction of digital government", and the internet service capacity of local government is one of the main aspects of digital government construction. Digital government construction has become an effective means to promote the modernization of national governance system and governance capacity, "palm work" "fingertips work" become standard of government affairs service , "App plus applets" is mainstream pattern of mobile government affairs service , the mobile client and applets of government affairs and service are still the practical choice for many governments to build the "Palm Ambassador" platform. This report focuses on the opening of "Palm Ambassador" in 333 prefecture-level districts and 4 municipalities directly under the Central Government, the integration of services and the ability of appeal acceptance, and it selects some districts which have prominent construction experience to carry out case analysis. In general, compared with reported data in 2020, mobile government affairs and services is still main construction channels for "Palm Ambassador" of cities, 31 provinces (including autonomous regions and municipalities directly under the Central Government) have built provincial level government service mobile ends, and the opening rate of applets of government affairs services in various regions has increased slightly. "Palm Ambassador" platform achieves a higher degree of integration at the provincial level, and the managements are more standardized and more comprehensive; Service integration level continues to improve, more districts

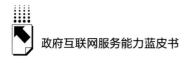

have achieved service integration; Platform work can be consulted and evaluated, communication and interaction have a response.

Keywords: Mobile Government Affairs Service; App of Government Affairs Service; Mobile Client; Applets; "Palm Ambassador"

B.10 Special Research Report on Government Data Opening

Gong Zepeng, Ye Changxiu and Liu Chun / 154

Abstract: Government data opening is an important field to improve the government's Internet service capability and promote the construction of digital government. This topic discusses the data opening indicators in the application integration capability to show the current situation of the construction of local government data opening platform in China. Therefore, it is evaluated from four dimensions: the availability of the data opening platform, the setting of industry guidance functions, data display and data application. The results show that more than half of the 337 cities in China haven' t opened data opening platforms, and most of these cities are concentrated in economically underdeveloped areas; the data opening level of different types of cities is uneven, and municipalities directly under the central government are significantly ahead of sub provincial cities or provincial capital cities and prefecture-level administrative regions; the data display and data application of the data opening platform are not ideal. Therefore, three suggestions are put forward: actively build data opening platforms and strengthen data opening; continuously improve the platform service functions and improve the data quality; increase the development and utilization of data on platforms and promote the innovation of application achievements.

Keywords: Data Opening Platform; Data Guidance; Data Display; Data Application

Ⅳ　Regional Reports

B.11　Case Analysis Report on Internet Service Capability of Fujian

Provincial Government

Zhao Di，Guo Shuangshuang and Wang Li / 171

Abstract： Since taking the lead in putting forward the important strategy of "Digital Fujian" innovatively, Fujian Province has adhered to the scientific and orderly top-level design and top-level planning, gradually promoted the construction of government informatization, government e-government, digital government and government Internet service capacity, and relied on technical thinking and technical methods such as digitization, networking and informatization, Fujian Province has achieved remarkable results in the reform of the Internet plus government services. In this year's national Internet service capability assessment of local government, the ranking of cities with government Internet service capability of cities at all levels in Fujian Province has obvious advantages in the whole country. The scores of service supply capacity, service response capacity and service intelligence capacity are also in a leading position, and the development of various capabilities is balanced. Therefore, based on the work reform and the achievements of Fujian Provinc's "Digital Fujian" and "the Internet plus government services", this report will explore the contents of the Fujian Province's government Internet service capability to summarize the relevant path and experience enlightenment.

Keywords： Fujian Province; Digital Fujian; Government Internet Service Capability

305

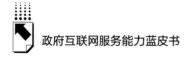

B.12   Case Analysis Report on Internet Service Capability of
Shandong Province Government

Han Xiao, *Tan Jin and Jia Kai* / 197

Abstract: With the gradual popularity of information technology, the Internet is profoundly changing the service model of local government. In recent years, the Shandong provincial government has continued to promote the work of "Internet plus government services" to effectively improve the Internet service capacity of local governments. This report analyzes the highlights of the Internet capability of Shandong province and its prefecture-level municipal governments for reference. According to the comparative analysis, the average score of Local government Internet services in Shandong was 79.75, ranking 10th among 31 provinces (including municipalities directly under the central government). According to the Internet service capability evaluation data of 16 prefecture-level municipal governments under its jurisdiction, the Internet service capability scores of Qingdao, Jinan, Yantai and Linyi governments rank among the best in China. The improvement of Shandong provincial government's Internet service ability benefits from four successful practices: first, adhere to people-oriented policy, creating a "24-hour online government", and realize convenient, equal and universal access to government public services. Second, comprehensively deepen the Internet plus government services initiative, develop an integrated online government service platform at a high level, and promote in-depth integration between online and offline services. Third, comprehensively promote the innovative application of data, coordinate the construction of provincial-level integrated big data platforms, and build a batch of public data services platform where "data is availability but invisible". Fourth, comprehensively consolidate the digital foundation, implement the "strong foundation project" for constructing digital government, optimize the layout of government cloud nodes, and improve the level of government cloud services.

Keywords: Internet Plus Government Service Initiative; Shandong Province; Supply Capacity; Response Capacity; Intelligent Capacity

B. 13　Case Analysis Report on Internet Service Capability

of Beijing Government

Yang Liu , Ren Yang and Cai Yunjuan / 220

Abstract: The Internet service ability of Beijing leads the country, 2021 report data shows that the Internet service ability score of Beijing is 89. 71 points, ranked the first in the country. The scores of supply service ability, response service ability and intelligence service ability were 36. 13 points, 36. 81 points and 16. 77 points respectively, with corresponding scoring rates of 90. 33% , 92. 03% and 83. 85% , respectively. The high-level government Internet service capability of Beijing benefits from the following three aspects: (1) Use big data and block chain technology to promote the sharing and opening of government information; (2) Optimize the business environment and enhance the sense of gain of market players; (3) Make use of new government media to create a new image of government serving the people. The excellent government Internet service development experience of Beijing can provide good enlightenment and reference for other cities.

Keywords: Beijing; Internet Plus Government Service; Window of the Capital

B. 14　Case Analysis Report on Internet Service Capability

of Chengdu Government　　　　　　　*Luo Yan , Zhang Rui / 241*

Abstract: In the 2021 national Internet service capability assessment of local governments, Chengdu ranked sixth in the whole country and fourth among all prefecture-level divisions with 87. 46 points. Data from the report showed that Chengdu's supply service ability, response service ability and intelligence service ability scored 35. 72, 35. 96 and 15. 78 points respectively, with corresponding scoring rates of 89. 30% , 89. 90% and 78. 90% , respectively. Chengdu grasps " user-centered " government web site service mode, with Chengdu city government portal website for main entrance, advances the network governance system and promotes mechanism innovation, overall planning and unified information repository, provides "one-stop" work style, personalized, efficient, transparent and intelligent online government services that facing for citizens, enterprises and social organizations, It can provide reference for other cities to meet the needs of citizens, enterprises and social organizations to obtain government information, enjoy service and participate in social governance through government portal websites.

Keywords: Chengdu; Government Portal Website; Chengdu Government Service; Network Administration

V Appendices

B . 15 Evaluation Index and Weight of Internet Service Capability
of Chinese Governments in 2021   / 265

B . 16 The Meaning and Interpretation of Internet Service Capability
Evaluation Index of Chinese Government in 2021   / 267

B . 17 Internet Service Capability Monitoring and Evaluation of
Data Collection Points of Chinese Government in 2021   / 275

B . 18 The Ranking of Internet Service Capability Evaluation
of Chinese Government in 2021   / 277

B . 19 Data Acquisition and Application Technical Description
of Network Service Capability Monitoring and Evaluation
of Chinese Government in 2021   / 288

权威报告·一手数据·特色资源

皮书数据库
ANNUAL REPORT(YEARBOOK)
DATABASE

分析解读当下中国发展变迁的高端智库平台

所获荣誉

- 2019年，入围国家新闻出版署数字出版精品遴选推荐计划项目
- 2016年，入选"'十三五'国家重点电子出版物出版规划骨干工程"
- 2015年，荣获"搜索中国正能量 点赞2015""创新中国科技创新奖"
- 2013年，荣获"中国出版政府奖·网络出版物奖"提名奖
- 连续多年荣获中国数字出版博览会"数字出版·优秀品牌"奖

成为会员

通过网址www.pishu.com.cn访问皮书数据库网站或下载皮书数据库APP，进行手机号码验证或邮箱验证即可成为皮书数据库会员。

会员福利

- 已注册用户购书后可免费获赠100元皮书数据库充值卡。刮开充值卡涂层获取充值密码，登录并进入"会员中心"—"在线充值"—"充值卡充值"，充值成功即可购买和查看数据库内容。
- 会员福利最终解释权归社会科学文献出版社所有。

数据库服务热线：400-008-6695
数据库服务QQ：2475522410
数据库服务邮箱：database@ssap.cn
图书销售热线：010-59367070/7028
图书服务QQ：1265056568
图书服务邮箱：duzhe@ssap.cn

社会科学文献出版社 皮书系列
SOCIAL SCIENCES ACADEMIC PRESS (CHINA)
卡号：377934588369
密码：

基本子库 SUB DATABASE

中国社会发展数据库（下设 12 个子库）

整合国内外中国社会发展研究成果，汇聚独家统计数据、深度分析报告，涉及社会、人口、政治、教育、法律等 12 个领域，为了解中国社会发展动态、跟踪社会核心热点、分析社会发展趋势提供一站式资源搜索和数据服务。

中国经济发展数据库（下设 12 个子库）

围绕国内外中国经济发展主题研究报告、学术资讯、基础数据等资料构建，内容涵盖宏观经济、农业经济、工业经济、产业经济等 12 个重点经济领域，为实时掌控经济运行态势、把握经济发展规律、洞察经济形势、进行经济决策提供参考和依据。

中国行业发展数据库（下设 17 个子库）

以中国国民经济行业分类为依据，覆盖金融业、旅游、医疗卫生、交通运输、能源矿产等 100 多个行业，跟踪分析国民经济相关行业市场运行状况和政策导向，汇集行业发展前沿资讯，为投资、从业及各种经济决策提供理论基础和实践指导。

中国区域发展数据库（下设 6 个子库）

对中国特定区域内的经济、社会、文化等领域现状与发展情况进行深度分析和预测，研究层级至县及县以下行政区，涉及省份、区域经济体、城市、农村等不同维度，为地方经济社会宏观态势研究、发展经验研究、案例分析提供数据服务。

中国文化传媒数据库（下设 18 个子库）

汇聚文化传媒领域专家观点、热点资讯，梳理国内外中国文化发展相关学术研究成果、一手统计数据，涵盖文化产业、新闻传播、电影娱乐、文学艺术、群众文化等 18 个重点研究领域。为文化传媒研究提供相关数据、研究报告和综合分析服务。

世界经济与国际关系数据库（下设 6 个子库）

立足"皮书系列"世界经济、国际关系相关学术资源，整合世界经济、国际政治、世界文化与科技、全球性问题、国际组织与国际法、区域研究 6 大领域研究成果，为世界经济与国际关系研究提供全方位数据分析，为决策和形势研判提供参考。

法律声明